大国教育

反思性实践与顺应性重构

职教双师型教师教学能力发展研究

朱金龙◎著

光明日报出版社

图书在版编目（CIP）数据

反思性实践与顺应性重构：职教双师型教师教学能
力发展研究 ／ 朱金龙著 . --北京：光明日报出版社，
2024.7. -- ISBN 978－7－5194－8112－4

Ⅰ. G712.0

中国国家版本馆 CIP 数据核字第 2024Y0A315 号

反思性实践与顺应性重构：职教双师型教师教学能力发展研究
FANSIXING SHIJIAN YU SHUNYINGXING CHONGGOU：ZHIJIAO SHUANGSHI
XING JIAOSHI JIAOXUE NENGLI FAZHAN YANJIU

著　　者：朱金龙

责任编辑：杜春荣　　　　　　　　责任校对：房　蓉　王秀青
封面设计：中联华文　　　　　　　责任印制：曹　净

出版发行：光明日报出版社

地　　址：北京市西城区永安路 106 号，100050

电　　话：010-63169890（咨询），010-63131930（邮购）

传　　真：010-63131930

网　　址：http：//book. gmw. cn

E － mail：gmrbcbs@ gmw. cn

法律顾问：北京市兰台律师事务所龚柳方律师

印　　刷：三河市华东印刷有限公司

装　　订：三河市华东印刷有限公司

本书如有破损、缺页、装订错误，请与本社联系调换，电话：010-63131930

开　　本：170mm×240mm

字　　数：243 千字　　　　　　　印　　张：16. 5

版　　次：2025 年 3 月第 1 版　　　印　　次：2025 年 3 月第 1 次印刷

书　　号：ISBN 978－7－5194－8112－4

定　　价：95. 00 元

前　言

新修订的《职业教育法》首次以法律的形式确立了职业教育的类型定位。作为与普通教育不同的一种教育类型，职业教育的类型特色不仅体现在持续推进的课程模式改革上，也体现在"双师型"教师的培养上。有学者指出，职业教育课程改革不仅是"教什么，怎么教"的改革，更是一项具有综合性、系统性特征的改革，它需要教师的能力素质同新的课程模式相匹配。[①] 从某种意义上讲，"在影响课程变革的众多因素中，教师是制约课程变革的最为关键的人力因素"[②]。

长期以来，理论与实践的关系问题一直是职业教育课程改革的核心问题，也是职业教育课程教学研究关注的重点。按照理论与实践之间的关系，有学者将我国职业教育课程发展分为"理论与实践并行""理论为实践服务""理论实践一体化"三个阶段。[③] 进入 21 世纪以来，我国职业教育的学者们，对"理论与实践一体化"课程体系进行了系统探索，提出了包括任务引领型课程、项目课程、工作过程系统化课程等课程模式，并进行了相关的研究和探索。2003 年，教育部、劳动和社会保障部等六部门启

---

① 蒋梦琪，石伟平. 职业教育教师对课程改革适应的问题表征及对策探析 [J]. 中国职业技术教育，2015（21）：34-39.
② 董静. 课程变革视域下的教师专业发展 [M]. 北京：中央编译出版社，2013：13.
③ 赵志群. 职业教育工学结合一体化课程开发指南 [M]. 北京：清华大学出版社，2009：5-15.

动的"技能紧缺人才培养培训工程"①，首次在全国范围内引入"工作过程系统化"（亦称"基于工作过程""工作过程导向"）课程的概念，提出"让学生有机会经历完整工作过程、获得与实际工作过程有着紧密联系的带有经验性质的工作过程知识"。这是我国官方首次提出"工作过程系统化"课程的概念，标志着我国职业教育课程改革进入新的发展阶段。

与此同时，部分"办学条件较好、培训质量较高、具有较强的培养高级工实力的高级技工学校"② 改建为我国第一批技师学院，开启了我国通过学制教育培养技师层次高技能人才的历史。这些首批挂牌成立的技师学院积极响应国家关于创新技能人才培养模式的号召，开始探索"校企双制、工学一体"的技能人才培养模式，逐步形成了具有中国特色的工学一体化课程体系。自 2004 年③至今，我国的工学一体化课程改革大致经历了三个阶段：一体化课程的初步探索阶段、工学一体化课程的确立与发展阶段、工学一体化人才培养模式的全面推广阶段。④

2004—2012 年为第一阶段，即一体化课程的初步探索阶段。从 2004 年起，以北京工业技师学院等院校为代表的部分技师学院开始在课程教学中探索实施"任务引领型课程"⑤，开启了我国职业院校对一体化课程模式的初步探索。因课程探索的后期在课堂教学中引入了"行动导向"的教

---

① 教育部等六部门. 教育部等六部门关于实施职业院校制造业和现代服务业技能型紧缺人才培养培训工程的通知（教职成〔2003〕5 号）[EB/OL]. 中国政府网，2003-12-03.

② 劳动和社会保障部关于加快技工学校改革工作的通知（劳社部发〔2000〕10 号）。

③ 一说源于 2001 年前后北京市、广州市部分技工院校的实践探索（崔秋立. 中国技工教育发展历程 [M]. 北京：中国劳动社会保障出版社，2021.）。本书作者认为，2003 年之前我国职业院校的课程改革多以模块化课程探索为主，基本处于赵志群提出的"理论为实践服务"的课程发展阶段，尚未发展到"理论实践一体化"阶段。

④ 鉴于"工学一体化课程"概念的提出经历了从"一体化课程""工学一体化课程"到"工学一体化人才培养模式"的发展过程，本书在表述中基于不同发展阶段、表达习惯及上下文联系，交替使用"一体化课程"和"工学一体化课程"，如无特别说明，两概念所表达的意思相同。

⑤ "任务引领型课程"又称"任务驱动"或"任务先导"课程，其基本含义是指以工作任务为中心组织课程内容，让学生在完成工作任务的过程中学习相关知识，发展综合职业能力。

学方法，也有人将这一阶段的课程模式称为"行动导向"课程。① 2009年，人力资源社会保障部印发《技工院校一体化课程教学改革试点工作方案》，在总结部分技师学院开展"任务引领型"课程改革经验的基础上，遴选了数控加工技术等5个专业、30所院校开展一体化课程教学改革试点，拉开了全国技工院校一体化课程教学改革的序幕。截至2012年，试点专业增加到14个，试点院校扩大到124所。这一时期的初步探索，为一体化课程改革积累了丰富的经验。教学模式强调以"做"为主线贯穿教学全过程，实现"教、学、做"融会贯通，使学生综合素质、动手操作能力和实际工作能力显著提升②。

2013—2021年为第二阶段，即工学一体化课程的确立与发展阶段。2013年4月，人力资源和社会保障部颁布《国家技能人才培养标准编制指南（试行）》和《一体化课程规范开发技术规程（试行）》两个技术文件，并依据技术文件确定的标准和要求陆续组织完成了汽车维修、焊接加工等近20个专业的国家技能人才培养标准和一体化课程规范的开发工作③，为有关院校开展一体化课程教学改革提供了基本标准和技术遵循。虽然在上述技术文件中未使用"工学一体化课程"这一概念，但从技术文件对课程表述的内涵来看，其与后期技术文件对工学一体化课程的表述一脉相承，标志着工学一体化课程模式得以确立。2016年，人力资源和社会保障部启动第三批17个专业改革试点工作，试点参与院校86所。至此，一体化课改试点专业达到了31个，参与试点院校达到了191所。同时，不少院校开始尝试在其他专业开展校本一体化课程改革实验，参与的院校和专业更加广泛，工学一体化课程模式得到快速发展。

---

① 行动导向是一种教学或学习方式，而非课程模式。行动导向教学是指通过师生共同确定行动产品来引导教学组织过程，学生通过主动和全面的学习，达到脑力劳动和体力劳动的统一的学习方式。

② 人社部．人社部职业能力司解读《推进技工院校工学一体化技能人才培养模式实施方案》[EB/OL]．中华人民共和国人力资源和社会保障部，2022-04-02.

③ 人力资源和社会保障部．规范培养行为 指导课程开发《一体化课程开发指导手册（2020）》编制完成 [EB/OL]．中国就业网，2020-06-08.

2022 年以后为第三阶段，即工学一体化人才培养模式的全面推广阶段。2022 年 3 月，人力资源和社会保障部印发《推进技工院校工学一体化技能人才培养模式实施方案》，正式提出推进工学一体化人才培养模式"百千万"工程，即建设 100 个工学一体化培养模式专业，1000 所院校参与实施工学一体化培养模式，培训 10000 名工学一体化教师，进一步提高技能人才培养质量，帮助学生紧密衔接学校学习与就业工作。继而，以 72 个专业国家技能人才培养工学一体化课程标准（国标）开发和新一轮工学一体化教师培训为重点拉开了"百千万"工程全面启动的大幕，标志着工学一体化人才培养模式进入了全面推广阶段。

经过近 20 年的探索和实践，我国职业院校在工学结合的理论实践一体化课程建设方面取得了令人瞩目的成就，在广大教师中基本形成了"基于工作过程"的课程观和"行动导向"的教学观，为创新技能人才培养模式、提高技能人才培养质量做出了重要贡献。作为一种新的课程模式，工学一体化课程对教师的教学能力提出了很高的要求，它要求教师必须深入了解课程及其过程，并懂得如何将工作过程知识转化为教学实践，传授具有活力、不呆板的知识，即具有情境性的、理论与实践一体化的知识。[①]因此，教师创造性课程实施水平的高低，即教师是否发展出新的教学能力胜任工学一体化课程模式，不仅决定了课程实施的效果，而且会影响课程变革的进程。那么，在工学一体化课程模式下，职教教师的教学能力是如何发展的呢？作为课程的实施者，职教教师是如何走出传统课程模式的藩篱并逐步建立了"工学一体"的课程思想、理念和方法呢？从课程变革对教师个体影响的角度来看，工学一体化课程变革对职教教师的教学发展又产生了怎样的影响呢？或者说，工学一体化课程变革如何形塑了职教教师的教学行为模式呢？这些，都是本书关注的问题。

以工学一体化课程变革下的职教教师作为研究的对象，对其教学发展

[①] 菲利普·葛洛曼，菲利克斯·劳耐尔. 国际视野下的职业教育师资培养［M］. 石伟平，译. 北京：外语教学与研究出版社，2011：143.

中的现实问题进行探究，是一项源于实践困惑并最终改进实践的研究活动，对于促进职教教师个体专业发展和职业院校改进教师队伍建设实践都具有十分重要的现实意义。本研究采用质性研究方法，围绕工学一体化课程变革下的职教教师成长，从一个较大的时间跨度，在田野调查的基础上勾勒了工学一体化课程变革的总体脉络，并结合具体的案例描画了课程变革中教师们发展变化的样貌以及他们在变革中所经历的心路历程，呈现了工学一体化课程变革下职教教师教学能力发展过程的动态性、复杂性和多样性。研究用实证的方式探讨了工学一体化课程下职教教师教学能力的内容特征、发展过程和影响因素，建立了职教教师教学能力发展的过程框架，透视和分析了课程变革下职教教师教学能力发展的内部机制，识别了不同类型职教教师教学能力发展的模式，提出了对应的发展策略，为课程变革视域下职教教师个体教学能力发展和相关院校改进教师培养模式提供了一定的参考和借鉴。

本书适合广大职业院校教师、教学管理人员和高等学校职业技术教育专业的学生阅读，也可作为主管部门和职业院校开展教师培训的参考用书。但由于受研究者学识水平、科研能力等因素的影响，研究还有很多不足之处，而且由于时间精力有限，对某些问题的探讨还停留在表面，有待在今后的研究中进一步深化，期待各位读者给予批评指正。

目 录
CONTENTS

第一章

导　　论

第一节　研究缘起及研究问题的提出

工学一体化课程打破了职业院校长期以来理论教学与实践教学相分离的分科课程模式，确立了"能力本位、行动导向、工学一体"的课程理念，"以具体的工作任务为学习载体，按照工作过程和学习者自主学习要求设计和安排教学活动"①，解构了学科课程模式下课程内容平行编排的结构，建立了以"过程逻辑"为中心的行动体系。这种按照完整行动的"过程逻辑"将理论教学与实践教学做集成化处理的课程模式对于在学科课程体系下培养出来的教师意味着一次革命性变革。②

为了提升各试点院校教师工学一体化课程教学能力，自 2009 年以来，人力资源和社会保障部每年组织近千人次的工学一体化课程教学师资培训（国培），以帮助各试点院校课改专业的教师掌握工学一体化课程的授课方法和课程开发技术。各试点院校也通过不同形式组织教师开展工学一体化

---

① 人力资源和社会保障部职业能力建设司．一体化课程规范开发技术规程（试行）[M]//中国就业培训技术指导中心．一体化课程开发指导手册．北京：中国劳动社会保障出版社，2020：12.
② 姜大源．论行动体系及其特征：关于职业教育课程体系的思考 [J]．教育发展研究，2002（12）：70–75.

课程教学的校本培训，力图通过培训提高教师的教学能力以应对新课程的要求。但在我和老师们的接触中了解到，这些培训似乎并未达到预期的效果。受国培名额的限制，参加培训的院校一般一个专业一次只能派出1~2名骨干教师参加，然后再由他们对其他教师进行传达式培训，这大大降低了培训对试点院校开展工学一体化课程教学改革的促进作用。另外，由于受到教师个人领悟力、院校对工学一体化课改的推动力、各院校课改进度不一等因素的影响，培训中存在严重的学用脱节、学不致用等现象。即使在院校组织的校本培训中，由于没有处理好培训内容和教师需求的关系，大部分培训也未取得预期效果。这促使我思考一个问题：在工学一体化课程变革的背景下，除了这种自上而下的教师培训外，是否还存在一种有效的途径可以更好地促进教师教学能力的发展呢？

另外，我的个人工作经历也使我对工学一体化课程下教师教学能力发展状况产生了进一步研究的愿望。我原所在的学校是一所省属技师学院，并且是全国最早建立的技师学院之一，是2012年被人社部纳入第一批一体化课改试点专业扩大试点的94所院校之一，试点专业为数控加工和汽车检测与维修两个专业，学校同步启动校本一体化课程教学改革试点工作，将机电一体化专业列入课改范围。2016年，学校成为全国第三批工学一体化课改试点专业无人机操控与应用技术专业课程开发的牵头院校和工业机器人专业课程开发的参与院校。为满足课程教学改革需要，除人社部组织的工学一体化师资培训外，学校曾三次利用暑假派出专业骨干教师和教学管理人员分别到广州和北京的国家师资培训基地参加工学一体化教学方法和课程开发技术培训。未实施一体化课改的专业，也在部分课程中采用和借鉴一体化教学模式组织教学，很多教师也将自己承担的课程称之为"一体化课程"。2018年年初，因为工作调整，我负责学校的教学工作，开始进入课堂教学一线听课观课。我发现，老师们所谓的"一体化课程"大多有其形而无其实，工学一体化课程的学习任务要求来自企业真实的生产任务，而有些老师课堂上的学习任务则是把教材中的知识点改造成了学习项目；工学一体化课程倡导"行动导向、工学一体、学生本位"，鼓励学生在完成工作任务的过程中自主学习、探究式学习，教师在课堂上处于指导地位，而我们的课堂上仍然是教师主导，大部分时间教师讲、学生听，少部分时间学生动手操作、教师巡回指导。通过进一步的观察，我发现大部分教师并没有理解工学一体化课程的本质所在，甚至按照自己的理解来判断何为一体化课程，例如，他们认为"教学做一体"的课程就是一体化课程，在实训室里讲一半理论再安排学生动手操作的课程也是一体化课程。部分教师甚至对工学一体化课程的概念、教学活动策划、教学活动实施、教学文件开发不了解、不熟悉，更谈不上能做会用。这一现象让我进一步思考：为什么经历了较长时间的工学一体化课程教学改革后，教师们对工学一体化课程模式的认知仍然停留在模糊的状态？上述问题现象是否反映了工学一体化课程模式下教师教学能力发展的真实状况？其他同类院校的情况如何？

带着这些疑问，我考察了国内几所具有一定影响力的课改院校，发现这些学校在一体化课程教学改革中，大致分为两种路径或模式，即"使用取向"的课改模式和"开发取向"的课改模式。所谓"使用取向"的课改模式，是指课改院校直接使用部颁标准和教材开展教学，参与教师没有课程开发的经历和经验，奉行的是"拿来主义"的原则。由于教师自身对课改的"防御"意识和根深蒂固的传统教学观念，所以在课改中只可得其形，而不可得其神，甚至严重变异走形，最后不了了之，我所在的学校在2019年启动新一轮课改之前就采用了这一模式。所谓"开发取向"的课改模式，是指课改院校将课程开发作为课改起点，坚持"边开发、边实验、边总结、边改进"的原则，即使使用部颁标准和教材，在开展教学之前，也要严格按照工学一体化课程开发技术规程进行二次开发，参与教师通过课程开发，树立了工学一体化的课程理念，掌握了工学一体化课程的核心技术，尽管初期推进的过程十分艰难，但一般都取得了较好的效果，步入了良性的循环。

在上述观察和思考的基础上，我提出了如下问题，即工学一体化课程变革对教师的教学发展产生了怎样的影响？在工学一体化课程模式下，教师的教学能力是如何发展的？作为课程的实施者，教师是如何走出传统课程模式的藩篱并逐步建立了"工学一体"的课程思想、理念和方法？其教学发展经历了怎样的过程？教学能力发生了哪些变化？这些变化的背后，蕴含着什么样的深层意义？它们又受到了哪些因素的影响和制约？在发展过程中，教师个体应当如何作为，才能更好地适应工学一体化课程教学的需要，提高课程教学能力，促进自身专业发展？对于这些问题，需要在已有研究的基础上做进一步的聚焦。

第二节　职教教师教学能力的研究现状

一、职教教师教学能力的内涵研究

能力（competence）是胜任工作的决定要素与主观条件，包括工作所需的知识、技能、态度、个人特质、行为、动机等，并由此而产生对组织和个人有益的工作成果。[①] 教学能力（Teaching Competence，TC）是能力的一个属概念。对教学能力的界定既要考虑能力的性质和内涵，又要考虑教师职业的性质和需要。

国外学者对教学能力的定义主要从它的内涵、作用、所包含的维度、内容来界定。朱莉亚·施瓦茨（Julia Schwartz）等从教师教学能力结构的角度指出教学能力是传授知识、组织教学和处理人际关系的能力。[②] 泰格

---

① BOYATZIS R E. The Competent Manager：A Model for Effective Performance［M］. New York：John Wiley & Sons，1982；MANSFIELD R S. Building Competency Models：Approaches for HR Professionals［J］. Hum Resource Manage，1996，35（1）：7-18.

② SCHWARTZ J，SIMPSON R H. Teacher Self-evaluation［J］. Art Education，1967，20（5）：28.

拉尔（Tigelaar）则从教学能力的维度或内容角度提出教学能力是一个综合的个人特征，是支持在各种教学环境中满足有效教学绩效所需要的知识、技能和态度。①

我国学者关于教师教学能力的定义主要包括以下四个观点：第一，教学能力是教师在从事教学活动过程中表现出的个性心理特征②；第二，教学能力是教师基于一定的认知能力（一般能力）而在具体的教学活动中表现出来的特殊能力（专业能力），是一般能力和特殊能力的结合③；第三，教学能力以完成教学任务、达成有效教学、促进学生发展为目标④；第四，教学能力表现为一种综合能力，是由许多不同的单项能力构成的一个复杂的整体。⑤ 从上述对教学能力的定义来看，教学能力是教师在教学实施过程中表现出来的一种专业能力。

表 1-1　国内学者关于教学能力的定义

研究者	定义
李春生 （1993）	教师为达到教学目标，顺利从事教学活动所表现的一种心理特征

① DINEKEE H, TIGELAAR, et al. The development and validation of a framework for teaching competencies in higher education [J]. Higher Education, 2004, 2 (48)：253-268.
② 李春生. 中国小学教学百科全书：教育卷 [M]. 沈阳：沈阳出版社，1993；金利. 地方本科高校教师教学能力发展研究 [D]. 重庆：西南大学，2014；余承海，姚本先. 论高校教师的教学能力结构及其优化 [J]. 高等农业教育，2005 (12)：53-56；唐玉光. 教师专业发展的研究 [J]. 外国教育资料，1999 (6)；卢正芝，洪松舟. 我国教师能力研究三十年历程之述评 [J]. 教育发展研究，2007 (2)：70-74；王宪平. 课程改革视野下教师教学能力发展研究 [D]. 上海：华东师范大学，2006.
③ 申继亮，王凯荣. 论教师的教学能力 [J]. 北京师范大学学报（人文社会科学版），2000 (1)：64-71；罗树华，李洪珍. 教师能力学 [M]. 济南：山东教育出版社，1997.
④ 李春生. 中国小学教学百科全书：教育卷 [M]. 沈阳：沈阳出版社，1993；唐玉光. 教师专业发展的研究 [J]. 外国教育资料，1999 (6)；王宪平. 课程改革视野下教师教学能力发展研究 [D]. 上海：华东师范大学，2006；孙亚玲. 课堂教学有效性标准研究 [D]. 上海：华东师范大学，2004.
⑤ 孙亚玲. 课堂教学有效性标准研究 [D]. 上海：华东师范大学，2004；金利. 地方本科高校教师教学能力发展研究 [D]. 重庆：西南大学，2014.

续表

研究者	定义
罗树华、李洪珍（1997）	各科教师应当普遍具有的运用特定教材从事教学活动、完成教学任务的能力
唐玉光（1999）	教师为达到教学目标、取得教学成效所具有的潜在可能性，由许多具体的因素所组成，反映出个体顺利完成教学任务的直接有效的心理特征
孙亚玲（2004）	教师为了保证教学的有效性，达到预期的教学目标，在教学的全过程中表现出来的规划设计、组织管理、动手操作、表达、评价与反馈、调节与控制、理解与交往、教研和科研等综合能力
余承海、姚本先（2005）	教师顺利完成教学活动所必须并直接影响教学活动效率的个体心理特征，是通过教学活动将个人智力和教学所需知识、技能转化而成的一种职业素质。依托于一定的智力，以认知能力为基础，在具体学科教学活动中表现出来的一种特殊能力（专业能力）
王宪平（2006）	教师在一定的教学情境中，基于一定的教学知识和教学技能，促进教学目标的顺利高效达成，促进学生生命发展所表现出来的个性心理特征
卢正芝、洪松州（2007）	教师在教育教学活动中表现出来的，直接或间接影响教育教学活动的质量和完成情况的个性心理特征，是一般能力和特殊能力的合理整合和特殊发展
金利（2014）	个人从事教学活动所表现出来的个性心理特征，是进行教学活动所必须具备的知识、技能、个体素质和个人身体能力的整合

随着职业教育课程体系的发展和演进，职教教师教学能力的内涵较普通教育有了较大变化。一般认为，职教教师的教学能力是教师在一定的教学情境中，为达成特定课程模式的教学目标，促进学生生命发展所表现出来的个性心理特征[①]，是基于一定的专业理论和教育理论对职业教育教学的过程进行行动导向的动态建构的能力[②]，是教师的智力技能与动作技能在教学过程中的综合体现。[③] 因此，职教教师的教学能力无论从能力发展的基础还是从能力发展的内涵上来看，均大大超出了普通教育教师教学能

---

① 李永兰. 高职教师教学能力提升探究 [J]. 当代教育理论与实践，2012 (7)：126-128.
② 张洪春，孔新舟. 高职院校教师教学能力发展模式理论研究 [J]. 教学研究，2014 (6)：26-29.
③ 黄绍勇，汤跃光. 高职学院教师教学能力现状调查及分析 [J]. 思想战线，2013 (S1)：296-299.

力的范畴。

在工学一体化课程模式下，建立在专业理论和教育理论、专业实践和教育实践双重跨界基础上的职教教师教学能力内在地要求其能力内涵必须跨越课程开发和课程实施的分界线，即教学能力的构成包含了部分课程开发层面的能力。华东师范大学职业教育研究所教授徐国庆在分析职业教育课程、教学与教师三者之间的关系时指出，无论是课程开发还是教学实施，都需要由教师来完成，教师的能力水平对两者来说极为关键；反之，教师能力的提升又需要通过课程开发和教学实施活动来进行。①

二、职教教师教学能力发展研究

由于我国的职业教育体系与国外存在较大差别，对职业教育教师的定位也不尽相同，因此，国内外对职教教师教学能力发展的研究在内容和方式上都有很大不同。下面分别进行讨论。

（一）国外的相关研究成果

国外职教教师的类型是与其职业教育的模式相对应的，比较典型的如美国的职业与生涯技术教育教师、澳大利亚的技术与继续教育（TAFE）教师和德国的双元制职业教育教师。因此，各国对职教教师教学能力关注的焦点和研究的内容也存在较大差异。概括起来，国外与职教教师教学能力相关的研究主要集中在以下四方面。

第一，职教教师教育理论的最新研究成果为研究职教教师教学能力奠定了理论基础。在对世界职业教育教师教育理论贡献方面，尤其从其对中国职业教育的影响来看，德国是最出色的。随着学习领域课程模式在德国的确立，有学者认为，该课程模式对职教教师的能力提出了新的更高的要求，其所代表的职业教育课程论范式的改变必将引起职业教育教学论范式

---

① 徐国庆．职业教育课程、教学与教师［M］．上海：上海教育出版社，2016：6.

的改变，进而引起职业教育师资培养模式的改革。① 德国马格德堡大学教授巴德（Bader）认为，由于大学是按照学科体系来培养未来职业学校的教师，学生所积聚的是抽象的、学科体系的结构性知识，所以这些未来的教师在职业学校的教学实践中，很难跳出学科体系转而采取行动体系的教学。② 慕尼黑技术大学教授谢尔滕（Schelten）也指出，学科体系与行动体系在教学设计上具有不同的基本取向，在传统的学校科目中，教学计划的内容总是指向与之对应的科学的学科体系的，而学习领域则是指向建立在教学论与方法论反思的行动领域之上的。③ 德国联邦职业教育研究所克劳斯·汉纳（Klaus Hahne）博士指出，职业教育的师资培养与进修必须按照"学习领域"定向寻求新的教学论重点，关注教师的职业行动能力。④ 德国不莱梅大学教授劳耐尔（Felix Rauner）提出了"以生成性的教育过程与工作过程定向的职业科学"的理论⑤，用以替代过去通用的把"专业科学"作为职业教育的基准科学，从而为职业教育及职教教师教育奠定了新的理论科学依据。

第二，国外关于职教教师教学能力的研究通常与职教教师的资格制度研究结合在一起，突出对教学能力标准的研究。根据职业教育传统，职教教师应是两方面的专家：一是教学专家，二是行业专家。⑥ 于是，各国的

---

① 姜大源. 世界职业教育课程改革的基本走势及其启示：职业教育课程开发漫谈 [J]. 中国职业技术教育，2008（27）：7-13.
② 姜大源，吴全全. 当代德国职业教育主流教学思想研究 [M]. 北京：清华大学出版社，2007：53
③ 姜大源，吴全全. 当代德国职业教育主流教学思想研究 [M]. 北京：清华大学出版社，2007：53
④ 姜大源，吴全全. 当代德国职业教育主流教学思想研究 [M]. 北京：清华大学出版社，2007：53-54
⑤ 姜大源，吴全全. 当代德国职业教育主流教学思想研究 [M]. 北京：清华大学出版社，2007：54
⑥ 查吉德. 国外职教教师资格制度研究述评：制度有效性的视角 [J]. 外国教育研究，2011，38（3）：45-50.

专家学者聚焦各自国家职教教师能力标准框架的制定和开发方法研究[1]，为国家职教教师资格制度的建立奠定了理论基础。突出的一点是，虽然各国在教师能力标准中的表述不同，但实践教学能力被认为是职教教师的核心能力，如全美专业教学标准委员会（NBPTS）制定的职业学校教师能力标准中"创设情景化的实践学习、工作模拟学习活动，培养学生的生涯决策和就业能力"等[2]；澳大利亚和芬兰把"指导学生实践的能力"直接列入职教教师的基本能力[3]；德国各州文教部部长联席会议 1991 年颁布的《关于职业学校的框架协议》将促进学生职业能力发展列为德国职业学校教师的主要任务与作用之一。[4]

第三，由于受到教师能力标准开发传统的影响，对职教教师教学能力构成的研究成为理论界关注的热点，研究成果主要包括能力构成的要素、能力构成的维度、能力结构与工作环境的关系等。[5] 其中，职教教师的教学能力结构与环境的关系成为近年来研究关注的焦点。伴随着职业教育发展的国际化趋势和信息通信技术（ICT）的发展，职业教育与行业、企业的关系更加紧密，教育理论范式不断演进，职教教师的工作环境发生了重大变化，课堂教学从"单一模式"走向"混合模式"，教师从"传授"技

---

[1] ATTWELL G. New roles for vocational education and training teachers and trainers in Europe: a new framework for their education [J]. Journal of European Industrial Training, 1997, 21 (6/7): 262; GRAY K C, WALTER R A. Reforming Career and Technical Education Teacher Licensure and Preparation: A Public Policy Synthesis [J]. Academic Education, 2001: 57; VOLMARI K, HELAKORPI S, FRIMODT R. Competence framework for VET professions: Handbook for practioners [M]. Helsinki: Finnish National Board of Education, 2009; NCVER. The Vocational Education and Training Workforce: New Roles and Ways of Working [Z]. Adelaide: 2004.

[2] 付雪凌，石伟平. 美、澳、欧盟职业教育教师专业能力标准比较研究 [J]. 比较教育研究，2010（12）：81-85.

[3] NCVER. The Vocational Education and Training Workforce: New Roles and Ways of Working [Z]. Adelaide: 2004; 李玲，刘其晴. 芬兰职教教师能力结构评析及启示 [J]. 西南大学学报（社会科学版），2010，36（5）：94-98.

[4] 吴全全. 职业教育"双师型"教师基本问题研究：基于跨界视阈的诠释 [M]. 北京：清华大学出版社，2011.

[5] ROBERT V. BULLOUGH, Etal. Long-term PDS Development in Research Universities and the Clinicalization of Teacher Education [J]. Journal of Teacher Education, 1997 (No. 2): 85.

术向关注学生"学习"技能转变。因工作环境变化带来的种种挑战对职教教师的教学能力提出了更高的要求，所以职教教师必须在改革中逐渐形成应对新挑战的综合能力结构。①

第四，职业教育的跨界性和职业教育课程的跨学科性成为研究职教教师教学能力的新视角。一方面，学者主要从学校和企业跨界的视角关注教师包括教学能力在内的职业行动能力②，认为职教教师的行动具有更复杂的空间，因为其专业和相应的知识有双重的"理论与实践"的关系，其工作同时涉及专业理论和专业工作以及学校实践、工作实践和职业实践。另一方面，研究从职业教育课程具有跨学科的特点出发，强调职教教师具备团队合作能力，能够与同事分享彼此的专长、资源与经验，可以弥补教师个体专业（学科）知识的不足，更好地适应教学的需要③，如美国学者皮亚·科特（Pia Cort）认为，职教教师要具有"在实际应用的情境中整合文化课和技术课"的能力和"与同事（教育专业团队）、社区、行业、教育机构及家庭等合作的能力"。科本（Corben）和汤姆森（Thomson）研究了澳大利亚职教教师的工作特点，认为"具有跨学科教学的能力"，并"保持通过正式培训、同事间学习、指导、个人反思和专业发展等多种途

---

① Ministry of Education. VET teachers and trainers in Finland [R]. Helsinki：Ministry of Education，2006.

② Corben H, Thomson K. What makes a great teacher? Attributes of excellence in VET：the 2nd World Federation of Associations of Colleges and Polytechnics，World Congress of Colleges and Polytechnics [C]. Melbourne：2003；GROLLMANN P，RAUNER F. International Perspectives on Teachers and Lectures in Technical and Vocational Education [M]. Netherlands：Springer，2007；D T. Vocational teacher education in Finland [M] //PUKELIS K，FOKIER A R. Experience study of vocational teachers qualification improvement. Kaunas：Vytautas Magnus University，2008：98；吴全全，METSAENEN R，DORRA T. 芬兰职业教育的教师教育 [J]. 中国职业技术教育，2010（28）：84-88；菲利克斯·劳耐尔，鲁伯特·麦克林. 国际职业教育科学研究手册：上册 [G]. 赵志群，等译. 北京：北京师范大学出版社，2014.

③ CORT P，HÄRKÖNEN A，VOLMARI K. PROFF-Professionalisation of VET teachers for the future [M]. Luxembourg：Office for Official Publications of the European Communities，2004.

径促进个人发展的动力"是职教教师区别于普通教育教师的最显著特征。①

（二）国内的相关研究成果

国内关于职教教师教学能力发展的研究起步较晚，早期研究主要是在参考国内外学者关于普通教育教师教学能力研究成果的基础上，结合职业教育教学的特点对教师教学能力的内涵和构成进行理论探讨。② 随着我国职业教育的快速发展，职教教师教学能力在 2009 年前后开始成为研究的热点，且研究内容更加丰富。国内的研究主要表现在以下四方面：

第一，关于职教教师教学能力构成的研究。教学能力的构成问题既是理解教学能力内涵的关键，也是教学能力标准体系建立和教师教学能力发展的基础。③ 早期对职教教师教学能力构成的研究多带有学科课程的色彩，且偏重理论探讨，缺乏实证研究。随着我国职业教育国际合作和课程改革的不断推进和深入，理论界对职教教师由传统教学模式向以工作过程为导向的教学模式转变过程中的角色定位和能力要求进行了重大调整。学者们开始基于新的课程观分别从角色论视角④、多维度视角⑤、动态建构视角⑥等研究职教教师教学能力的构成，研究成果更加凸显职教教师专业教学能力和一般教学能力的整合性特征。

第二，关于职教教师教学能力标准的研究，既有对国外职教教师能力

---

① CORBEN H, THOMSON K. What makes a great teacher? Attributes of excellence in VET: the 2nd World Federation of Associations of Colleges and Polytechnics, World Congress of Colleges and Polytechnics [C]. Melbourne: 2003.

② 李永兰. 高职教师教学能力提升探究 [J]. 当代教育理论与实践, 2012 (7): 126-128; 张洪春, 孔新舟. 高职院校教师教学能力发展模式理论研究 [J]. 教学研究, 2014 (6): 26-29.

③ 曾拓, 李黎. 教师教学能力研究综述 [J]. 绍兴文理学院学报, 2003, 23 (1): 102-105.

④ 何贵阳. 角色论视阈下谈高职院校教师教育教学能力的构成 [J]. 中国成人教育, 2014 (20): 121-123.

⑤ 许峰. 高职专业教师教学能力构成研究 [J]. 辽宁高职学报, 2013 (10): 82-85.

⑥ 吴全全. 职业教育"双师型"教师基本问题研究: 基于跨界视阈的诠释 [M]. 北京: 清华大学出版社, 2011: 102-107.

标准的译介和比较研究①，也有借鉴基础上的本土化构建研究。② 从研究成果来看，现有研究对职教教师教学能力的结构要素和指标体系的建构做了深入探讨，既体现了职教教师教学能力与普通教育的衔接，也突出了职教的特色，为我国制定和完善职教教师教学能力的国家标准奠定了基础。

　　第三，关于职教教师教学能力现状的研究。不同时期研究的结论均显示职教教师教学能力发展水平偏低，不能适应课程改革的需要，主要表现为：基本教学能力欠缺，实践教学能力、综合职业教学能力不足，课程开发能力不高，教学能力发展素质偏低等。③ 一般认为，实践教学能力是职教教师教学能力的短板，然而研究表明，职教教师的基本教学能力严重不足也是一个不争的事实。因此，现有研究为职教教师教学能力提升培训的内容选择方面提供了重要依据。但从总体上来看，现有文献更关注职教教师教学能力影响因素的研究，缺乏对教学能力发展的维度和能力要素的研究，这对制订更有针对性的职教教师培训方案和开发职教教师教育课程帮助不大。

　　第四，关于职教教师教学能力培养策略与路径的研究。现有文献主要

---

① 付雪凌，石伟平．美、澳、欧盟职业教育教师专业能力标准比较研究［J］．比较教育研究，2010（12）：81-85；刘其晴．欧盟职业教育教师能力结构标准及其启示［J］．中国职业技术教育，2011（15）：72-77；苗刚．欧盟职业学校教师能力结构标准的新进展［J］．中国职业技术教育，2010（1）：80-94；李霄鹏，吴忠魁．德国职业教育师资专业化发展［J］．比较教育研究，2011（1）：54-57.

② 朱雪梅．高职教师专业能力标准的内涵与框架［J］．职业技术教育，2010（1）：56-58；朱雪梅，叶小明．高职教师专业能力标准的制定依据探析［J］．职业技术教育，2010（7）：46-49；吴全全．职业教育"双师型"教师内涵及能力结构解读［J］．中国职业技术教育，2014（21）：211-215；宋明江．高职院校"双师型"教师教学能力发展研究：基于行动学习理论的视角［D］．重庆：西南大学，2015.

③ 谭立新．高职高专院校建设"双师型"教师队伍方法、途径的研究与实践［J］．中州大学学报，2010（4）；陈智霖．高职教师专业实践能力的现状与对策分析：以珠海城市职业技术学院为例［J］．南方职业教育学刊，2012（1）：12-16；张洪春，王亮．高职院校教师教学能力发展需求与现状分析［J］．高等职业教育（天津职业大学学报），2014（6）：13-15；闫智勇，吴全全．经济新常态下职业教育师资建设的困境与对策［J］．中国职业技术教育，2016（21）：31-37.

从职前培养①和职后培养②两个方面进行研究和探讨。职前培养主要侧重于从培养制度、培养模式、课程体系、资格认定等层面强化职教教师的专业化，而职后培养则以在职培训为突破口进行相应的专业化革新。这种基于群体视角由教育主管部门和培养院校或培训机构主导的"自上而下"的教师培训模式，无论是培养（培训）目标的制定、培养（培训）内容的选择，还是培养（培训）方法的运用、培养（培训）评价的实施，都是从外在或者灌输者的角度对教师进行持续严格的理性认知和技术训练，从而使他们在无形中成为教师专业理论和技术的"接收器"或"水库"③，忽略了教师在专业发展中的主体作用。富兰（Fullan）指出，今天也好，明天也罢，教师需要在工作的同时大量学习，跟上职业发展与需求——不断对教师职业和自我工作进行检验、改造和反馈。④

另外，本研究还特别关注了工学一体化课程变革下职教教师教学能力发展的研究成果。通过中国知网，以职业教育或技工教育为主题，分别以"工作过程导向""工作过程系统化""行动导向教学""工学结合""一体化""课程改革"等为限定词，不限发文年限，以教师教学能力为关键词或篇名进行跨库检索，所得到的文献总数不过十几篇，说明基于工学一体化课程教学改革的视角开展职教教师教学能力的研究尚处在起步阶段。从有限的几篇文献来看，现有研究多关注工学一体化课程下职教教师角色

---

① 徐涵. 从制度层面看我国职业教育教师的专业化发展 [J]. 教育与职业，2007（21）：10-12；李体仁，刘正安，岳巍. 职教师资培养专业课程模块化体系的构建 [J]. 职业教育研究，2014（9）：73-75.

② 欧阳建友，王钊. 高职专业教师"教、学、做一体"教学能力的培养方法和途径探索 [J]. 中国职业技术教育，2012（14）：51-55；李琳，梁燕. 工学结合下高职青年教师教学能力培养途径分析 [J]. 中国职工教育，2013（16）：49-50；陶宇，任聪敏. 高职教师教学能力发展的路径和策略研究 [J]. 高等教育研究，2015（11）：50-54；徐国庆. 高职教师课程、教学能力分析与提升路径构建 [J]. 中国高教研究，2015（12）：96-99；马慧，焦传俊. 高职教师教学能力提升的研究与实践：以南京城市职业学院为例 [J]. 南京广播电视大学学报，2016（2）：40-44.

③ 刘奉越. 转化学习理论及其对成人教师专业发展的启示 [J]. 河北大学成人教育学院学报，2012（2）：28-32.

④ FULLAN M. 教育变革的意义 [M]. 武云斐，译. 上海：华东师范大学出版社，2009.

的转变问题。在工学一体化课程模式下，"行动导向"的教学要求教师对自身在教学过程中的角色进行重新定位，即职教教师由学科课程教学中的知识传授者变成了学生学习过程的组织者和协调者，研究的目的是试图从教师角色转变的角度提出提升职教教师教学能力的对策。[①] 另有学者从教师参与课程改革的角度指出，职教教师的能力结构不能满足职业教育课程改革的需要，但对工学一体化课程下职教教师的能力要素和提升路径则鲜有涉及。仅有少数学者对工学一体化课程模式下职教教师教学能力的构成要素和培养策略进行了初步的探讨。[②] 但现有研究还停留在理论探讨的阶段，缺乏实证方面的研究。

三、对职教教师教学能力研究现状的述评

从已有研究来看，国外关于职教教师教学能力的研究对国内相关研究影响较大，主要体现在两方面：一是国外关于职教教师教育的理论研究为国内开展职教教师教学能力研究提供了理论借鉴，从国内关于职教教师教学能力内涵和构成的研究成果来看，均体现了世界职业教育课程论范式和教学论范式的重大变革，其中受德国职业教育的影响最大。二是国外关于职教教师资格和能力标准的研究对国内探索研究职教教师教学能力标准提供了借鉴，国内大量关于职教教师教学能力的比较研究多集中在职教教师

---

① 徐涵. 工作过程为导向的职业教育理论与实证研究 [M]. 北京：商务印书馆，2013；刘家秀. 行动导向教学视阈下高职教师的角色定位与培养对策 [J]. 江苏教育，2012（11）：35-37；魏新民，赵伟丽. 行动导向教学下教师的角色与作用 [J]. 中国职业技术教育，2011（17）：13-16；孙咏梅. 谈项目教学法中高职教师的角色与职责 [J]. 教育教学论坛，2014（23）：28-29.

② 李秀春. 高职工学结合人才培养模式对教师的新要求 [J]. 时代农机，2017，44（12）：207；黄刚娅. 基于工作过程的项目化课程模式改革对高职教师教学能力的要求 [J]. 当代职业教育，2015（9）：90-92；吴娜. 工作过程导向的高职院校教师职业技能要求分析和专业化培养策略 [C] //香港教育学会会报. 2014 年第三届国际体育及社会管理研讨会. 成都：四川建筑职业技术学院，2014：5；李琳，梁燕. 工学结合下高职青年教师教学能力培养途径分析 [J]. 中国职工教育，2013（16）：49-50；李淑丽，朱权，柳青松，等. 工作过程导向的教师实践能力提高途径探析 [J]. 职业技术教育，2009，30（2）：53-54.

资格制度和能力标准的译介、启示和探索性建构等方面。但由于研究受到一国职业教育课程模式和国家职业教育制度的制约，其研究范式和研究内容带有明显的国别特征，因此，国外关于职教教师教学能力的研究对探索我国职教教师教学能力发展的本土化理论帮助不大。

从国内研究来看，我国学者对职教教师教学能力的研究是伴随着职业教育课程改革的进程向前推进的。学者们对职教教师教学能力的研究，既体现了职教教师教学能力与普通教育（含高等教育）的衔接，也突出了职业教育的特色。特别是有学者基于工作过程导向的学习领域课程教学改革，提出了职教教师基于跨界功能的"双师型"教学能力的动态结构模型①，丰富了职教教师教育的学科理论。然而，现有研究仍存在以下不足。

第一，从研究成果来看，现有文献多以理论探讨和思辨为主，相关的实证研究成果不多，研究处于零散化、碎片化状态。在为数不多的实证研究中，又多从教师教学能力的横向截面切入，偏重对职教教师教学能力的"应然"状态做静态描述，鲜有对职教教师在特定课程模式下教学能力发展变化的实然状态的研究。职教教师教学能力的发展是一个过程，在这一过程中，受到来自个体和所处环境诸要素的影响，不同教师的教学发展会呈现出不同的样态。因此，缺乏对教学能力发展的时间维度和空间维度的审视，就不能揭示职教教师教学能力发展的动态性和复杂性，也就不能全面分析和理解职教教师在特定教学情境下的教学发展。

第二，从研究内容来看，现有研究主要集中在对职教教师教学能力的现状调查与提升路径和构成要素与标准建构两方面。前者多遵循简单的"现状调查—发现问题—提出对策"的思路，即由问题直接到对策。因为缺乏对教学能力发展路径的现实关注，所以提出的策略建议往往并非根本的解决措施，因此对提升职教教师教学能力的借鉴意义不大。后者则主要在借鉴国外经验的基础上对我国职教教师教学能力的构成要素进行分析并

---

① 吴全全. 职业教育"双师型"教师内涵及能力结构解读［J］. 中国职业技术教育，2014（21）：211-215.

尝试建构职教教师教学能力的标准，但这类研究的结论仅通过相关的逻辑演绎而得出，缺乏科学实证的支持，大部分研究仍处于经验层面的观点生成，且重在探讨"是什么"和"为什么"，在"怎么做"上研究相对较少。[①] 因此对提升职教教师教学能力的指导意义也不大。

第三，从研究对象和研究方法来看，现有研究主要以职教教师整体所共同具有的教学能力要素为关注点，相关研究多采用定量研究的方法，主要通过问卷、统计等对数据做定量分析，从而得出结论。鲜有研究采用质性研究的方法对教师个体或特定专业群体开展研究，即现有研究过多关注职教教师教学能力发展的共性，而忽视了其教学能力的差异性和个性化发展。尽管有学者专门研究了高职青年教师教学能力的结构[②]，但仍然是从高职青年教师这一群体的共性角度出发的，没有区分个体和专业领域的差异性。每一个教师都是一个能动的主体，缺少了对典型个案的关注，就无法刻画出教师个体教学能力发展的实然状态，使研究更容易停留在应然层面的理论探讨上。尽管成功个案的典型经历不一定具有广泛推广的可行性，但可以为更多教师个体教学发展提供具象的学习榜样，让他们不仅知道"应该怎样做"，还知道"如何去做"。这正是质性研究关注的领域。

第四，从研究视角来看，现有研究多就教学能力而谈教学能力，缺乏对课程变革视域下职教教师教学能力发展的关注。教学能力发展是职教教师专业发展的重要内容，是决定课程实施质量的关键因素。然而将职教教师的教学能力置于工学一体化课程变革背景下来研究的文献可谓是凤毛麟角。因此，从工学一体化课程教学改革的角度切入将为实证研究职教教师的教学能力发展提供一个新的视角。

综上所述，国内职教领域缺乏对教师教学能力发展的细致的"质性的"实证研究。因此，从工学一体化课程教学改革的视角，采用质性研究

---

① 朱德全，杨磊. 职业教育课程与教学研究四十年：现状与走向［J］. 职教论坛，2018（3）：43-51.

② 苏晓丽，吴红，祝木伟，等. 高职院校青年教师教学能力构成要素及提高途径［J］. 江苏建筑职业技术学院学报，2016，16（2）：89-91.

方法，通过研究不同教师个体在一定时间阶段上教学能力发展的变化过程和影响因素，并通过对典型个案的教学成长过程进行深描和分析，折射职教教师群体教学能力发展的动态性和复杂性，为工学一体化课程变革下职教教师教学能力发展和开展相关教师培训提供可以参考的路径和改进策略，既是本研究的意义所在，也是本研究的主要目标。

第三节　研究的理论视角

无论是工作场所学习理论还是有关个体行动和发展的心理学理论，都强调了个体发展与环境之间的相互依存关系，即个体与环境特别是工作环境之间的互动影响为个体发展提供动力、创造条件，个体通过实践与环境构成了一个统一的、整体的、不可分割的情境。因此，工作场所学习理论和发展心理学领域的生态系统理论为本研究提供了合适的理论视角。

一、工作场所学习理论

20 世纪 80 年代以后，随着建构主义、情境认知、生态学习等学习理论的出现以及终身学习理论的普及，与人类工作及生活密切相关的日常学习的重要性得到肯定，来自人类学、批判理论、政治学、社会学等多学科领域的学者逐渐从更为广泛的视角研究工作场所学习理论。①

1993 年，斯蒂芬·比利特（Stephen Billett）提出参与式工作场所学习理论②，这是他基于社会文化建构的观点提出的"学习即参与"的工作场所学习隐喻。③ 工作场所的参与式实践主要是为了获得社会实践的连续性、

---

① 黄健．工作-学习研究：教育的新疆域：西方工作-学习领域理论成果评述［J］．开放教育研究，2011，17（2）：60-67.

② BILLETT S. Authenticity and a Culture of Practice［J］. Australian and New Zealand Journal of Vocational Education Research，1993（1）：1-29.

③ BILLETT S. Learning Throughout Working Life：Activities and Interdependencies［J］. Studies in Continuing Education，2001，1（23）：19-35.

社会实践中的兴趣点以及个人通过工作场所的社会实践来实现自我的发展。① 比利特认为，工作场所是一种存在着丰富学习机会的独特的学习环境②，与家庭、社区还有教育机构一样，都是实践智慧形成的重要场所。③

莱芙（Lave）和温格（Wenger）的情境学习理论则凸显了工作场所作为一种特定社会情境之于学习的重要意义。④ 他们指出，在拥有共同实践的人们组成的实践共同体中，学习者逐渐从共同体的边缘向中心移动，逐步形成自身的意义建构方式。⑤ 在此基础上，有学者尝试建构工作场所学习的理论模型。约根森（Jorgensen）和瓦林（Warrin）基于学习环境理论视角，构建了一个员工工作学习过程、组织技术化学习环境和社会文化学习环境之间的三角互动模型。⑥ 克努兹·伊列雷斯（Knud Illeris）发展了这一理论模型，基于全视角学习理论构建了工作场所学习的整合模型——工作生活中的学习模型⑦，揭示了工作场所学习中个体认知与组织的人文、技术环境以及与更宏大的社会环境间的互动影响。作为一种过程性的活动，工作场所学习实质上是人与工作任务、工作环境持续不断调适的过程，这实际上将工作场所学习与工作实践活动视为同一个过程的两方面。⑧ 事实上，个体关于工作的大量知识与技能往往就是通过融入日常工作中的

① 瑞恩博德·海伦，富勒·艾莉森，蒙罗·安妮. 情境中的工作场所学习 ［M］. 匡瑛，译. 北京：外语教学与研究出版社，2011.

② BILLETT S. Learning in the workplace：Strategies for effective practice ［M］. Sydney：Allen & Unwin，2001.

③ STERNBERG R J，WAGNER R K. Practical intelligence：Nature and origins of competence in the everyday world ［M］. Cambridge：Cambridge University Press，1986.

④ 黄健. 工作-学习研究：教育的新疆域：西方工作-学习领域理论成果评述 ［J］. 开放教育研究，2011，17（2）：60-67.

⑤ LAVE J，WENGER E. Situated learning：Legitimate peripheral participation ［M］. Cambridge：1991；WENGER E. Communities of practice：Learning，meaning and identity ［M］. Cambridge：Cambridge University Press，1998.

⑥ JORGENSEN C H，WARRING N. Learning in the workplace：the interplay between learning environments and biography ［J］. Performance+Instruction，2001，15（6）：68-83.

⑦ ILLERIS K. A model for learning in working life ［J］. The Journal of Workplace Learning，2004（8）：431-436.

⑧ 黄健. 工作-学习研究：教育的新疆域：西方工作-学习领域理论成果评述 ［J］. 开放教育研究，2011，17（2）：60-67.

"做中学""观察性学习""师带徒"以及"试误"等方式而获得的。① 唐纳德·A. 舍恩（Donald A. Schön）通过对专业群体的研究指出，实践者在面对真实工作实践中独特的、不确定的情境时，更依赖于通过在行动中进行"自然的""即兴的""反思性的"学习过程来寻求解决问题的方案。②

在本研究中，我选择将伊列雷斯的工作生活中的学习模型、莱芙和温格的情境学习理论和舍恩的反思性实践理论作为分析职教教师教学能力发展的理论依据。

（一）工作生活中的学习模型

伊列雷斯认为，社会化、素质提升、能力发展和治疗等过程都可以视作学习过程的某些特殊类型，并从广义学习的视角将学习定义为：发生于生命有机体的任何导向持久性改变的过程。③ 他提出的工作生活中的学习模型（如图1-1所示），为理解工作场所学习的复杂过程提供了广阔的视角。该模型简明、直观地呈现了在工作场所学习发生的过程中，学习者个体与所处的技术组织和社会文化环境是相辅相成的关系：工作场所中的重要学习发生在工作实践与学习者个体身份认同的互动中，而工作实践是工作场所学习的核心，最好的学习和能力发展正是在这些能力需要被运用的地方发生，即发生在工作场所之中。④

---

① 黄健. 工作-学习研究：教育的新疆域：西方工作-学习领域理论成果评述 [J]. 开放教育研究，2011，17（2）：60-67.
② 唐纳德·A. 舍恩. 反映的实践者 [M]. 夏林清，译. 北京：北京师范大学出版社，2020：109-112.
③ 克努兹·伊列雷斯. 我们如何学习：全视角学习理论 [M]. 孙玫璐，译. 北京：教育科学出版社，2014：3.
④ 克努兹·伊列雷斯. 我们如何学习：全视角学习理论 [M]. 孙玫璐，译. 北京：教育科学出版社，2014：250.

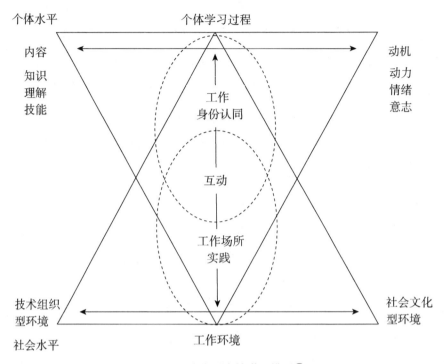

个体水平　　　　　　　个体学习过程

内容　　　　　　　　　　　　　　　动机
知识　　　　　　　　　　　　　　　动力
理解　　　　　　工作　　　　　　　情绪
技能　　　　　身份认同　　　　　　意志

　　　　　　　　　互动

　　　　　　　　工作场所
　　　　　　　　　实践

技术组织　　　　　　　　　　　　社会文化
型环境　　　　　　　　　　　　　　型环境
社会水平　　　　　　工作环境

图1-1　工作生活中的学习模型①

　　在工作生活的学习模型中，作为能力发展的学习过程（如图1-2所示）是模型建构的基础。伊列雷斯认为，发生在工作场所中的学习包含两个过程：垂直双箭头表示个体和环境之间的互动过程，水平双箭头表示个体内部心智获得和加工的过程。由于获得过程总是包含着内容和动机两个要素，所以个体在工作场所中的学习过程便包含了内容、动机和互动三个维度。其中，内容维度关注的是个体学习或学到了什么，包括知识、理解和技能，代表能力的发展；动机维度则是为什么学习，是激活获得过程并进行下去的心智能量，包括动力、情绪和意志；在互动维度，个体通过活动、对话、合作与环境展开互动，从而提升个体在相应社会情境与共同体中的整合。

---

① 克努兹·伊列雷斯. 我们如何学习：全视角学习理论［M］. 孙玫璐，译. 北京：教育科学出版社，2014.

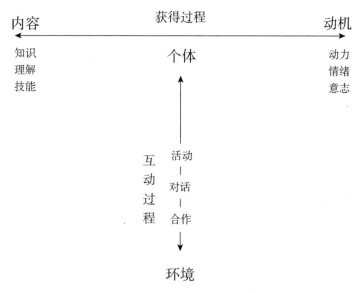

图 1-2　作为能力发展的学习过程①

（二）情境学习理论

情境学习理论是20世纪90年代人类学研究者从参与性实践的视角发展而来的关于学习的理论，以莱夫（Lave）和温格（Wenger）最具代表性。该理论包含三个核心概念：实践共同体、合法的边缘性参与和学徒制。莱芙和温格用传统的学徒制的案例发展和验证了该理论，即学习是发生在实践共同体中的合法的边缘性参与。②

"合法的边缘性参与"本身不是一种教育形式，而是一种理解学习的方式，或者说，合法的边缘性参与就是学习。③ 在实践共同体中，情境是真实的，是与日常生活和实践紧密相连的，学习者拥有共享的文化历史背景和真实的工作（学习）任务，学习者的身份是不断再生产的，学习者沿

---

① 克努兹·伊列雷斯. 我们如何学习：全视角学习理论［M］. 孙玫璐，译. 北京：教育科学出版社，2014.

② 琼·莱夫，艾蒂纳·温格. 情境学习：合法的边缘性参与［M］. 王文静，译. 上海：华东师范大学出版社，2004.

③ 琼·莱夫，艾蒂纳·温格. 情境学习：合法的边缘性参与［M］. 王文静，译. 上海：华东师范大学出版社，2004.

着旁观者、参与者、成熟实践的示范者的轨迹前进，即从合法的边缘性参与者逐步成为共同体中的核心成员，从新手逐步成为专家（如图1-3所示）。

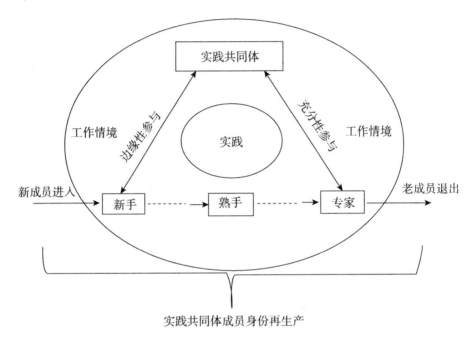

图 1-3　合法的边缘性参与示意图

温格发展了"实践共同体"这一概念，他指出实践共同体具有三个特征：共同体成员之间的相互介入、共同的事业和共享的技艺库。① 首先，实践者的"相互介入"是实践共同体得以成立的第一个特征，它意味着共同体成员所介入的共同行为，其意义已经在成员间达成了共识。其次，"共同的事业"是实践共同体成员在相互介入过程中相互协商的产物，是共同体成员所处环境中具有本土特征的事业。最后，"共享的技艺库"是指成员在实践过程中创造的并内化到自身实践过程中的规则、口令、工具、行为方式、故事、姿势、符号、话语、行动以及概念等一系列内容。从相互关系上看，共享的技艺库一方面反映了共同体成员间相互介入的过

----

① WENGER E. Communities of practice：Learning，meaning and identity［M］. Cambridge：Cambridge University Press，1998.

程，另一方面则成为实践共同体协商的重要资源，并由此建立了实践者共同的事业。

实践共同体的概念一经提出，就被作为分析学习的基础工具广泛应用于教育研究和各类职业培训。一些研究者认为实践共同体的研究视角为深入教师的意义世界、观察共同体及其成员的互动提供了可能。① 陈向明在对教师的实践性知识的研究中发现，"实践共同体"这一概念不仅为研究者深入教师的意义世界、理解教师知识提供了一种工具，而且在教师的日常教学生活中，实践共同体也是教师生成和发展其实践性知识的重要场所和主要载体。②

（三）反思性实践理论

唐纳德·A. 舍恩在 20 世纪 80 年代提出的反思性（也译作"反映性"，下同）实践（reflective practice）理论和培养"反思的实践者"的专业工作者的目标，成为推动教师教育领域变革的重要推动力之一。③ 反思性实践理论有两个基本观点：一是"在行动中识知"（Knowing-in-action），这是反思性实践的前提；二是"在行动中反思"（Reflection-in-action），这是反思性实践的核心。"在行动中反思"是"在行动中识知"的反思性形式，二者相互联系，一方面，"在行动中识知"只能通过在行动中反思的过程得以发展；另一方面，只有承认"在行动中识知"的存在，"在行动中反思"才能得以进行，并对人的实践进行导引。④

"行动中反思"是舍恩实践认识论的核心观点。如图 1-4 所示，"行动中反思"是实践者在行动过程中表现出的一种思考方式，是一个持续框

---

① MAYNARD T. The student teacher and the school community of practice：A consideration of 'learning as participation'［J］. Cambridge Journal of Education, 2001, 1 (31)：39-52.

② 陈向明，等. 搭建实践与理论之桥：教师实践性知识研究［M］. 北京：教育科学出版社，2011：184.

③ 董江华. "反映的实践者"如何"在行动中反映"：舍恩专业教育思想及其对我国教师教育的启示［J］. 教育学术月刊，2013（8）：9-13.

④ 郑旭东，杨九民，苗浩. 反思性实践的认识论：教学设计实践审视与教学设计人员成长的新视角［J］. 中国电化教育，2015（5）：25-29.

定问题情境，并且应用先验知识来获得令人满意结果的过程。当实践者在现实情境中遭遇困境时，通常会努力将过去的经验运用于独特情境：调用自己已有的丰富的资料库中所储存的实践性知识（实例、形象、理解、行动等）来"相似地看着"（seeing-as），对困境进行命名、框定，形成理解，"相似地解决着"（doing-as）来对情境进行反思，从而尽可能找到一个新的做法来"适切"而又"严谨"地解决问题。实践者通过与情境的互动，塑造了情境，并使自己成为其中的一部分。脱离实践情境，没有对行动的反思，"反思的实践者"便无从谈起。在反思性对话中，实践者解决重新框定问题的努力，将会衍生出新的"行动中反思"。每一次"行动中反思"的经验都会使他的资料库更丰富。①

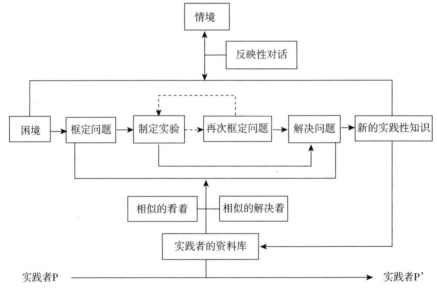

图1-4 行动中反思的流程（结构）图②

反思性实践理论自 20 世纪 80 年代初由舍恩首先提出以来，研究者在其思想的基础上进行了理论和实践创新，丰富了反思性实践观的内涵。加

---

① 唐纳德·A. 舍恩. 反映的实践者 [M]. 夏林清，译. 北京：北京师范大学出版社，2020：114-117.

② 图中实践者 P′就是实践者 P 本人，在经历了行动中反映的实践认识过程后，他获得了新的有用的知识——实践性知识，他的资料库因此得到了扩充。

拿大学者马克斯·范梅南（Max Van Manen）系统论述了反思性实践过程的层次，并对反思的形式做了区分。他提出反思可以分为四个层次：一是持续进行的反思和行动，一部分是习惯性的，一部分是常规化的，还有一部分是由直觉组成的；二是对现场实践过程的反思，以偶然的方式进行反思；三是以系统和持续的方式对自己和他人的经历进行反思，以便对日常行动形成理论性的理解和批判性的看法；四是对理论化形式进行反思，以期对知识的性质、知识在实践和行动中如何发生作用达到一个自我反思性的领悟。[①] 日本学者佐藤学（Manabu Sato）在《课程与教师》一书中将"技术性实践"和"反思性实践"做了对比，并极力倡导专业教育工作者从"技术熟练者"转变为"反思性实践家"。[②] 我国学者李莉春结合哈贝马斯关于人的认知兴趣与社会批判的理论提出了教师在行动中反思的三个层次[③]：第一层次是技术性反思，指教师对教学工作中存在的关于学科知识、学习理论以及学科教学理论等规则性知识的反思，即教师关于教与学的规律的技术性反思；第二层次为实践性反思，指教师对学生的学习意向与动机的反思，对社会、学校和班级环境的反思，对自身经验和行动的意义的理解和诠释；第三层次为解放性反思，这一反思指由于权力、社会、文化和历史的原因而被扭曲的沟通，教师应揭示、批判具有压迫性和支配性的事物，并努力把批判性的意识付诸行动。

综合上述理论的主要观点，本书提出了一个关于工作场所学习的整合模型（如图 1-5 所示）。该模型以伊列雷斯关于工作场所学习的两个过程（获得过程和互动过程）为基本框架，融合了情境学习理论中的"实践共同体"和反思性实践理论中的"行动中反思"两个核心概念，将工作场所学习划分为两个相互交叉的区域，即上三角表示的获得过程和下三角表示

---

① 马克思·范梅南.教学机智：教育智慧的意蕴［M］.北京：教育科学出版社，2001：133-135.

② 刘徽.教学实践的应然形态：关注情境的智慧教学［J］.高等教育研究，2009，30（1）：71-78.

③ 李莉春.教师在行动中反思的层次与能力［J］.北京大学教育评论，2008，6（1）：92-105.

的互动过程，两个过程你中有我、我中有你，是理解同一学习过程的两个维度。从获得过程看，"实践共同体"为个体的参与式学习提供了合法的成员身份和学习的载体；从互动过程看，"行动中反思"是个体通过工作场所实践实现学习的基本形式。亦即个体基于专业实践共同体中的反思性实践，不断获得关于专业的实践性知识，提高胜任工作的能力，实现由实践者 P 到实践者 P'的转变。

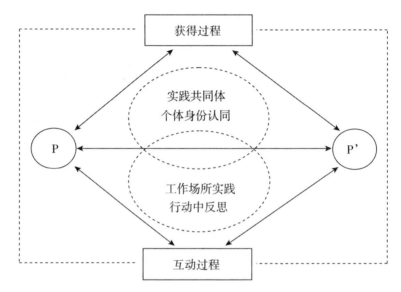

图 1-5　工作场所学习的整合模型

工学一体化课程下的职教教师不仅需要具有丰富的专业理论知识和职业教育教学的理论知识，更要掌握与工作世界密切结合的工作过程知识，并有将专业理论知识和工作过程知识整合转化为教学性知识的能力，从而不断提高自己的专业技能和教学水平。这说明，工学一体化课程下职教教师教学能力的习得和发展离不开特定的工作情境和实践场域，教师积极参与工作场所的学习和实践是其教学能力发展的主要途径，这与上述整合模型中的学习过程具有高度契合性。因此，工作场所学习理论可以作为分析工学一体化课程下职教教师教学能力发展过程的理论工具。

首先，伊列雷斯工作生活中的学习模型为解释工学一体化课程下职教教师教学能力发展的过程及其与环境的互动影响提供了一般性分析框架。

从互动过程看，教师个体通过工作与环境（情境）之间的互动为教学能力发展提供了实践载体；从获得过程看，教师个体基于不同的动机对教学能力发展目标（内容）的追求为个体特定身份再生产提供了合理契机。

其次，实践共同体作为情境学习在人类学研究领域中的核心要素，是个体学习的重要载体。教师实践共同体的构建不仅能够为教师提供有效的结构性学习资源，而且还能为其提供职业认同的情感支持、实践反思的真实参照以及专业身份转变的合理契机。[①] 通过教师实践共同体的构建，把学校文化传承、教师职业认同、专业与教学能力提升、一体化教学理念培育等融入教师的日常工作中，从而形成完善的教师相互依存的"工作—学习"系统，实现从普通教师到"双师型"教师身份再生产的循环。在实践共同体中，教师教学能力发展的过程，遵循个体通过合法的边缘性参与从新手到专家成长的规律。

最后，反思性实践是教师实践性知识获得的必然途径。在工学一体化课程教学的特定情境下，职教教师的实践性知识的获取将以过程性知识为主，这不仅体现在职业的专业工作过程中，而且体现在行动导向教学的过程中。因此，职教教师需要具备比普通教育教师更加丰富和多样的"资料库"，以应对一体化教学情境中的复杂情形。教育实践需要教师具有在行动中反思的能力，不仅是事先反思和事后反思，而且是在行动中一边做一边反思。[②] 由此，职教教师必须成为一名反思的实践者，经常进行教学反思，开展行动研究，在真实的工作环境中，通过在"行动中反思"的"做中学"，完成对知识的获取、分析、筛选、加工和整合等过程，不断丰富自己的"资料库"，以应对工学一体化课程教学中的复杂问题，逐渐由新手教师到熟手教师再到专家型教师过渡，从而不断地促进自己的专业发展，提高教学水平。

[①] 李兴洲，王丽. 职业教育教师实践共同体建设研究 [J]. 教师教育研究，2016，28 (1)：16-20，25.

[②] 陈向明. 在"北京市反思型教师质性研究室"成立仪式上的发言 [EB/OL]. 个人图书馆，2016-09-22.

二、生态系统理论

在发展心理学领域，美国心理学家尤瑞·布朗芬布伦纳（Urie Bronfenbrenner）的生态系统理论坚持在自然环境和具体的社会背景下探讨个体发展问题的研究取向，拓展了发展心理学理论中"环境"的范围，其提出的行为系统模型，大大扩展了对研究个体发展的影响因素的分析空间，并强调发展的动态性①，对研究课程变革中的教师发展及其与环境的互动提供了更加具体化的分析框架。

布朗芬布伦纳是人类发展生态系统理论的创始人，被公认为是人类生态学、发展心理学和儿童抚养三大交叉学科的大师级人物，其生态系统理论被认为是对勒温心理生态学理论的发展。1977 年，布朗芬布伦纳发表《勒温的空间与生态物质》（*Lewinian Space and Ecological Substance*），提出了生态化系统论的概念及方法论框架，系统阐释了影响个体行为与发展的生态环境空间结构，即图 1-6 所示的行为系统模型。该结构是一个相互嵌套和相互连接的生态结构，模型的最里面是微观系统（microsystem），它通过中观系统（mesosystem）和外部系统（exsosystem），在文化（或亚文化）层面上移动到宏观系统（macrosystem）。② 在这个系统中，个体和系统相互适应、相互作用，系统影响着个体的发展。1979 年，奠定其理论贡献的《人类发展生态学》一书出版，布朗芬布伦纳将影响个体发展的四个环境系统扩展到五个，增加了一个时间系统（chronosystem），即个体的生活环境及其相应的种种心理特征随时间推移所具有的变化性以及相应的恒定性③，以此强调个体发展的动态性和历时性。布朗芬布伦纳的生态系统理论为研究人的发展提供了全新的视角和分析框架。

---

① 刘杰，孟会敏. 关于布朗芬布伦纳发展心理学生态系统理论［J］. 中国健康心理学杂志，2009，17（2）：250-252.

② BRONFENBRENNER U. Lewinian Space and Ecological Substance［J］. Journal of Social Issues，1977，4（33）：199-212.

③ 高秀萍. 生态系统理论的创始人：布朗芬布伦纳［J］. 大众心理，2005（5）：46-47.

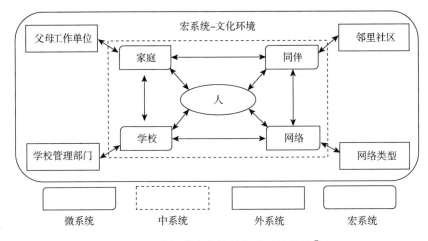

图 1-6　布朗芬布伦纳的行为系统模型①

扎斯特罗（Zastrow）与克斯特－阿什曼（Kirst-Ashman）发展了生态系统理论，进一步阐述了个体与社会环境之间形成的多重系统以及两者之间的互动关系，指出个人也是生态系统的一部分，把个体的生存环境看成一个完整的生态系统。并据此将人的生态系统划分为三个层次，即微观系统，指处在生态系统中的个人，个人也是一种生物的、心理的、社会的系统类型；中观系统，指与个人直接接触的小群体，比如，家庭、单位、朋辈群体；宏观系统，指个体不直接接触的、比小群体更大的社会系统，比如，社区、组织、政府，这三个系统相互联系、相互制约、相互影响。②它打破了个体与环境的对立关系，将微观个人系统看成是生态系统的一部分。③

生态系统理论被广泛应用于社会工作领域和教育领域，开启了生态系统理论的社会实践模式。杰曼（Germain）和吉特曼（Gitterman）提出了生态系统理论应用于社会工作实务的干预模式——生命模式，其主要观点

---

① 徐彦红. 大学青年教师专业发展影响因素研究［D］. 北京：首都经济贸易大学，2017.

② ZASTROW C H, KIRST－ASHMAN K K. Understanding Human Behavior and the Social Environment［M］. Boston：Thomson Brooks/Cole，2004.

③ 卓彩琴. 生态系统理论在社会工作领域的发展脉络及展望［J］. 江海学刊，2013（3）：113-119.

是人的发展是持续与其环境的不同层面进行交换并适应的过程，社会工作的主要目的就是减轻生活压力、增加个人和社会资源、提高人们对所处环境的适应度。梅耶（Meyer）强调社会工作应该聚焦个人所处的生活空间，关注人与环境之间的交流活动，如个人的生活经验、发展时期、生活空间和资源分布等，并从生活变迁、环境品质和适合程度等三个层面来解决社会工作的现实问题。① 帕尔德克（Pardeck）进一步将生态系统取向下的社会工作干预模式细分为七个步骤，即进入系统、绘制生态图、评估生态系统、创造改变的观点、协调与沟通、再评估和成效评估。② 肯普（Kemp）、惠特克（Whitaker）和特雷西（Tracy）则提出个人环境实践模式③，相比生命模式对社会工作有了更加深入的理解和思考，但缺乏具体的操作模式。④ 伦纳德（Leonard）和杰克（Jack）基于生态系统理论的视角研究伙伴关系如何促进学生个体发展，他指出通过构建学生之间成功的伙伴关系可以实现"文化凝聚力"，提出了学校改革的文化路径。⑤ 我国学者对生态系统理论在教育领域中的应用侧重于研究环境对学生或教师发展的影响，⑥ 如吴筱萌基于布朗芬布伦纳的生态行为系统模型和科瑟根（Korthagen）的影响教师发展的洋葱圈模型，提出了影响变革中教师发展

---

① MEYER C H. Clinical Social Work in the Eco-Systems Perspective [G]. New York：Columbia University Press，1983.

② PARDECK J T. Social work practice：an ecological approach [M]. VIRGINIA：Greenwood Publishing Group，1996.

③ KEMP S P，WHITTAKER J K，TRACEY E M. Person-Environment Practice：The Social Ecology of Interpersonal Helping [M]. New York：Aldine De Gruyter，1997.

④ 卓彩琴. 生态系统理论在社会工作领域的发展脉络及展望 [J]. 江海学刊，2013（3）：113-119.

⑤ LEONARD J. Using Bronfenbrenner's Ecological Theory to Understand Community Partnerships：A Historical Case Study of One Urban High School [J]. Urban Education，2011，46（5）：987-1010.

⑥ 徐彦红. 大学青年教师专业发展影响因素研究 [D]. 北京：首都经济贸易大学，2017；李迪. 生态系统理论视域下生命教育的价值重构 [J]. 黑龙江教育学院学报，2019，38（8）：67-69；朱铭，林伯海. 生态系统理论视域下的辅导员职业情感影响因素分析 [J]. 思想教育研究，2017（3）：104-107；林晓敏. 基于生态系统理论的中职专家型教师成长路径研究 [D]. 广州：广东技术师范学院，2016；姚红，葛君梅. 布朗芬布伦纳的社会生态系统理论对医德教育的启示 [J]. 管理观察，2015（25）：124-125.

的四层次空间模型（如图1-7所示）①。

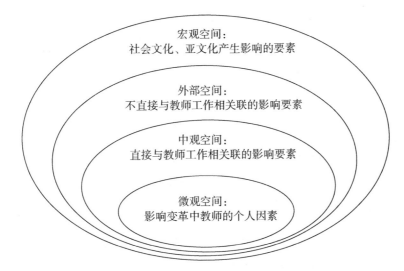

图1-7 影响变革中教师发展的四层次空间模型

生态系统理论及其发展和该理论在实践中的应用对研究工学一体化课程下职教教师教学能力发展具有重要启发意义。一方面，教师教学能力的发展受到自我信念、身份认同、教育使命以及个人行动等个体要素的影响；另一方面，教师教学能力发展又与教师所在的工作环境以及外部环境紧密相关，工学一体化课程变革的环境及教师与环境之间的互动作用不仅是教师教学能力发展的重要影响因素，也是促进教师教学能力发展的重要条件。因此，该理论为本研究提供了极具启发性的分析框架，为深入分析工学一体化课程下职教教师教学能力发展过程的复杂性提供了重要理论工具。

第四节 研究设计

基于对工学一体化课程变革的背景及基于这一变革背景下职教教师教

---

① 吴筱萌. 理解教育变革中的教师［M］. 重庆：重庆大学出版社，2010：23.

学能力发展研究的考察，本书将研究的核心问题确定为：工学一体化课程变革下职教教师教学能力是如何发展的。具体包括以下四个子问题。

（1）工学一体化课程变革为职教教师带来了怎样的变化？在工学一体化课程不同发展阶段迭代升级的探索和实践过程中，作为课程实施者的教师经历了什么？课程变革给教师们带来了什么？教师们如何看待变革？经历变革的教师们发生了怎样的变化？研究试图通过勾勒工学一体化课程变革的总体脉络，描画课程变革中教师们发展变化的样貌，再现作为变革重要参与者的教师们在课程变革中的成长群像。

（2）工学一体化课程变革下职教教师教学能力的内容和特征是什么？工学一体化课程是"通过典型工作任务分析构建课程体系"的一种新的课程模式，是"学习的内容是工作，学生通过工作实现学习"的课程，因而实现了学习过程与工作过程的一致性。由于这一课程模式颠覆了传统课程以学科体系为依据的课程结构，建立了以行动体系为依据的新课程结构，所以，研究这一课程模式下教师教学能力的发展，必须首先弄清楚教师教学能力的内容发生了怎样的变化？具有何种新的内涵？呈现出什么样的典型特征？本研究将深入工学一体化课程变革下教师真实的工作世界，通过对教师教学工作的调查研究，识别教师胜任工学一体化课程教学的能力内容，概括提炼其教学能力的典型特征。

（3）工学一体化课程变革下职教教师教学能力经历了怎样的发展过程？教师教学能力发展的过程包含了教学能力发展的过程要素以及发展过程中各要素之间的互动关系。本研究以较长的时间跨度，对不同类型教师的成长故事进行深描，以期梳理出工学一体化课程下不同类型教师教学能力发展变化的过程，探寻过程背后的发展机制，呈现工学一体化课程变革下教师教学能力发展的动态性和复杂性。

（4）工学一体化课程变革下职教教师教学能力发展受到了哪些因素的何种影响？各影响因素中，哪些是主要的影响因素？这些因素是如何影响职教教师教学能力发展的？本研究通过对影响教师教学能力发展的各种因素的发掘和其作用的分析，对工学一体化课程变革下职教教师教学能力发展的复杂性做出解释性理解。

一、核心概念

基于研究的需要，本书对以下核心概念进行界定：

课程变革：本书中的课程变革是指由人力资源和社会保障部在其所管理的技工院校范围内发起的工学一体化课程改革，包括了部分技师学院在课程改革试点前进行的探索性实践，时间跨度自2004年至今，20年时间。它是我国职业教育课程改革过程中，由政府主管部门主导，通过自上而下系统化设计推动，已取得较大成功并正在进行中的一次探索中国特色职业教育课程体系和人才培养模式的重大实践，在我国职业教育改革发展史上具有重要意义。

工学一体化课程：本书中的"工学一体化课程"采用《〈国家技能人才培养工学一体化课程标准〉开发技术规程》[①] 的表述，即"工学一体化课程"是指按照经济社会发展需要和技能人才培养规律，根据国家职业技能标准，以综合职业能力为培养目标，通过典型工作任务分析，构建课程体系，并以具体工作任务为学习载体，按照工作过程和学习者自主学习要求设计和安排教学活动的课程。工学一体化课程体现理论教学和实践教学融通合一、专业学习和工作实践学做合一、能力培养和工作岗位对接合一的特征。

职教教师：本书所指职教教师是指在职业院校全职从事专业课教学任务的专任教师，不包括在职业院校从事公共基础课教学的教师和聘用的代课教师。在传统课程模式下，职业院校的专业课教师又划分为专业理论课教师和实习指导教师，而在工学一体化课程模式下，专业课教师是指能承

---

① 人力资源和社会保障部职业能力建设司关于印发《〈国家技能人才培养工学一体化课程标准〉开发技术规程》的通知（人社职司便函〔2022〕19号）。

担工学一体化课程教学的"双师型"教师。①

教学能力：本书所指教学能力（TC）是指职教教师在工学一体化课程模式下，基于特定的教学情境，以促进学生全面发展为目标，以工学结合的学习任务为载体，在具体的课程教学实践中形成的一种综合性专业能力，是教师建立在专业理论和教育理论、专业实践和教育实践双重跨界基础上的能力体系，其内涵和外延均超越了传统课程模式下教师教学能力的内容。由于工学一体化课程对教师教学情境的创设具有较高的要求，其课程实施过程与课程开发过程存在一定程度的交叉，因此，本书中的教学能力既包括教师在课程实施层面的能力内容，也包括了课程开发层面的部分能力内容。

教学能力发展："发展"是指事物由小到大、由简单到复杂、由低级到高级的变化过程。本书中的教学能力发展是指职教教师在已有教学能力的基础上，通过不断的专业提升和教学实践，生成新的教学能力内容，提高教学水平，以适应工学一体化课程教学需要的过程。具体包括发展目标、发展动力、发展方式和发展手段等方面的要素。发展目标是教师教学能力达到工学一体化课程要求的水平和标准，对教师教学能力的发展具有导向作用；发展动力是促进教师教学能力发展的个体内部需求的心理特征和外部激励等要素的综合，对教师教学能力的发展具有驱动作用；发展方式是教师在教学能力发展过程中所呈现出的形式，不同类型的教师可能经历不同的发展过程，形成不同的发展方式；发展手段是教师教学能力发展的具体方法，是教学能力不断提升和持续发展的根本保障。

二、分析框架

本书旨在通过深入探讨工学一体化课程变革下职教教师教学能力发展的过程，洞悉其教学能力发展的内部机制，挖掘和分析影响教学能力发展

---

① 在人力资源和社会保障部管理的技工院校体系下，一般称为"工学一体化"教师，而较少使用"双师型"教师，本书在不同语境使用不同的表达方式。

的主要因素及其作用，呈现工学一体化课程变革下职教教师教学能力发展的动态性和复杂性，以期获得关于职业院校专业课教师教学能力发展的本土化知识。从工作场所学习的角度看，课程变革视域下职教教师教学能力发展的过程是职教教师在工学一体化课程情境下通过具体的课程实践活动参与式学习的过程，即教学能力发展是教师作为主体基于不同的发展动机，通过具体的行动——教师的反思性实践活动——与空间环境诸要素交互影响的结果，呈现出动态性、连续性、情境性和条件性的特点。为此，本书根据研究的问题，在核心概念界定的基础上，综合工作场所学习的相关理论和生态系统理论，提出了一个初步的分析框架（如图1-8所示）。

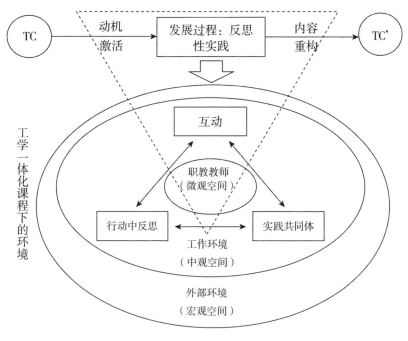

图1-8　研究的分析框架

根据这一分析框架，本书首先在全面梳理课程变革视域下职教教师教学成长的过程中，通过对研究资料的全面分析，识别工学一体化课程下职教教师教学能力的内容类型和典型特征，为解读和分析教学能力发展的过程和影响因素提供了重要参考依据。职教教师教学能力发展的过程及影响因素是研究关注的核心内容。本书根据上述分析框架，结合具体的研究资料，建立更具体的职教教师教学能力发展过程框架和空间结构模型，探讨工学一体化课程变革下职教教师教学能力发展的一般过程及内部机制，概括和归纳其教学能力发展的过程模式（类型），并对影响教学能力发展的核心要素以及这些要素如何影响教学能力的发展进行深入的分析和讨论。其次，本书通过不同案例教师的教学发展故事对不同发展模式（类型）下职教教学能力发展的具体过程进行解读，以呈现工学一体化课程下职教教师教学能力发展的动态性、复杂性和多样性。

需要特别说明的是，本书采用扎斯特罗（Zastrow）与克斯特-阿什曼（Kirst-Ashman）三层空间结构的划分方法，并借鉴吴筱萌关于教师变革的空间模型，将工学一体化课程变革下职教教师教学能力的发展空间重新划分为：微观空间、中观空间和宏观空间。各空间要素定义如下。

微观空间：主要由影响职教教师教学能力发展的个体层面的要素构成，如教师对工学一体化课程模式的认知、态度以及在课程变革中的个体心理特征等。根据科瑟根的"洋葱圈模型"，教师的"能力"位于"信念"和"行为"之间，处于最里层的是教师的"使命"，其次是"身份认同"，介于"信念"和"使命"之间。[1] 本书将这三个概念统一归入教师的动机维度，而将"行为"理解为与教师教学相关的行动，即教师的实践性活动。

中观空间：是一个与职教教师个体最为紧密的空间，是教师工作学习的最直接最主要的活动场域，与微观空间的个体共同组成了工作场所中的实践。按照布朗芬布伦纳的行为系统模型，中观空间主要指学校和教师直接生活的空间，企业则属于外部空间的范畴。但本书关注的是工学一体化课程下职教教师教学能力发展的问题，教师的工作场所因为"工学一体"的要求被拓展到了学校之外的另一个重要工作场所——企业。因此，对职

---

[1]　KORTHAGEN F A J. In Search of the Essence of a Good Teacher: Toward a More Holistic Approach in Teacher Education [J]. Teaching & Teacher Education, 2004 (20): 77-97.

教教师的工作场所应当做出学校和企业跨界的诠释①，故而将企业划入了中观空间的范畴，这是与以往研究教师工作环境的一个重大不同。

宏观空间：本书将吴筱萌教师变革的外部空间和宏观空间合并为一个空间，命名为宏观空间。在这个空间中，既包括了那些发生在工作场所之外但与职教教师的工作相关联的环境要素，如教师所处的网络空间等；也包括了那些不直接涉及职教教师工作，但也会对教师心理和行为产生影响的外在因素，如国家政策、社会文化意识等。

需要特别说明的是，上述分析框架是一个开放的框架，在具体研究过程中，本书将遵循质性研究的归纳范式，主要通过自下而上收集资料的方式开展研究，并结合自下而上和自上而下的策略对资料进行分析，从而对该框架进行修订和完善。

三、研究对象

本研究立足于工学一体化课程变革的视角，意在探寻课程变革视域下职教教师教学能力发展的有效途径，以期更好地推进正在进行的课程变革。因此，对案例的选择首先要契合这一研究需要。本书在前期的调查中发现，采取"开发取向"课改模式学校的教师一体化课程教学的整体水平好于采取"使用取向"课改模式的学校，为此，本书决定选择一所教师整体教学水平较高的、采取"开发取向"课改模式的学校作为研究的案例学校。本着方便抽样的原则，本书以笔者比较熟悉的 G 学院为案例学校开展田野研究。

（一）案例学校的基本情况

G 学院隶属于北京市某大型企业集团，属于典型的国有企业办学，始建于 1974 年，学院早期的专业设置主要围绕集团主业——化工产业进行设置，专业门类比较单一。"十五"时期，围绕北京市现代化国际大都市

---

① 吴全全. 职业教育"双师型"教师基本问题研究：基于跨界视阈的诠释 [M]. 北京：清华大学出版社，2011：114.

的城市定位和建设"人文北京、科技北京、绿色北京"的战略部署，学院紧紧抓住集团发展战略重大调整的战略机遇期，紧密对接首都经济和谐发展的主导产业领域，对学院的专业设置进行了较大规模的改革调整，逐步形成了与北京市产业发展高度匹配的数控加工、汽车维修、机电一体化、环境保护与检测、药物制剂以及信息类专业为主的专业技能人才培养格局。2002 年，学院成为北京市最早批复成立的技师院校之一。2004 年以来，学院借鉴德国职业教育"双元制"人才培养模式和"学习领域"课程模式，在全国率先启动了从"任务引领型"课程探索为起点的一体化课程改革，按下了课程教学改革的快进键，成为中国最早探索工学结合一体化课程教学改革的院校之一。其课程改革实践，为后来的《一体化课程开发规范》等部颁文件的制定打下了良好的实践基础。2009 年，G 学院成为全国第一批一体化课程改革试点院校之一，并牵头汽车维修、数控加工和电气自动化设备安装与维修三个专业的全国课改试点工作。同年，G 学院提出了以一体化教师培养为核心的"四梯级"专业教师发展框架①，2012 年承担人力资源和社会保障部《一体化教师标准及培训课程方案》研究课题。截至 2018 年，该院 5 个二级教学系的 24 个专业，除信息类的 4 个专业未开展一体化课程教学改革外，其他 4 个教学系 20 个专业全部启动了一体化课程教学改革，并陆续完成了一体化教学资源文件的开发工作，建立了完整的一体化课程体系，同步培养了一支与一体化课程教学相适应的梯级教师队伍。根据学院官方提供的数据，截至 2018 年，全院专业课教师中的一体化教师认证比例在 80% 以上，共培养出全国职教名师 1 名，北京市职教名师 2 名，北京市专业带头人 4 名，北京市优秀青年骨干教师 10 名，北京市技工院校课程负责人 4 名，北京市专业创新团队 3 个、一体化

---

① G 学院为适应一体化课程教学打造的教师队伍的四个层级，分别指普通教师、一体化教师、课程负责人和专业带头人。其中一体化教师和课程负责人又分别划分为三个等级，由此构成"四梯八级"教师队伍结构。另外，学院为鼓励更多教师参与课程改革，对全校通用职业素质课程教师（含公共基础课教师）实施普通教师、课改教师和课程负责人的三梯级建设规划，作为四梯级教师队伍建设的补充，实现了教师队伍建设规划全覆盖。

教学团队 2 个。①

（二）访谈对象的选择

本研究对访谈对象的选择采用了目的性抽样，即选择能为研究问题提供最大信息量的样本。研究对象的选取主要考虑三方面的因素：第一，研究对象认可工学一体化课程教学理念，经历过至少两个学期工学一体化课程教学；第二，研究对象在工学一体化课程教学中取得较好的教学效果并得到专家和同行的一致好评，其教学发展过程具有一定的典型性；第三，研究对象的学历背景、任教专业、教学成长经历等契合不同类型教师教学发展的状况，其教学能力发展的过程和经验能为不同类型教师的教学发展提供参考和借鉴。②

一直以来，我国职业院校的教师来源主要有三个：一是普通高校毕业后直接进入职业学校担任教师的，既有本科生也有研究生，入职后主要担任理论课教师；二是有企业经历并具有较高专业技能水平的人员，来学校担任同领域课程的教师，多数担任实习指导教师；三是职业院校留校任教的毕业生，大多有参加并在各类职业技能大赛中获奖的经历，具有较高的专业技能水平，入职后一般担任实习指导教师。在理论与实践并行的课程模式下，理论课教师和实习指导教师的发展路径几乎不发生交叉。以技工院校为例，按照现行的职称评审政策，理论课教师的职称按助理讲师、讲师、高级讲师和正高级讲师设置；实习指导教师的职称按二级实习指导教师、一级实习指导教师、高级实习指导教师和正高级实习指导教师设置。③教师来源是本书初步划分教师类型的重要依据，且在访谈对象的选择上充分考虑了这一因素。

通过对教师的结构做进一步分析发现，大学毕业后来校任教的教师是

①　数据来源：G 学院四梯级师资队伍建设成果总报告，2018。

②　朱金龙，龙艳萍．一体化课程模式下职教教师教学能力发展的个案研究：基于全视角学习理论的分析模型［J］．中国成人教育，2020（20）：74-78.

③　资料来源：山东省人民政府政策文件，山东省人力资源和社会保障厅关于印发《山东省技工院校教师专业技术职务资格评价标准条件》的通知。

职业院校教师队伍的主体，这类教师主要擅长理论课教学，缺乏企业工作经历，专业技能水平是短板，可以作为一个教师类型进行研究分析，本书采用访谈中教师们对这一类教师比较通俗的一种称谓"大学生"教师来命名这一教师类型；然后是企业引进教师，这是职业院校未来教师引进的一个方向，在教学发展过程中，这类教师与"大学生"教师具有完全不同的表现，也可以作为一个教师类型进行研究，本书将之命名为"企业"教师；还有少部分留校任教的教师，在教师队伍中的占比不高，这类教师虽然也具有较高的专业技能水平，但和"大学生"教师一样，普遍缺少企业工作经验，教学发展过程与前述两类教师均有相似之处，因此本书未将其作为一个专门类型进行研究。另外，教师的教学能力发展还受到教师职业发展阶段和参与课程改革的时间等因素的影响。在实践中，教龄在 10 年以上或更长的老"大学生"教师大都经历了一体化课改前和一体化课改后两个教学阶段，经历了一个比较完整的"面对变革、适应变革、融入变革、推动变革"的变化过程，而近几年新入职的"大学生"教师则通常是以中途加入者的身份进入课程变革的，比老"大学生"教师具有更好的可塑性，因此，新入职"大学生"教师构成了"大学生"教师中的一个亚类型。由此，本书在研究中最终确定了"大学生"教师、"企业"教师和新入职"大学生"教师三种教师类型，以此来作为选择典型个案的依据。

在对案例学校推进工学一体化课程教学改革和教师发展情况全面深入了解的基础上，本研究最终选择访谈对象 18 人，基本情况详见表 1-2。出于对隐私保护等因素的考虑，本书对访谈对象全部以代码表示，JS1—JS14 为专职教师，JS15—JS18 为兼职教师（均为专家级教师，现主要从事教学管理工作）。

表 1-2　访谈对象基本情况一览表（数据统计截至 2020 年 12 月）

教师代码	性别	年龄	任教专业	教龄/一体化教学年限	企业经历	教师来源	备注
JS1	男	39	数控加工	16/11	0	大学毕业	专业带头人
JS2	男	48	数控加工	15/14	12	企业引进	课程负责人
JS3	男	43	数控加工	13/3	10	企业引进	—
JS4	男	32	数控加工	12/9	0	大学毕业	—
JS5	女	29	数控加工	5/4	0	大学毕业	—
JS6	男	49	汽车检测与维修	17/11	11	企业引进	—
JS7	女	37	汽车检测与维修	14/11	0	大学毕业	课程负责人
JS8	男	36	汽车检测与维修	11/11	0	大学毕业	—
JS9	男	36	机电、电气自动化、工业机器人	15/9	0	大学毕业	课程负责人
JS10	男	42	机电、电气自动化、工业机器人	11/9	6	企业引进	—
JS11	女	29	机电、电气自动化、工业机器人	4/3	0	大学毕业	—
JS12	女	30	机电、电气自动化、工业机器人	5/4	0	大学毕业	—
JS13	女	36	环境保护与检测	7/5	3	大学毕业	—
JS14	女	31	环境保护与检测	5/4	0	大学毕业	—
JS15	男	45	机电、电气自动化、数控加工	16/15	7	大学毕业	专业带头人教学副院长
JS16	男	37	环境保护与检测	10/9	0	大学毕业	专业带头人教务处处长
JS17	男	36	汽车检测与维修	10/9	0	大学毕业	课程负责人汽车系主任
JS18	男	47	机电、电气自动化、工业机器人	24/11	0	大学毕业	专业带头人智能系主任

访谈对象涵盖了不同来源（类别）、专业领域、发展层级、年龄分布、

教学年限和参与一体化教学改革年限的教师。从教师来源看，大学毕业[①]后来校任教的 12 人，留校任教 2 人，从企业引进 4 人；从任教专业分布来看，数控加工专业（含车、铣和加工中心三个方向）6 人，汽车检测与维修专业 4 人，机电及自动化类专业 6 人（其中 1 人还有数控加工专业任教的经历），环境保护与检测专业 3 人；从发展层级来看，一体化教学骨干教师 10 人，课程负责人 4 人，专业带头人（专家教师）4 人；从年龄分布看，45 岁以上的老教师 3 人，35~44 岁的中年教师 9 人，34 岁以下的青年教师 6 人；从教学年限看，具有 15 年以上教学经历的教师 6 人，10 年以上 15 年以下的 7 人，5 年以上 10 年以下的 4 人，5 年以下的 1 人；从参与一体化教学改革年限来看，10 年以上的 7 人，5~9 年的 6 人，3 年以上 5 年以下的 5 人。

四、研究方法与过程

（一）研究方法的选择

本书采用质性研究中的案例研究方法开展相关研究。质性研究是以研究者本人作为研究工具，在自然情境下采用多种资料收集方法对社会现象进行整体性探究，使用归纳法分析资料和形成理论，通过与研究对象互动对其行为和意义建构获得解释性理解的一种活动。[②] 案例研究是质性研究常用的研究方法之一，它是对研究对象（一个人、一个方案、一个单位）进行深入的观察、分析，从而研究其行为发展变化的全过程，并进行全盘性的描述与诠释的研究历程。[③] 任何有关研究方法的决定都必须以回答研究的问题为主要前提，而不是为了方法本身而选择研究方法。[④] 本书对研究方法的选择主要基于以下考虑。

---

① 指全日制大学本科和硕士研究生毕业。
② 陈向明. 质的研究方法与社会科学研究 ［M］. 北京：教育科学出版社，2000：12.
③ 李长吉，金丹萍. 个案研究法研究述评 ［J］. 常州工学院学报（社科版），2011，29 (6)：112–116.
④ 陈向明. 质的研究方法与社会科学研究 ［M］. 北京：教育科学出版社，2000：94.

第一，本研究的问题是工学一体化课程下职教教师教学能力是如何发展的？这一研究问题至少包含两方面的信息：一是要研究职教教师的教学能力，必须把研究放置到工学一体化课程教学这一特定的自然情境之中来进行，即此处的教师教学能力发展是特定背景下的行为；二是教学能力的发展是一个过程，研究必然聚焦于工学一体化课程教学改革这一特定情境下教师教学能力发展的动态过程，并通过对这一发展过程产生影响的诸要素的分析，对工学一体化课程下职教教师教学能力发展的复杂性做出解释性阐释和理解。由于质性研究秉承自然主义的探究传统，强调在自然环境背景下对个人的"生活世界"以及社会组织的日常运作进行研究，其主要目的是对被研究者的个人经验和意义建构做"解释性理解"或"领会"，因此，质性研究方法非常适合本研究的问题。

第二，量的研究证实的是有关社会现象的平均情况，对抽样总体要求具有代表性，而教师教学能力的发展则呈现出多样性和复杂性。职业院校的一体化课程教学改革从部分院校开展"任务引领型"课程探索至今，已有近20年时间，参与的院校众多，参与的教师数以万计。使用量的研究方法对这一庞大的群体进行研究，具有很大的难度。而质的研究允许选择较少数量的样本，可以更好地集中精力对少数典型教师进行个案研究，从而更深入细致地探究被研究者的"生活细节、复杂的内心世界以及他们所生存于其中的纷繁变化的文化氛围"①。

第三，尽管对个案的研究可能无法代表更多学校和教师的状况，案例研究也一直被质疑存在研究样本是否具有代表性或概括性的问题，但案例研究的合理性不在于寻求统计学意义，而是在于专注案例本身的逻辑分析意义，分析性概括化是在理论概念和原则的相关性上，超越原始案例而适用其他环境的逻辑。② 即小样本案例的合理性在于以分析的形式逻辑保障

---

① 陈向明. 旅居者和"外国人"：留美中国学生跨文化人际交往研究［M］. 北京：教育科学出版社，2004：43.

② YIN R K. Case Study Research and Applications：Design and Methods［M］. Los Angeles：SAGE，2018：349.

案例的代表性和概括性。在社会学领域，案例研究已经成为"研究者用来窥探其自身与个案都安放于其中的那个世界的一个窗口"①。

正是基于上述考量，本研究决定采用质性研究中的案例研究方法，在对案例学校进行田野调查的基础上，选择了18位研究对象进行了半结构化的访谈和观察调查，并从中选取了三个典型个案，对三位案例教师在工学一体化课程变革中的教学能力发展过程进行了深描和分析。通过走向个人、走进叙事和走入细节的案例分析，不仅为研究者，也为读者打开了一个洞察和理解工学一体化课程下职教教师教学能力发展的窗口，去找到他们与案例所描述世界的联系，从而达到"窥一斑略知全豹"的效果。

（二）资料收集方法与过程

本研究通过多种方式收集资料，主要包括：半结构化访谈，非正式交谈，电话、微信或QQ补充访谈，非参与式观察，实物收集等。

1. 访谈

本研究主要通过半结构化的深度访谈作为收集资料的手段，同时将电话、微信或QQ等形式的访谈作为补充。在开展正式访谈之前，笔者拟订了一份访谈提纲（见附录一），访谈主要围绕本研究的四个子问题展开，具体包括：研究对象参与工学一体化课程变革的经历、本人对工学一体化课程的看法、教学能力发展的现实表现、教学能力发展的过程、本人在课改中的参与状况、学校采取的措施、影响教学能力发展的主要因素及其作用等。在访谈时根据实际情况对访谈问题进行调整和追问。每个研究对象的访谈时间控制在1~1.5小时，在征得被研究者同意的前提下对访谈进行录音，同时做好访谈记录。对部分访谈对象进行了多轮访谈，每次访谈结束后，对访谈内容及时进行文字稿转录。在访谈的过程中笔者还要记录下被研究者谈到的一些核心思想、多次重复或强调的语词、表情的变化、笔者即时的感受、希望追问的问题等，并将这些内容及时写进每次的访谈笔

---

① 吴康宁. 个案究竟是什么：兼谈个案研究不能承受之重［J］. 教育研究，2020，41（11）：4-10.

记中，为后期进行文本分析时提供参考。

此外，由于笔者与被研究者不在一个城市，因此通过网络通信工具进行访谈成为一种重要的补充手段。因为双方是否在场可能对信息的收集产生影响，所以该手段主要用于补充正式访谈时遗漏的信息或根据研究的需要对有关问题进行追问。

2. 观察

笔者对研究对象的观察主要采用了非参与型观察的方式，主要观察被研究者的课堂教学。在课堂观察中，笔者主要从教师活动、学生活动两条主线对工学一体化课堂教学进行细节性记录，同时记录下自己在观察中的反思（课堂教学观察记录表见附录二）。课堂观察结束后，要全面梳理在特定教学情境下教学和学习行为发生的过程和现象，形成课堂观察报告，并通过分辨具体的行动及其背后的意图，及时记录下笔者对观察到的现象的思考，与观察报告一并作为后期分析的资料。

3. 实物收集

实物资料主要是以文本形式记载的书面材料，也包括一部分在观察中收集到的现场照片以及案例学校职业能力大赛获奖教师在比赛中的说课答辩视频。

基于卡麦兹关于新产生的文本和已有文本的划分标准，本研究将收集的文本资料分为新产生的文本和已有文本。根据卡麦兹的分类，新产生的文本是指"把提供书面数据的研究对象包括进来"的文本，即在研究者的参与和作用下生成的书面数据；而已有文本是指"公共记录、政府工作报告、机构文献、大众传媒、文学作品、自传、个人信件、网络讨论以及来自数据库的以往的质性资料"，即研究者没有参与就已经形成的书面数据。[①] 在本研究中，新产生的文本包括：关于一体化课改工作的会议记录、教师在不同阶段完成的企业调研报告、实践专家访谈会记录、典型工作任

---

① 凯西·卡麦兹. 建构扎根理论：质性研究实践指南 ［M］. 边国英，译. 重庆：重庆大学出版社，2009：46-48.

务描述表、课程方案、课程标准、教学活动策划表、教学设计方案等文档资料以及教师在课程培训、课程开发和课程实验中形成的培训记录、工作日志、教学反思等。已有文本包括上级主管机关关于工学一体化课程教学改革的政策文件、技术资料、活动方案等，案例学校不同时期的关于一体化教学改革的制度文件和教师队伍建设规划项目中的教师成长报告汇编等。

通过上述方式收集的访谈资料、观察资料和实物资料将共同构成本研究的第一手资料，这些资料将起到相互补充、相互印证的作用，以增加研究的效度。在实际的研究中，上述资料之间也可能会出现相互矛盾的情况，应当引起注意，要具体分析产生矛盾的原因，做出前后一致的解释。

（三）资料分析及成文方式

对收集的质性研究资料进行分析是一个浩大的工程。在对头三位访谈对象的资料进行整理的过程中，笔者反复阅读，一遍遍与资料进行对话，并对照研究的问题进行了初步的编码，在尝试寻找"本土概念"的过程中，逐步建立了资料和研究问题的联系。这一过程同时又促使笔者进一步修订和明确了研究的问题，使后面的访谈更有针对性。随着访谈对象的增加，收集的资料也越来越多，为了更好地使用和分析这些资料，笔者根据研究的问题对资料进行了分类，建立了不同的资料库。之后，按照"目的性抽样"的原则，即抽取那些能够最有力地回答研究问题的资料①进行了分析。通过不断地在资料的分与合之间反复拉锯，笔者逐步挖掘出了对被研究者来说重要的主题，提炼出了反映他们生活经历的故事②，形成了写作的基本框架。

1. 资料分析的过程

本研究根据不同的研究问题，分别采用情境分析和类属分析或兼采两种分析方法对收集的资料进行了分析。

---

① 陈向明.质的研究方法与社会科学研究［M］.北京：教育科学出版社，2000：279.
② 陈向明.质的研究方法与社会科学研究［M］.北京：教育科学出版社，2000：288.

首先，本研究采用情境分析的方法，即"将资料放置于研究现象所处的自然情境之中，按照故事发生的时序对有关事件和人物进行描述性分析"①，按照工学一体化课程变革的时间脉络对不同阶段的课程变革故事以及身处其中的教师的成长变化进行了深描，通过个案教师的教学成长故事再现了工学一体化课程变革过程中教师凤凰涅槃般的成长经历和心路历程，为研究铺陈了特定的时代背景和具体情境。

其次，本研究采用类属分析的方法，即在资料中寻找反复出现的现象以及可以解释这些现象的重要概念②，对教师教学能力的内容与特征进行了分析和提炼。在对访谈资料进行编码登录的过程中，本研究通过寻找"本土概念"的方式，并结合对一体化课程下教师教学活动的观察，建立了关于职教教师教学能力的类属，生成了工学一体化课程下职教教师的九项教学能力内容。然后，本研究又采用同样的分析方法，对教师教学能力发展的一般过程及影响因素进行了分析，归纳出了主体、内容、动机、活动和环境五个过程要素，根据研究之初确定的分析框架建立了职教教师教学能力发展的一般过程模型和空间结构模型，并结合具体的案例对各要素之间的关系和互动影响进行了深入分析，识别出课程变革下三种不同的职教教师教学能力发展模式：附加式整合、嫁接式整合和累积式整合。

最后，本研究分别选择了一位经历了从非一体化课程到一体化课程完整变革过程的老"大学生"教师、一位经历了比较完整变革过程的"企业"教师和一位在工学一体化课程模式确立后入职的"大学生"教师作为研究个案，对三种不同发展模式下的职教教师教学能力发展过程进行了探讨。在对个案进行分析的时候，本研究主要使用了情境分析的方法，以工学一体化课程变革的发展阶段和研究对象的个人成长顺序两条时间线索，建立了资料中的叙事结构，将个案教师的成长放置于工学一体化课程变革的大背景之下，梳理出了促进个案教师教学能力发展的关键事件以及事件

---

① 陈向明. 质的研究方法与社会科学研究［M］. 北京：教育科学出版社，2000：292.
② 陈向明. 质的研究方法与社会科学研究［M］. 北京：教育科学出版社，2000：290.

发生的时间、地点和冲突等，然后在归类的基础上对有关内容进行浓缩、概括，最后以一个完整的叙事结构呈现出来。

通过结合使用情境分析和类属分析两种分析方法，本研究实现了对工学一体化课程变革下职教教师教学能力发展过程的立体描画，动态地展示了课程变革视域下职教教师教学能力发展过程的复杂性和多样性。

2. 成文的方式

质性研究以研究者本人作为研究工具，以研究者的视角对研究的问题和现象进行描述和分析。本书结合情境法和分类法两种不同的叙事方法，按照从群体解读到个案描画的顺序对研究的结果进行了呈现。

在第二章至第五章，笔者分别描画了工学一体化课程变革中职教教师的成长变化，探讨了工学一体化课程下教师教学能力的内容类型及典型特征、发展的一般过程和影响因素，识别出工学一体化课程下职教教师教学能力的九项内容，建立了课程变革视域下职教教师教学能力发展的过程模型和空间结构模型，从群体解读的视角对工学一体化课程下职教教师教学能力发展的过程以及诸要素之间互动影响的关系进行了深入的分析和探讨，回答了本研究的四个子问题。由于在陈述中穿插了很多教师的访谈资料作为支撑，因而使结果更加有血有肉。在第六章至第八章，笔者主要以叙事的方式呈现了三位案例教师在工学一体化课程变革下教学能力发展变化的轨迹，分阶段具体描述了他们的教学能力发展变化的过程，分析了影响其教学能力发展的主要因素。在第九章，在对研究资料进行整合分析的基础上，笔者形成了研究结论并对职业院校如何提升教师的教学能力以适应课程变革的需要提出了政策性建议，对研究进行了总结和展望。

第二章

蜕变与成长：工学一体化课程
变革中的教师

为了清晰地展示工学一体化课程变革的过程以及变革中教师的"所思""所想""所为"，笔者在对案例学校进行田野调查的基础上，对 G 学院推进工学一体化课程变革的过程进行了总体勾勒，然后分别从课程变革的推进者——教学管理人员、课程的实施者——教师，两个不同的视角，还原了课程变革中教师们发展变化的样貌以及他们在变革中的心路历程。

第一节　课改在路上：工学一体化课程变革的
探索与实践

2004 年是 G 学院一体化课程改革"元"年。在经历了职业教育理论与实践教学的比例之争和模块化课程探索之后，这所已经驶上发展快车道的职业学校的校长在带领他的教学团队深入企业调研后发现，尽管在学生培养的过程中加强了实训教学的力度，学生的实训课程与理论课程的比例也一度高达 7∶3 和 8∶2，但学校培养的学生依然不能适应企业生产的需要，学生毕业后到了企业仍然"不会干活儿"。当年的课改骨干之一，现在已经成为教学副院长的 JS15 对此依然记忆犹新。

我们过去的实习教学，教学生的都是铣平面、钻孔等这些单项的技能，没有教学生做过完整的活儿。任何产品（加工）都是由这些单项的技能组成的，但你给学生一个工作任务，哪怕是很简单的一个任务，他都不会干。这说明一个问题：知识加技能不等于工作。一个完整的工作不是知识和技能的简单相加，而是两者有机组合而成的。但知识和技能的有机组合需要人的策略，这些融入工作过程各个环节的策略，就是工作过程知识。要把工作过程知识教给学生，就要构建一个以工作任务来引领学生职业生涯成长的课程体系。（JS15，2020-12-22）

一、任务引领：让学生学会干活儿

让学生到了企业就会干活儿，是改革的先行者们在调研后提出的课改目标。基于这样的认识，当时的教改团队尝试借鉴德国职业教育"双元制"人才培养模式和"学习领域"课程模式，开发一套"以工作任务引领"的课程，开展技能人才培养的教学实验。由于当时数控加工技术的兴起，企业普遍缺乏会操作数控机床的技能型人才，又因为数控加工是学校新开设的专业，教师队伍年轻，专业基础较高，且不像其他传统专业那样有根深蒂固的固化了的传统教学思维模式。学校决定，就从数控加工专业进行课改。JS15 回忆说：

> 2004 年搞课改的时候，数控专业有一个部颁的初中起点五年制课程体系，其中很多课程设置，像"机械基础""机械原理"等，和大学里一样，这不符合技能人才的培养规律，我们就摒弃了。我们要按照"任务引领"的方式来构建自己的课程体系。但当时对我们的老师来讲真的太难了，最初的团队里包括我和校长在内只有四个人。有的老师说："如果你这样搞，我没有书，我怎么上课？我教什么？"这是当时的现状。就是在这样的情况下，我们硬是逼着老师们蹚出了一条道儿。（JS15，2020-12-22）

JS15 的大学专业是电气自动化，2003 年被学校抽调负责筹建数控加工专业。之前在机电系教学的经验告诉他，要把数控专业建好，必须自己先会干，能开数控机床。凭着对数控加工这个新专业的热爱和初生牛犊不怕虎的干劲、闯劲，他硬是利用42天的暑假把天津职业技术师范大学数控加工实训中心不同型号的数控车、铣和加工中心都练习操作了一遍。之后，他又把帮助学校验收机床的企业技术人员作为专业人才引进过来，并拜师学艺。因为有了人才的支撑，初建的数控加工专业确定了"一边办学一边为企业搞外协加工，把企业的任务引入课堂教学"的办学理念。这些都为后来的一体化课程改革打下了基础。

> 课怎么上？我带着学生先试，把这个（工作）任务完整地干完以后，把整个工艺流程和要学哪些点梳理出来，再教给其他老师，老师学会了，至少会模仿了，再去带学生。我们当时给老师提了一个要求，这个产品代表的是企业，不是简单地把东西做完就完了，这个东西做完以后要用，所以它必须是一个合格的产品。（JS15-2020-12-22）

"把企业的任务引入课堂教学"突破了传统学校教育定界于学校的思维范式，使职业教育成为真正意义上的跨界教育。"任务引领型"课程是对传统学科课程体系的一次重大突破，是当时我国职业教育界借鉴外国先进职业教育课程模式进行本土化探索的成功范例，成为工学一体化课程的雏形。

> 按照学科课程体系的要求，我们当时的课程很不系统，甚至很不完善。很多必修的课程我们都没开，如"材料学""机械制图"，但课程没开不代表相关的知识没有学习。比如说材料，搞数控加工绕不开，我的学生可能对材料学里面的类似材料的组成知识不太懂，但是他对各种材料的切削性能有切身的体会，因为他们做了很多活儿，适应过不同材料的切削加工。再比如说"机械制图"，我们也没开，但学生图画得挺好。企业的人就很奇怪，问学生"你们在学校学过啥？"学生说："我们就学了普车、普铣，数控车、数控铣。"那学生的图是怎么学的？就是干一个活儿，画一个图，从一入学学普车，学的第一

个图就是一个轴，轴的主视图是一个长方形，这很简单，慢慢地由易到难。图上有很多符号学生不认识，但等他把那个活干出来，一对照，原来这个用 Φ 表示，然后记住了，慢慢积累的就多了。这个过程，不仅培养学生画图，还培养读图，读出这个部件的结构，然后把它加工出来。这样从简单到复杂，就把学生培养出来了，学生到了企业就会干活儿。（JS15，2020-12-22）

通过"把企业的（生产）任务引进课堂"，再把类似"材料学""机械制图"等专业理论课程融入专业实践教学，G 学院实验性地完成了第一、二届数控加工专业学生的培养，因为培养的学生到了企业就会"干活儿"，因此这种培养模式得到了用人企业的高度认可。

二、行动导向：让学生学会干活儿的同时学会思考

作为第一批实验班的两届毕业生，G 学院给予了很大的关注，对这批毕业生进行了 1~2 年不等的跟踪调查，一是通过调查检验课改实验的教学效果，二是为接下来的课程建设和完善总结经验。通过跟踪调查，课改团队发现：这批学生适应岗位快，到了企业就能顶岗工作，这是受到用人企业欢迎的主要原因，但后续的调查结果却让他们高兴不起来了。当时的课改团队成员，现任数控系专业带头人的 JS1 说：

> 用企业人资部门人的话讲，就是人比较木讷，随机应变的能力不强，不会举一反三。那些大学毕业的学生，当年他在大学里学的那些理论知识，看似无用，有用的也好像不多，但有理论支撑的人有发展后劲。（JS1，2020-12-23）

2007 年，JS15 被派往德国学习考察职业教育，第一次接触到非专业能力这个概念。非专业能力是指人的方法能力和社会能力，即通过思考和合作解决问题的能力。这促使他重新思考正在进行的课程教学改革该往哪里走。回国之后，在老校长的支持下，JS15 带领他的团队进行了激烈的讨论，最后，讨论的焦点逐渐集中到课题研修上来，初步形成了"问题引导

下的自主学习"的共识，这是对"行动导向"教学的最初表述。课题研修必须在具有一定专业基础和专业能力的学生中开展，大家经过讨论，一致认为在升入技师阶段学习的学生中开展教学实验比较合适，这些学生经过中级工和高级工阶段的培养，已经基本具备了胜任基础性工作的能力，即具有了一定的专业能力。但研修的课题从哪里来？北京得天独厚的区位优势再次为 G 学院深化课改创造了条件。

> 学校周边有很多大型国有企业，有的是军工企业，这些企业的很多产品由于材料的特殊性，在正式生产之前都要先进行切削实验，试验采用什么样的加工工艺才能保证不出废品。我们就主动联系这些企业，由我们承担这些实验任务。每一个任务就是一个课题，有不同的需要攻克的难题。（JS15，2020-12-22）

2008 级和 2009 级技师班学生在两年的学习中，大部分时间是在攻克难题当中进行研讨，不断地辩论、翻阅资料，在问题中寻找答案，教师的作用就是引导，同时也参与讨论。两年下来，每一个学生都"积累了两个大夹子，厚厚的一摞"资料，把做过的所有项目的全部过程都记录在里面，这是他们的学习成果。JS15 很自豪地说：

> 这批学生后来发展都很好，大部分成长为所在企业的技术骨干，有六个人已经创办了自己的企业，而且规模还不小。有个学生后来跟我讲，那两本大夹子他当古董一样保存着，现在还时不时拿出来翻翻。不是里面有多少东西现在还能用，是他发现当时那个（学习）过程，他自己都不相信他能记住、学会这么多东西。他说自己初中时学习就不好，没想到（当时）竟然能写出那么多字，画出那么多图，攻克那么多难题。这对他后来的成长帮助太大了。（JS15，2020-12-22）

三、工学一体：综合职业能力培养目标的确定

在中国职业教育改革发展史上，G 学院是在课程改革方面第一批"吃

螃蟹"的院校之一，它在两轮一体化课程改革中积累的经验和做法，为人社部在全国推行工学一体化课程教学改革试点工作提供了重要的实践参考，建立在"任务引领型"课程基础上的"行动导向"课程，成为后来"工学一体化"课程的最初蓝本。

2012年，经过3年多的努力，G学院在从"以任务引领的行动导向"课程向"工学一体化"课程的过渡中，探索出"企业调研—实践专家访谈—典型工作任务提取—学习任务转化—课程标准制定—课程资源开发"的课程开发路径，实现了对"任务引领型"课程的迭代升级，建立起具有比较完整体系的"工学一体化"课程，确立了包含专业能力、社会能力和方法能力的综合职业能力的培养目标，打破了传统人才培养中过分重视专业能力而忽视职业素养教育的工具化的人才培养倾向，体现了从受教育者的需要出发，把教育对象当作人来培养，把教育对象培养成人的全人教育理念。①

从一体化课程1.0到3.0②，G学院的一体化课程改革一直在不断完善、不断迭代的过程中向前发展。课改在路上，探索无止境，G学院现任教务处处长JS16说：

> 3.0不是终结，它还有很多问题，需要进一步完善，我们从2016年开始引进德国的胡格模式③，提出了"S+8"④的人才培养理念，探索技能人才培养的"双螺旋"课程体系，这是一体化课程的升级版，我们把它叫作一体化课程4.0版……（JS16，2020-12-24）

---

① 钱景舫. 以人为本，职业教育的新视角［J］. 教育与职业，1999（2）：4-5.

② G学院将"任务引领型"课程的初步探索称为1.0版，将"任务引领的行动导向"课程称为2.0版，将"工学一体化"课程称为3.0版。

③ 胡格教育模式改革实验项目是北京市开展职业教育国际合作的重点项目之一，该项目将非专业能力培养作为最重要的目标和内容，构建以培养人文素养、职业素养、职业能力、创新精神为核心的课程体系、教学体系和评价体系。

④ "S"指专业技能或专业能力，即Skill；"8"指非专业能力的8个维度，包括自我管理、解决问题、工匠精神、计划与组织、学习能力、沟通能力、主动性与责任心、团队合作。

在课程变革的过程中，G 学院坚持"开发取向"的课程改革模式，以课程改革为抓手，着力打造与课程变革相匹配的梯级教师队伍，形成了工学一体化课程变革和教师能力培养相互促进的变革机制，取得了较好的课改效果，在众多推进课程变革的职业院校中具有一定的典型性。

第二节　蜕变与成长：课程变革与变革中的教师

课程变革对于任何一个时期的教师来讲，大概率都是新鲜事儿。由于在过去长期的教育教学中形成的习惯，大部分教师对于突如其来的教学变革会采取一种自动的心理防御。因为变革的闯入，挑战他们业已形成的教育教学思想，并迫使他们使用新的教学模式，使他们转向一个新的方向。①

一、变革推进者的视角：课程变革的核心不是课程

对于正在全国推行的工学一体化人才培养模式改革，JS15 有着无比坚定的信念和独特的认知。在他看来，工学一体化课程改革最大的成果不是课程改革本身输出了多少所谓的成果，而是是否培养出了一支能上好工学一体化课程的教师队伍，因为：

> 那些课程如果没有人用就是一堆废纸……在课改的过程中，学生成长了，老师也成长了。……课程改革就是个抓手，培养一支能上课、上好课的教师队伍，培养一批合格的技能人才才是课程改革的目的。研究怎么上好（一体化）课，上什么样的（一体化）课，这就是（一体化）课改。研究的过程和不断改进的过程，就是老师梯级生成的过程，这是个不断往复迭代的过程，也是老师职业生涯成长的规律。（JS15，2020-12-22）

---

① 吴筱萌. 理解教育变革中的教师［M］. 重庆：重庆大学出版社，2010.

对此，JS16 表达了相同的看法：

> 我很赞成 Z 院长（JS15）的看法，一体化课程改革和这种课程模式下的教师成长，是一个问题的两面，是一回事儿。这种课程需要支撑这种课程的教师队伍，传统的教师达不到要求。（JS16，2020-12-24）

实践证明，教师是制约课程变革的最为关键的人力因素。由于工学一体化课程既非知识系统化课程，也非技能系统化课程，而是一个以工作任务引领的体现人的职业能力成长规律的过程系统。这个系统包含若干个独立的工作任务，每一项任务又有完整的工作过程。面对这一新的课程模式，教师的来源凸显了职教教师能力上的先天不足。

> 从大学（毕业）来（学校任教）的教师，包括留校的（学生），为什么不行？胜任"工学一体"的课程，要求教师能胜任课程包含的工作，大学毕业的老师没有这样的经历，怎么能培养胜任工作的学生？这在逻辑上和现实上都是不符的。举个例子说，我们在大学里学过"机械制图"这门课，但学过跟（能）识图是两个概念，甚至会画图都不一定会识图。大学生来我们这里面试，测试专业能力的时候，我们就提供一张零号大图纸，要求面试者把图上的长、宽、高，把零号图纸的设计（思路）讲出来。按说，在大学里做过毕业设计，这个问题不难，但很多人就是讲不出来。看图、识图，这是机械加工中最基本的要求。（学生）为什么不会？不怪学生，是教学的时候我们太注重画法几何和画图本身，而忘记了图的作用，图是拿来（在生产中）用的。（JS15，2020-12-22）

"教师不懂工作就无法上课"，要懂工作就得去实践，但"实践不是像工人一样把所有的任务都做一遍"，教师要做的是"把工作的规律、工作蕴含的教育价值提取出来"。因此，从企业来的教师也不适应工学一体化课程教学的需要。

企业来的老师自己会工作，但会工作不意味着可以把别人教会。这里涉及学生学的问题，（企业来的教师）可以示范给学生模仿，但简单的模仿只能模仿一，不会生成二，不会举一反三，迁移能力需要采取适当的方式去培养。企业来的老师往往在教学的组织和育人方面缺乏系统性和实践，他只是具备了胜任工作的基础，但缺乏育人的能力，（后者）也是刚毕业的大学生缺乏的。（JS15，2020-12-22）

在JS15看来，教师具备了胜任工作的能力，只是具备了胜任工学一体化教学的一个基础。有了这个基础后，想要成为一个合格的工学一体化教师，还要经过两个步骤：一是要在胜任工作的基础上，学会如何把工作转化成可学的课程；二是如何在课堂上实施这个课程，通过教师的教学活动培养学生的综合职业能力。

二、课程变革中教师的视角：蜕变与成长

"铁打的营盘流水的兵"是JS15经常挂在嘴边的一句话。"流水的兵"是指学校培养的一届又一届学生，但在他的解读里，"铁打的营盘"却不是学校，而是伴随着一体化课程改革成长起来的一支可持续发展的梯级化的教师队伍。

JS1是本研究教师中间的一个典型代表，他的经历代表了众多在传统教学模式中按部就班的职教教师突然遭遇课程变革——从质疑到改变，从被迫参与到主动参与——所表现出来的困惑、坚守、蜕变和成长的艰辛历程。下面节录的访谈片段基本反映了他本人在工学一体化课程变革中的蜕变与成长。

片段1：最初搞课改的时候，就是Z老师（JS15）他们几个人，那个时候叫"行动导向"① 还不叫"一体化"。放着部颁的教材不用，非得编什么工作页，那材料从地上能摞桌子这么高！推翻了改，推翻

---

① 这里应该为"任务引领"。

了再改，就跟猴子掰棒子一样。我当时觉得这就是瞎胡闹、瞎折腾，不认为这是成长需要。现在想起来，只要折腾就有用。你不吃前面五个馒头，吃第六个你能觉得饱了吗？（JS1，2019-07-25）

片段2：一体化课程（改革）是从我们系、从数控专业开始的，因为我的专业背景，当时又年轻，经常被领导抓着干这干那，虽然是被逼着，但慢慢地我也看到了一些变化，就是课堂的变化。"行动导向"也好，"工学一体"也好，不管怎样的一个形式，我觉得最终让学生在课堂上有所收获，能够带给学生一些知识、技能和其他方面的提升，这是课改的一个根本宗旨。所以2009年我们系全面推行一体化教学的时候，我就主动申请加入了课改团队……可以说，没有课改，就没有我后来的成长。（JS1，2019-07-25）

由于学院领导层对课程改革坚定不移的决心和长期的坚守，G学院的一体化课程改革取得了令人瞩目的成绩并逐渐被更多的教师所接受，这一课程模式对于后来的教师来讲，则没有了JS1他们如此跌宕起伏的心路历程和思想变化。2016年研究生毕业后进校的JS11说：

我一毕业来到这里，学校就在做一体化了。虽然和大学里的学习方式不一样，但我也不感到陌生，我觉得就像上初中时候的外教课，课上都是小组讨论，然后给你好多任务，给你任务书，让你自己查资料，自己去填，不同的是你要把这些任务都做出来。所以我觉得自己适应的还是挺快的。（JS11，2019-07-24）

如今，G学院已经在课程改革中走过了近20个春秋，伴随着工学一体化课程的多轮教学实践和课程的不断改进、迭代和升级，越来越多的教师被纳入与之配套的四梯级教师队伍建设规划之中，"工学一体"的教学理念已经在大部分教师的心中扎根生长，已经通过二级一体化教师认证的JS13在个人成长报告中写道：

通过一体化教学，我感受到了以下几个转变：教师的教学从"知识的传递"向"知识的处理和转换"转变，教师从"知识传授型"向"行为引导型"转变；学生从"被动接受的模仿型"向"主动实践、手脑并用的实践型"转变；教学组织形式从"固定教室的集体授课"向"学习工作站、实训车间的小组学习"转变；教学手段从"口授、黑板"向"多媒体、网络化、现代化教育技术"转变，从而以"一体化"的教学模式体现出职业教育的实践性、开放性和实用性。①

通过对 G 学院的调查研究，笔者得出了以下初步的论断：工学一体化课程变革对职教教师产生了较大的影响。从样本学校的实践整体来看，教师对工学一体化课程变革的认同度较高，教师在理念、行为和能力等方面的变化与学校倡导的工学一体化课程要求比较一致，工学一体化课程变革也为教师的教学成长带来了积极的变化。

本章小结

本章以 G 学院为例，对职业院校工学一体化课程变革探索和实践的过程进行了细致的描画，清晰地勾勒出工学一体化课程变革的基本脉络和发展过程，并从变革的促进者——教学管理人员和课程的实施者——教师的双重视角，对课程变革中的教师这一主体在"遭遇变革、适应变革、融入变革、推动变革"的过程中的现实表现进行了深描，立体地展示了工学一体化课程变革中职教教师这一特定群体的"所思""所想""作为"。从"任务引领"到"行动导向"再到"工学一体"，工学一体化课程经历了不同发展阶段迭代升级的探索和实践过程。作为一种新的课程模式，工学一体化课程打破了职业院校长期以来理论教学与实践教学相分离的课程模式，确立了"能力本位、行动导向、工学一体"的课程理念，建立了"学

---

① 摘自《G 学院 2018 年四梯级师资队伍建设成果集》JS13 个人成长报告。

习的内容是工作，通过工作实现学习"的"工学结合的理论实践一体化"课程体系，对已经适应并在学科课程体系下培养出来的传统教师提出了新的挑战。教师的来源结构决定了职教教师在面对工学一体化课程时表现出能力上的先天不足。在实践中，必须以课程改革为抓手，着力打造一支与工学一体化课程模式相匹配的梯级教师队伍，才能确保工学一体化课程变革取得好的效果。从样本学校的实践来看，教师对工学一体化课程变革的认同度较高，教师在理念、行为和能力等方面的变化与学校倡导的工学一体化课程要求比较一致，工学一体化课程变革也为教师的教学成长带来了积极变化。

第三章

跨界与集成：工学一体化课程下职教
教师教学能力的内容和特征

工学一体化课程内在的跨界逻辑决定了职教教师角色同时兼具教育领域的教师属性和工作领域的专业人员属性，职教教师的这两种身份属性基于课程内容一体化的要求，得以在两种不同的工作领域内自由切换，由此决定了职教教师的教学工作是教学过程中的育人性与工作过程中的工具性的双重统一。有学者指出，工作过程系统化的课程要求教师具有广博的跨学科的专业理论知识，熟悉企业的生产过程和工作领域，具有一定的工作过程知识和操作技能，能按照行动导向的教学要求组织课堂教学，并能运用职业与工作分析的技术、方法和手段进行教学设计和课程开发。[①] 亦即，工学一体化课程下职教教师的教学能力应至少涵盖专业理论、专业理论的职业实践、职业教育理论和职业教育理论的教育实践四个领域。[②] 根据人力资源和社会保障部 2009 年颁布的《技工院校一体化教师标准》，一体化教师应具有专业实践能力、一体化课程教学实施能力和一体化课程开发能力三个方面共八项与教学相关的能力。这些都为研究工学一体化课程下职教教师教学能力的内容提供了参考的依据和方向。但这些研究和标准的制定，更多是对职教教师教学能力内容的应然解读而非实然分析。从教师队伍建设的规划和实践来看，课改院校对教师教学能力的培养主要集中在专

---

① 徐涵. 职业教育学习领域课程方案对教师的新要求 [J]. 教育与职业，2007 (5)：49-51.

② 吴全全. 职业教育"双师型"教师基本问题研究：基于跨界视阈的诠释 [M]. 北京：清华大学出版社，2011：102-107.

业能力、一体化教学授课能力、课程开发能力和教研能力四个方面，教师的个人汇报和总结也主要围绕这四个方面展开，但这些教学能力的内容体现的是教学管理者的顶层设计和学校的目标要求，仍然带有应然的痕迹和色彩。即使在实践中，教师教学能力的发展比较理想，全部达到了教学管理者设计的目标和要求，但这里对教学能力的界定是否包含了职教教师教学能力发展的全部内容，还有待进一步探究。

为了达到这一研究目标，本研究通过对研究对象开展深度访谈，观察他们的课堂教学和实践活动，收集教师教学成长的典型案例，挖掘和提炼了一些职教教师关于教学能力的本土概念，在对这些本土概念进行分析的基础上，概括形成了更具现实性和综合性的教学能力内容，并对这些内容之间的关系进行了探讨，以加深对工学一体化课程下职教教师教学能力内容的认识。

第一节　工学一体化课程下职教教师教学
能力内容框架的构建

一、对教师本土概念的分析

从访谈中教师的本土概念出发，提炼和概括其教学能力的内容，是一种自下而上的草根模式。它贴近教师的体验和教师教育教学实践的原生态①，所以更能加深和拓展我们对职教教师教学能力内容的认识。笔者在访谈中发现，职教教师关于教学能力的本土概念主要包括三类：第一类是教师们在工作中形成的约定俗成的说法，带有很强的口语化和情境化色彩，如懂（教）技能、会操作、干活儿、做活儿、带实习、能动手、感染

---

① 陈向明，等.搭建实践与理论之桥：教师实践性知识研究［M］.北京：教育科学出版社，2011：73.

力、把控力、技能点、知识点等；第二类是教师们在长期的教学实践和培训中借鉴并将之纳入自己话语体系的一些专业术语，如一体化、任务引领、行动导向、工作过程、工作任务、非专业能力、工作页、信息页等；第三类是带有教师个人特色的专用语词，如干货、花活儿、段子手、搭梯子等。下面，以"懂技能"和"会干活儿"这两个概念为例分析访谈中教师的本土概念所代表的含义、概念之间的关系，以及它们如何形成了职教教师教学能力的一个内容。

通过对表3-1的访谈资料1和访谈资料2的分析，可以对上述概念做出这样的解释。首先，在被访谈教师的话语体系里，"懂技能"是对教学能力的一个基本要求，不"懂技能"被认为是不胜任一体化教学的表现。因此，这里的"技能"专指"工作技能"而非"教学技能"。其次，教"技能"和教"干活儿"表达的不是一个意思，"单项的技能"以及"单项的技能"相加都不是"活儿"，二者是包含关系，"活儿"包含"技能"。在工作领域，一个完整的"活儿"指的是一项工作任务，而且是一项包含了完整的工作过程的任务。最后，关于"懂"的程度。"懂技能"要达到"会干活儿"的程度才叫"懂"，会一些简单的技能不叫"懂"，即能按照操作规范完成一个具有完整工作过程的任务才叫"会干活儿"。换言之，在工学一体化课程的语境下，职教教师不仅要培养学生的专业技能，更重要的是要教会学生"干活儿"。由此可以看出，"懂技能"和"会干活儿"表达的意思大致相同，是对职教教师专业技能水平的不同表达方式。除此之外，与职教教师专业技能水平相关的本土概念还有：会操作、带实习、能动手等。那么，是否可以找到一个更上位的概念去概括上面的这些概念，进而形成职教教师的一项教学能力内容呢？从访谈资料3中，笔者发现了一个重复出现的新的概念"胜任"。笔者认为，"胜任"可以作为上述概念的一个上位概念，从而发展出"工作胜任能力"这一类属，形成了职教教师的一项教学能力内容。

表 3-1　职教教师本土概念的质性分析举例

访谈资料登录	编码		形成类属
	寻找本土概念	归类	
资料1：我大学的专业是电气自动化，教电工电子可以，教基尔霍夫定理、戴维南定理也没问题。但那些技能我不会，简单的技能会，但它不是一个完整的工作过程。接线这个活儿简单吧？不会！换个灯泡可能能换，比如，家里灯坏了，但是不符合电工操作规范，我不知道应该怎么做是安全规范操作（JS15，2020-12-22）	教电工电子；教原理；教定理；那些技能我不会；简单的技能会；完整的工作过程；接线这个活儿不会；换灯泡不符合操作规范	会（不会）干活儿	工作胜任能力
资料2：不懂技能就不会教学。我们过去的实习教学，教学生干的都是铣平面、钻孔等这些单项的技能，但没有教学生做完整的活儿。任何产品（加工）都是由这些单项的技能组成的，但你给学生一个工作任务，哪怕是很简单的一个活儿，他都不会干。这说明一个问题：知识+技能≠工作。一个完整的工作不是由知识和技能简单相加就可以完成的，而是两者有机组合而成（JS15，2020-12-22）	懂技能；教单项的技能；没有教完整的活儿；一个工作任务，很简单的一个活儿都不会干；完整的工作是由知识和技能组合而成	懂（不懂）技能	
资料3：它的核心是人的胜任和个人的发展……胜任工学一体的课程，要求教师能胜任课程包含的工作，大学毕业的老师没有这样的经历怎么能培养胜任工作的学生？（JS15，2020-12-22）	胜任工学一体的课程；胜任课程包含的工作；培养胜任工作的学生	胜任（不胜任）工作	

二、工学一体化课程下职教教师教学能力的内容框架

如上所述，"工作胜任能力"是通过对教师本土概念的分析而归纳出的一项教学能力内容，是职教教师在工学一体化教学实践中生成的一项教学能力，即它是一种实然存在的能力，反映了工学一体化课程下教师教学

能力的实际状态。以此，笔者通过对教师本土概念的分析，在对相关概念进行整合和逐级提炼概括的基础上，将工学一体化课程下职教教师教学能力的内容归纳为：教学基本功、工作胜任能力、学习任务分析能力、教学设计能力、课堂教学实施能力、学材编制能力、课程与学习任务设计能力、课程体系架构能力、学生终结性综合评价设计能力九项内容，并构建了工学一体化课程下职教教师教学能力的内容框架（如图3-1所示）。

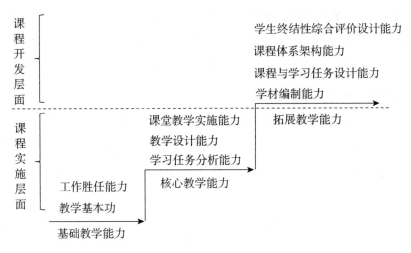

图3-1 工学一体化课程下职教教师教学能力的内容框架

工学一体化课程下职教教师的教学能力内容跨越课程实施和课程开发两个层面，反映了工学一体化课程下职教教师教学能力在外延上的丰富性。

课程实施层面的五项教学能力是工学一体化课程顺利实施的根本保证，是职教教师在具体的教学实践活动中表现出来的教学力。五项能力内容之间具有逻辑上的递进关系。

（在工学一体化课程下）教师要具备两方面的基础，一是胜任（与任教专业对应的工作领域的）工作的能力，二是教学的基本功。两者相加就是教师胜任（工学一体化课程）教学的能力。有了这两个基础，要成为一个合格的一体化教师，还有两个步骤，一是要在胜任工作的基础上，学会如何把工作转化成可学的课程；二是如何在课堂

上实施这个课程，通过课程实施培养学生的综合职业能力。（JS15，2020-12-22）

上述访谈片段说明教学基本功和工作胜任能力共同构成了工学一体化课程下职教教师胜任课程教学的能力基础，是职教教师具备的基础教学能力。工作胜任能力是工作分析能力的基础，而工作分析能力又成为教学设计能力的基础，教师再把设计好的课程带入课堂实践，完成组织实施的各个环节，一堂课的教学才能形成一个完整的闭环，并周而复始，使教学得以实现。由此，学习任务分析能力、教学设计能力和课堂教学实施能力构成了工学一体化课程下职教教师的核心教学能力。

课程开发层面的教学能力是教师专业向上发展的方向。从能力属性看，课程开发层面的四项能力内容实质是工学一体化课程下职教教师教学设计能力的拓展，仍然属于"把工作转化成可学的课程"的能力范畴，笔者将之概括为拓展的教学能力。

第二节　工学一体化课程下职教教师教学能力的类型分析

下面，分别对职教教师不同类型的教学能力内容进行分析。

一、基础教学能力

同时具有教学基本功和专业工作的胜任能力，是职教教师胜任工学一体化课程教学的基础，这与在"理论与实践并行"的课程模式下仅对职教教师的教学基本功或工作胜任能力提出要求有很大的不同。

教学基本功是指职教教师完成教学工作所必需的技能和技巧，是从事专业教学必备的、相对稳定的、综合性的素质和能力，包括备课、上课、批改作业和评定成绩等教学环节所必备的技能。① 工作胜任能力则专指职教教师胜任与任教课程对应的职业领域的工作的能力，简言之，就是职教教师要对课程中包含的工作任务全部会做。

> 一个零件的加工有很多工序，你得清楚先干什么后干什么，你得知道前后的关键点是什么。所有的学习任务，教师在设计阶段都要自己先做一遍，自己先要会做，才能指导学生。（JS1，2019-07-25）

在教学实践中，由于职教教师工作场域的定界性，教学基本功的培养通常具有更多的实践机会，而除了部分企业引进教师外，大部分职教教师工作胜任能力的获取则需要更多跨界实践的机会才能实现。

> 教师实践不是像工人一样把所有的任务都做一遍，在这方面，你永远都比不上一个工人，教师要做的是在工作中把工作的规律、工作蕴含的（教育）价值提取出来。（JS17，2020-12-21）

在这里，应至少从以下三方面来理解职教教师工作胜任能力的内涵和外延。

第一，职教教师胜任的工作是指来自企业的真实的或经过教学处理的具有完整工作过程的工作任务，而不是单项的技能，也不是知识和技能的简单叠加。完整的工作过程包括人、工作对象、工作工具、工作方法和工作产品等完整的工作要素，蕴含着与产品相关的专业的、技术的、劳动组织的、方法的知识、技能和人的素养②。如本章第一节阐述的那样，在教师的本土概念里，完整的工作任务是一个体现了上述主要要素的"完整的活儿"，教师的工作胜任能力就是"会干活儿"的能力。

第二，职教教师的工作胜任能力在外延上小于企业技术操作人员的工作能力，要求教师胜任企业的全部工作既不现实，也无必要。在学校教育的体系中，教师要胜任的是被课程所吸收的、代表某一类工作的、具有典

---

① 李向前. 历史学师范生教学基本功问题及对策分析［J］. 当代教育理论与实践，2014（9）：79-81.

② 徐涵. 工作过程为导向的职业教育理论与实证研究［M］. 北京：商务印书馆，2013.

型性和代表性的工作任务，而非全部工作。学生通过对这些典型工作任务的学习和相关问题的思考，获得与工作相关的专业知识和技能，以及思考和解决问题的方法，从而培养胜任未来职业领域中类似工作的能力，即知识和技能迁移的能力。

第三，职教教师的工作胜任能力在内涵上高于企业技术操作人员的工作能力。对转化为学习任务的工作任务"能做、会做"甚至"做精"，不是对职教教师的终极要求，教师应当做到"把工作中的规律、工作蕴含的（教育）价值提取出来"，以形成符合工学一体化课程规范的教学设计，并通过课堂的组织，指导学生在完成工作的过程中进行高效学习，进而实现培养具有独立思考和解决问题能力的、全面发展的人的教育目标。这一点，也正是"企业"教师虽然具备了工作胜任能力但仍然不能胜任工学一体化课程教学的原因所在。

另外，由于教师来源的不同，教师间工作胜任能力的差异性比较明显，总体上看，"企业"教师高于"大学生"教师。与之相反，"企业"教师则缺乏"教学组织和育人方面的系统性和实践"，教学基本功是其提升的重点。这为职业院校针对不同教师群体制定不同的培养策略提供了重要依据。

二、核心教学能力

工学一体化课程下职教教师的核心教学能力包括学习任务分析能力、工学一体化教学设计能力和课堂教学实施能力。从学习任务分析到课堂实施结束这一完整的教学过程，反映的是职教教师在工学一体化教学中的基本教学能力。下面，笔者主要通过 JS9 的一个教学案例分别对三项核心教学能力的内容进行分析。

教学案例：楼梯双控灯的线路安装与检测①

【案例背景介绍】

本案例中的教学课题源于 G 学院电气自动化设备安装与维修专业中级工层次工学一体化课程"照明线路安装与检修"中的学习任务四——"楼梯双控灯的安装"。学习任务描述为：某公司 2 号楼的楼梯间无照明灯，夜间工作时存在较严重的安全隐患。公司主管领导安排电工班在 2 号楼楼梯安装照明灯，控制方式为楼上楼下均可控制，完成时间为半天。

该学习任务共设置四个学习活动，教学课题为学习活动三"现场施工"中的课题 1"线路安装与检测"，该课题是本学习任务中的重点工作项目，是照明线路安装与检修课程中的必备技能，需要熟练掌握。通过对该课题的学习，学生能够学会双控灯的线路安装，并能使用万用表、验电器进行自检，对安装过程中出现的故障进行排查。教学课题在学习任务中的位置如图 3-2 所示。

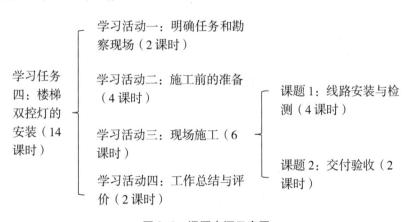

图 3-2　课题来源示意图

① 本案例根据 JS9 的课堂实录和其提供的教学设计文本编写而成，案例中使用的图表来自教学设计文本。

【教学设计及实施过程】

1. 学习任务分析

学习任务分析是 JS9 根据课程标准的要求，使用工作分析方法对该课题（子任务）所包含的工作对象、工具、材料、设备、工作方法、劳动组织形式、工作要求等内容要素进行全面的分析，并对工作过程中蕴含的知识、技能、素养等有教学价值的内容进行提取的过程。输出成果为学习任务分析鱼骨图（如图 3-3 所示）。分析结果按照任务下达、施工准备、现场施工、通电试车、完成任务的工作过程顺序排列，学习任务分析是教学设计的基础。

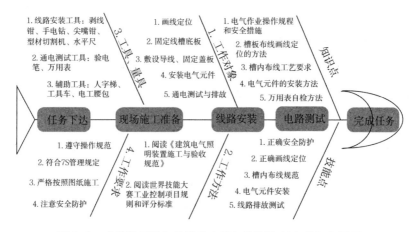

图 3-3　"楼梯双控灯的线路安装与检测"任务分析鱼骨图

2. 教学方案设计

教学设计是在学习任务分析的基础上完成的，是教师将学习任务转化为教学内容的过程。根据 JS9 提供的教学设计文本，教学设计主要包括学习目标、学习内容、学习资源、教学环节和学业评价五方面的内容。其中，学习内容、学习资源和教学环节在图 3-3 中均有所体现，在教学设计中进行了细化，教师增加了学情分析，并在学情分析的基础上确定了本次教学的重难点。本案例重点介绍教师对教学目标和学业评价是如何进行设计的。

JS9 在教学目标部分是这样表述的：

课前目标：1）自主学习 UMU 平台上的微课"楼梯双控灯线路联结的

方法""楼梯双控灯仿真接线演示"，并进行软件仿真，画出楼梯双控灯线路接线图；2）根据工作页，阅读《建筑电气照明装置施工与验收规范》，小组合作写出照明线路的安装步骤。

课中目标：1）观察一体化学习工作站，能根据现场情况，正确穿戴劳保用品，并设置工作现场必要的标识和隔离措施，养成安全防护的意识；2）参照世界技能大赛工业控制项目评分标准，能根据施工图纸、工艺要求、安全规程通过小组合作进行双控灯线路安装，具备基本电路安装的能力；3）能按照《建筑电气照明装置施工与验收规范》和微课"楼梯双控灯功能验证方法"进行现场施工，施工后能按要求用万用表、验电器对线路进行检查、调试，养成主动解决问题的能力和临场应变的能力；4）在作业完毕后，能按施工现场管理规定和"7S"管理规定清点、整理工具，收集剩余材料，清理工程垃圾，拆除防护措施，养成吃苦耐劳、爱岗敬业的职业素养。

课后目标：能结合安装过程中出现的故障现象，查阅相关资料，写出可能的故障现象及解决办法。

在学业评价设计上，JS9采用组内自评、组间互评、教师评价相结合的评价方式，评价内容以教学目标为依据，侧重学生专业能力和职业素养相结合的综合评价，并参照世界技能大赛工业控制项目评分规则设计了相应的评价表（详见表3-2）。在评价手段的选取上，采用信息化手段，充分利用UMU平台和雨课堂APP实时互动测评，将课前、课中、课后贯通，使结果统计更加直观清晰，且操作简便具有实效性，学生易于接受。对施工过程中容易出现的、忽视工艺规范的情况，安排安全员在施工过程中随时对不规范的情况进行拍照，传到UMU平台，并根据拍照情况进行酌情处理。为突出本节课的教学重点，在评分标准中加大工艺分比重，引起学生对工艺规范的高度重视。在评价构成上，学生最终评价得分由小组分数和教师分数组成：小组得分＝自评分数×0.3＋互评分数×0.3＋教师分数（线下）×0.4，个人得分＝小组分数×0.7＋教师分数（线上）×0.3。

表 3-2 楼梯双控灯现场施工评价表

评价内容		评分标准	分值	评分		
				自评	互评	师评
工艺评价（50分）	1）画线、定位准确	150mm，210mm，360mm，误差±2mm；600mm，误差±2mm；（1分/处）	5			
	2）水平	线槽水平，开关水平（1分/处）	5			
	3）接线符合工艺要求	接线露铜误差±1mm（似露非露）（1分/处）	5			
	4）布线符合工艺要求	布线无交叉（1分/处）	5			
	5）扎带	扎带线头误差±1mm（不扎手）（1分/处）	5			
	6）线槽	线槽不能晃动，缝隙不能放入银行卡（1分/处）	5			
	7）正确安装灯具	开关未接在火线上扣10分	20			
功能评价（30分）	1）正确使用万用表自检	不会使用万用表自检扣5分，未自检扣10分	10			
	2）调试成功	未申请上电扣2分，失败一次扣5分	20			
7S评价（20分）	1）安全施工	安全帽、护目镜、绝缘鞋、绝缘手套、隔音耳塞（1分/处）	5			
	2）正确使用工具	正确使用工具（1分/处）	5			
	3）按要求清理现场	线槽内、工位内无明显垃圾（1分/处）	5			
	4）团结协作	分工不明确，现场混乱（1分/处）	5			
合计：						

监督员签字：　　　　　　　　　组别：　　　　　　　　组长签字：

3. 教学实施过程

本次课堂教学是在学院南 2 楼一层的"照明线路安装学习工作站"进行的，一共 4 课时。工作站是由原来的普通教室改造而成的，现在依然保留着东墙的黑板和讲台，前后各有一道门。教室中间为集中教学区，划分为四个工作区域，每个工作区又分成任务实施区、讨论区和资料查阅区，每个区域都有一张讨论桌兼做课桌，对面为工具箱，是公用工具存放处，箱子上方整齐地摆放着 6 个黄色安全帽；南侧为教室通道，靠墙的地方放置着两块活动白板，用于学生作业展示；靠近西墙的地方为学生个人工具、物品存放区，放置着一组分格式储物柜。教室内的座位为可移动的方凳，学生可以根据需要进行移动。

由于教学时间较长，JS9 以 2 课时为单位将本次授课划分为上下两个半场，中间安排了 10 分钟的课间休息，上半场结束前安排了一次中间的检查反馈，下半场结束前安排了对整个施工过程的评价反馈，以增强学生的质量意识，强化教学的重难点。教学实施过程如表 3-3 所示。①

表 3-3　教师课堂教学实施过程记录表

教学环节	学生活动	教师活动
学习准备 （5 分钟）	班长组织全班同学在教室门口列队，相互检查整理着装，学生携带工作页、教材等进入教室，在集中教学区落座； 拿出手机通过雨课堂 APP 进行签到； 记录 7S 施工管理规范	打开多媒体设备和 PPT 课件，做好上课准备； 通过手机查看学生签到情况； 强调 7S 施工管理规范

———————————

① 资料来源：根据课堂观察记录整理。

续表

教学环节	学生活动	教师活动
下达任务 （15分钟）	观看微课，根据任务单（已提前发给学生）进一步明确施工任务，发送弹幕表述对电路的理解； 组长组织小组分工，向教师汇报本组分组情况①	播放微课：楼梯双控灯功能验证方法； 强调本节课的重难点（同步播放PPT）； 雨课堂开启弹幕，要求学生发送弹幕表述对电路原理的理解
现场施工准备 （15分钟）	通过雨课堂回答问题； 学生领取工具、线槽、导线等材料，佩戴安全帽，组长协同安全员进行安全检查	参照世赛标准提出工艺要求和安全文明生产要求（同步播放PPT）； 通过雨课堂发送问题，再次检查学生对相关知识点的学习情况
线路安装 （上半场，45分钟）	各组两名学生进行画线定位； 其他学生根据图纸进行材料预处理，切割型材； 根据定位情况，固定线槽开关底盒，学生间相互配合 （最快的4组用时30分钟）	巡回检查，引导学生学习、解答问题，进行过程控制（发现1组和3组学生切割操作不规范，召集全体学生在3组工位进行示范操作，并讲解操作要领）；观察记录、总结学生学习参与情况及任务进展情况
施工工艺中期检查、反馈（10分钟）	组内自评打分，安全员拍照，上传UMU平台； 组间打分，并分别派出1名同学到其他组监督测评	巡视、指导评分
课间休息10分钟			
线路安装 （下半场，40分钟）	安装敷设导线、固定盖板； 安装电气元件 （最快的4组用时30分钟）	巡回指导，引导学生学习、解答问题，进行过程控制； 观察记录、总结学生的学习参与情况及任务进展情况

---

① 学习小组是在本学习任务开始时完成的，至本学习任务结束，分组不变，到下一个学习任务再重新分组。

续表

教学环节	学生活动	教师活动
通电测试 （20分钟）	安装完毕后，进行直观检查和通电前的检查； 小组合作自查，对照原理图和接线图，检查各端子接线的接触情况； 用万用表依次检测电路的通断情况	教师巡回指导，监护学生通电试车（对3组学生提出的问题没有直接回答，提示学生观看微课，再次回到3组位置时询问问题是否解决，学生回答解决了，教师伸了一个大拇指）； 请动手能力较强、提前完成工作任务的同学担任助教，帮助其他同学检修并排除故障； 引导查找出问题的小组改正错误
施工工艺评价 （10分钟）	组内自评打分，安全员拍照，传到UMU网络平台； 组间互评打分，分别派一名同学到其他组担任第三方监督	巡视、指导评分
评价反馈 （20分钟）	组长进行汇报，并对线路安装实施过程中的问题进行总结	教师进行点评，布置课后任务

上面的教学案例包含了工学一体化课程下职教教师从学习任务分析到课堂实施结束这一完整的教学实施过程，现分别对三项核心教学能力内容分析如下。

（一）学习任务分析能力

学习任务分析能力即工作分析能力，与职业教育课程开发中的职业和工作分析能力不同的是，本研究中的学习任务分析能力是指职教教师对已纳入课程并转化为学习任务的工作任务进行分析和提取教学价值的能力，难度系数低于课程开发中的职业与工作分析能力，它要求教师能正确理解课程标准的要求，对工作任务包含的工作要素进行全面分析，并将工作过程中蕴含的知识、技能、素养等有教学价值的内容提取出来转化成教学的内容，从而为后面的教学设计和教学实施打下了基础。

在上面的教学案例中，JS9通过对本次课堂教学涉及的工作任务——楼梯双控灯的线路安装与检测进行了教学设计前的工作分析，按照实施过程的先后顺序将该任务划分为任务下达、施工准备、线路安装、电路测试、完成任务五个阶段，并按照工作过程顺序分析了该任务包含的工作对象、工具、材料、设备、工作方法、劳动组织形式、工作要求等内容要素，提取出了万用表自检方法等若干知识点、技能点以及隐含的职业素养等具有教学价值的内容，为下一步的教学设计打下了基础。

由此可以看出，学习任务分析能力就是职教教师在工作分析过程中自我建构教学情境并生成关于工学一体化教学的默会知识的能力，它是工学一体化课程下职教教师的一项特殊能力，超出了学科课程体系下职教教师在显性的理论性知识内容的分析过程中所表现出来的能力内容。在教学实践中，鱼骨图是教师开展工作分析的有效工具，教师利用这一工具进行有效的工作分析是工学一体化教学设计的基础。通常情况下，新手教师要在有经验的熟手教师的带领下进行多次的训练和实践方能掌握这一技术的操作步骤和关键要领。

（二）工学一体化教学设计能力

工学一体化教学设计能力是职教教师建立在对课程中的学习任务进行工作分析基础上的一项核心教学能力。在教学实践中，教学设计方案的繁简程度取决于教师自我管理式教学经验的多少，即越是经验丰富的教师，其教学设计方案越简洁。通过上述教学案例可以看出，工学一体化课程下的教学设计有三个关键点，即教学目标、学习情境和学业评价的设计。

首先，教学目标是教学活动所追求的、学生通过学习可以实现的最终状态。在工学一体化课程教学设计中需要把握两点。一是"隐性能力"目标的设计。按照工学一体化课程关于"综合职业能力"培养目标的要求，综合职业能力包括专业能力、方法能力和社会能力，后两项能力作为非常重要的学习内容尤其需要教师关注，但由于其主要组成部分是"隐性能力"，其在教学实践中主要是通过科学的设计学习任务和学习过程以及在专业能力的培养过程中实现[①]，因此对教师的教学设计提出了更高的要求。

---

① 赵志群. 职业教育工学结合一体化课程开发指南 ［M］. 北京：清华大学出版社，2009：80.

二是教学目标的表述形式，一个完整的教学目标表述包括行为、条件、标准和结果四个要素，即四段式表述，JS9 在教学设计中的表述"能根据施工图纸、工艺要求、安全规程通过小组合作进行双控灯线路安装"就是一个标准的四段式表述。其中"施工图纸、工艺要求、安全规程"是标准，"小组合作"是条件，"安装"是行为，"双控灯线路"是结果。在这里，"行为"和"结果"是必备要素。需要注意的是，工学一体化课程下教学目标中表述"行为"的动词通常使用能够测量的行为动词，而不使用过去的模糊性表述，如"了解""掌握""基本掌握"等。

其次，学习情境是工学一体化教学设计的核心内容。在课程和学习任务设计中，学习情境是通过一个学习任务的静态描述来体现的。而教学方案设计则是对教学情境进行具体化、形象化、立体化表达的过程，包括对工作场所、工作对象、工作标准、工作过程、工作成果等基本要素的设计与建构，也包括对学生、教师、活动、学习策略等主体性要素和活动要素的设计与建构。除此之外，在 JS9 的教学设计中，还包括了对 UMU 教学平台、雨课堂 PPT 等教学媒介的设计。可以说，教学设计和教学实施过程相结合的教学情境创设是工学一体化课程实施和教学目标实现的根本保障。本书将在分析课堂教学实施能力时对此做进一步的分析。

最后，学业评价是工学一体化教学设计的关键所在。学业评价时，综合职业能力培养目标是否实现须通过可测量的结果进行检验，因此，"为工作中必学、可学的点找到可以体现的学习成果"是工学一体化教学设计的关键点，也是对教师最有挑战的地方。在工学一体化课程教学中，学业评价以过程性评价为主，区别于传统教学中以终结性评价为主的评价方式。JS9 在学业评价设计中较好地贯穿了通过对学生专业能力这一显性目标的评价实现对学生职业素养目标评价的原则，将企业的工艺标准和管理规范引入课堂教学，在教学环节设计上注意融入对学生安全文明施工、团队合作、自主学习等非专业能力和职业素养的培养，并采用学生自评、小组互评和教师评价相结合的评价方法，培养学生的主体意识、参与意识、质量意识，凸显了以学生为中心的教学理念。

（三）课堂教学实施能力

通过 JS9 的教学案例可以看出，工学一体化课堂教学实施能力是职教教师通过选择、使用有效的教学手段，采取一定的教学策略，按照行动导向的教学要求，引导学生完成学习（工作）任务，实现学生会干（胜任工作）、弄懂（学会工作中蕴含的知识、原理）和输出（学习成果）的教学目标，并对课堂实施过程进行有效控制的能力。下面，笔者结合图 3-4 的课堂教学示意图对工学一体化课程下职教教师的课堂教学实施能力进行解析。

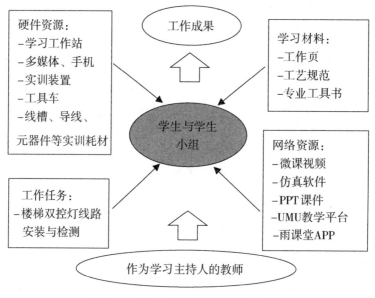

图 3-4　JS9 一体化课堂教学示意图①

首先，工学一体化课程下职教教师课堂教学实施能力表现为以学生自主学习为中心的课堂引导能力。"学生中心、能力本位、工学一体"是工学一体化课程的基本要求，因此在教学中教师要牢固树立"学生中心"的理念，通过构建工学一体化的教学情境，让学生在"做中学"的过程中实

---

① 资料来源：参考赵志群"以学生为中心的教学"示意图绘制。

现自主化学习。在这一过程中，教师要善于设置引导问题，诱导学生独立思考、主动探究、勤于实践，从而实现"以能力为本位"的培养目标。在JS9的课堂上，教师在任务下达和施工准备这两个环节都有通过雨课堂设置提问的设计，即教师通过问题设置引导学生自主学习的范例。在工学一体化的课堂上，教师的角色从教学活动的"主角"变成了学生学习活动的策划者和导演者，从而变"教师主导"的课堂为"教师引导"的课堂，但这并不意味着教师失去对课堂的控制。相反，由于职业院校学生对讲授式课堂控制模式的抵触，基于学生主动参与的课堂更加可以促进有效学习的发生，从而实现教师对课堂更有效的控制。然而，工学一体化课堂教学中教师角色的转变却非一日之功。笔者在对多位教师课堂的观察中发现，教师在学生学习活动发生障碍的时候，很容易忘记自己的新角色，重回课堂教学的主导地位，比如，急于做出示范、用讲授的方式代替学生自主获取知识的探究式学习等，这说明教师有效引导学生自主学习的能力比较欠缺。

其次，工学一体化课程下职教教师课堂教学实施能力是以行动导向为主、灵活运用多种教学方法实现教学目标的教学能力。

> 刚开始感觉对行动导向的六步法把握不好，过分关注六个步骤的完整性，结果就是为了行动导向而行动导向，导致有时候课堂就进行不下去了。后来上课多了慢慢地理解了，六步法是教学遵循的一般步骤，有时候可能是五步，也有可能是四步，只要在总体上遵循工作过程的顺序就行了……当你把各种教学方法都串起来的时候，才明白什么是真正的一体化，不再拘泥于用什么方法，很多时候可能就是课上到了那个点儿上，你的方法就来了。（JS9，2019-07-24）

最后，工学一体化课程下职教教师课堂教学实施能力是使用现代化教学手段对各种教学资源进行有效整合的能力。工学一体化课程中的教学资源丰富程度大大超出了传统理论课和实习课中的资源种类和数量，这些资源形成了工学一体化课程下可设计的学习媒介，从而在效用上超出了固定的、不可设计的教学媒介。在教学过程中，工作任务成为教师设计教学媒介创设教学情境的活动载体。同时，现代化的教学手段使课堂学习从课内向课外延伸成为可能，翻转课堂、混合式教学不仅提高了学生的学习兴趣，也使课堂教学更加高效。在案例中，JS9 通过学院的 UMU 智慧教学平台将知识学习、仿真模拟和工作计划的制订等环节的学习活动前置，从而使学生在有限的课堂时间完成一项相对完整的工作任务成为可能。因此，职教教师是否具有对丰富的教学资源进行有效整合的能力是工学一体化课堂教学能否顺利进行的关键。

三、拓展教学能力

一般认为，课程开发是课程专家的事情，与作为课程实施者的教师关系不大。因此，从狭义的角度看，教师教学能力的内容不包括课程开发层面的能力。但基于学习情境创设的工学一体化课程开发仅靠课程专家是无法实现的，它必须有专业教师的参与，在企业实践专家的帮助下，主要依靠专业教师的工作将通过实践专家访谈会提取的典型工作任务完成教学转化、形成课程体系，然后再逐级完成课程下的学习任务设计及配套资源建设。

在采取"开发取向"课改模式的学校，课程开发几乎成为每一位教师的分内工作。特别是在课程建设初期，边开发边实验是一种教学常态，职教教师通过参与不同层级的课程资源开发，对树立"工学一体"的课程理念、提高工学一体化课程教学的认同感、促进教学实施能力的提升具有重要意义。由于课程开发相对教学实施对教师能力要求更高，涉及的工作分工更细，课程开发工作大多是以团队合作的形式完成的，处在不同发展层级的教师在其中承担的工作不同。其中，学材编制能力是大部分职教教师都应具备的一项教学能力，也是工学一体化课程下职教教师必备的基础性课程资源建设能力。

开始做的都是些基础性工作，有些还很琐碎，但学了不少东西，尤其是编写工作页，收获最大……这等于是逼着你把那个工作任务从头到尾捋了一遍，然后再结合项目实践，完整的工作过程就在脑子里形成了，这时候再去上课，思路就清晰了。（JS7，2020-01-12）

写工作页和做教学设计差不多是一回事儿，只是考虑问题的角度不同，老师只要掌握了工作页的撰写要领，也就掌握了教学设计的要领。（JS13，2019-07-24）

工作页也叫引导课文，是提供给学生使用的重要学习材料和教学辅助手段，是工学一体化课程资源包的重要组成部分。工作页一般不直接将知识展示给学生，也不提供现成的结论和工作计划，而是通过多种类型的引导问题将学生引入到工作行动中，让学生通过自主查阅文献等方式学习新的知识和技能，通过小组讨论、头脑风暴、团队合作等形式制订部分或全部工作计划、完成任务，并对获得的工作成果和经历的工作过程进行总结和反思。① 因此，工作页的编写与传统教材的编写在体例、格式和表现形式上均有很大差别。另外，工作页中涉及的知识并不只限于一门学科，而是包含了多门与完成学习任务相关的学科领域的内容，因而要求编写的教师具有多学科的知识储备和对跨学科知识进行整合的能力。经常性组织教师特别是参与课改初期阶段的教师编写工作页，对促进工学一体化课程下职教教师教学能力的发展具有重要作用。

如上所述，学材编制能力是指职教教师根据工作过程导向的设计理念，严格按照规定的格式和体例，使用简洁、规范的语言文字、插图、图表甚至漫画等形式将抽象的学习任务设计物质化输出的能力，它是对职教教师文字表达能力、基于工作过程的教学设计能力、跨学科知识的整合能力和学习情境的建构能力的综合性要求。

而课程与学习任务设计能力、课程体系架构能力和学生终结性综合评价设计能力则是课程负责人以上级别的教师所具有的能力内容。达到课程

---

① 赵志群. 职业教育工学结合一体化课程开发指南［M］. 北京：清华大学出版社，2009：87-89.

负责人这一层级的教师已经对工学一体化教学相当熟练并积累了丰富的教学经验，教师已经不满足于对现成的课程资源的应用，开始建立起基于现有教学实践反思的课程建设力。从一门或多门课程的教学到一门或多门课程的设计是工学一体化课程变革下职教教师教学能力发展的一个质的变化。之后，教师的教学能力水平继续向上发展，从单门课程的建设向本专业课程体系的建设飞跃，进入专业带头人的培养行列，由于处在这一层级的教师具有更为宏观的专业视野，可以站在整个人才培养链条的顶端审视培养目标的达成，因此具备了对该专业学生综合职业能力做出终结性评价的设计能力。

第三节　工学一体化课程下职教教师
教学能力的特征

综上所述，工学一体化课程下职教教师教学能力是建立在教学基本功和工作胜任能力基础上关于课程设计、配套资源建设和课程实施能力的集合，即建立在专业理论和教育理论、专业实践和教育实践双重跨界基础上的关于课程的建与用、教与学的能力体系，具有以下三方面的典型特征。

一、跨界的集成性

在工学一体化课程模式下，职教教师身份和任务的双重属性决定了教育内容更新和教学能力提升同时具有运作机制上的跨界性和结果的集成性，即工学一体化课程下职教教师教学能力的内容具有跨界的集成性特征。职教教师所体现出来的这一能力特征超越了当下对职业教育"双师型"教师所具有的理论教学能力和实践教学能力的两元认知，有利于从整体上把握和认识职教教师教学能力的内涵和本质。一体化的教学过程不是简单的理论传授和技能指导相加的过程，而是教师通过情境创设下的行动导向教学，是以职业活动中的代表性工作任务为载体，指导学生通过基于工作过程的"做中学"进行自我建构式学习的过程，职教教师在这一过程中表现出来的教学能力实质上是一个跨越诸多能力要素的能力集合体，是职教教师在工学一体化的教学实践中对"专业理论、专业理论的职业实践、职业教育理论、职业教育理论的教育实践"等静态能力要素动态建构的结果。① 在这一过程中，各教学能力要素在跨界的基础上相互影响、相互作用，不断调整和优化组合，最终形成了一个集成的能力体系。②

二、生成的情境性

生成的情境性是工学一体化课程下职教教师教学能力的又一重要特征。在工学一体化课程模式下，掌握完整的工作过程既是对人才培养的新要求，也是对教师的新要求。因此，职教教师教学能力的习得必须与真实的工作情境相关联，职教教师应坚持以任务为导向的学习，通过不同实践场域里的参与式实践建构和完善自己的教学能力体系。在专业实践场域，职教教师工作胜任能力的习得主要是通过强化企业真实环境的职业实践训练来实现，主要包括以真实教学项目为载体的企业实践锻炼、企业调研、职业考察和专项技能训练。在教学实践场域，职教教师教学实践能力的习得则通过不断的教学行动和教学反思来实现。在这种具有真实情境的实践活动中，教师通过个人的主动学习、指导者的促进学习以及教师之间的交流与互动，培养了从多维度、多方位、多视角解决教学过程中的现实问题的能力，提高了对工学一体化课程教学的深入理解能力、实践运用能力和评价反思能力。

三、整体的互补性

职教教师的来源结构决定了职教教师在教学能力基础上的差异性，从

---

① 吴全全. 职业教育"双师型"教师基本问题研究：基于跨界视阈的诠释［M］. 北京：清华大学出版社，2011：102.

② 张洪春，孔新舟. 高职院校教师教学能力发展模式理论研究［J］. 教学研究，2014（6）：26-29.

而导致了不同类型教师教学能力发展上的倾向性。尽管为了实现工学一体化课程教学的需要，在教师专业发展的目标设计上并未做出差异化的安排，但在实践中，不同类型教师的教学能力发展在内容上仍然各有侧重。其中，"大学生"教师具有较高的专业理论水平，善于从课程教学的体系性思考问题，具有较强的逻辑思维能力；而"企业"教师则具有较高的专业实践基础，善于从经验出发思考和解决问题，具有较强的实践行动能力，不同类型教师各自具有的能力优势形成了良好的互补。在课程教学特别是企业研修项目中，具有较高理论水平的"大学生"教师和具有丰富实践经验的"企业"教师组成的教学团队对解决教学中的复杂问题发挥了重要作用；而在课程开发中，"企业"教师的工作分析往往为"大学生"教师发现和挖掘专业工作中的教育教学价值提供帮助，从而为形成完善的课程设计打下基础。在这一过程中，不同类型的教师之间通过合作学习，共同促进了各自的专业发展和教学能力提升。

本章小结

本章分析了被访谈教师关于职教教师教学能力的本土概念所代表的含义和概念之间的关系，并通过建立概念之间的联系，归纳和概括出工学一体化课程下职教教师应具备课程实施层面的基础教学能力、核心教学能力和课程开发层面的拓展教学能力共三种类型九项内容。通过对不同类型教学能力内容的分析可知，工学一体化课程下职教教师教学能力具有新的外延和内涵。在外延上，工学一体化课程下职教教师教学能力的内容不仅包含了课程实施层面的各项能力，而且包含了课程实施与课程开发交叉领域中的多项能力内容。在内涵上，工学一体化课程下职教教师教学能力不是理论教学能力和实践教学能力的简单叠加，而是职教教师利用已知的专业理论和教育理论知识对教学过程中的问题表象及其内在结构进行系统分析的心智能力与在教学实践中解决实际问题的职业技能和教学技能①的集合，从而凸显了这一课程模式下职教教师特有的教学智慧，主要体现在四方面：一是职教教师教学能力以工作胜任能力和教学基本功为双基础；二是职教教师教学能力以建立在学习（工作）任务分析基础上的教学设计能力——教学情境的创设能力——为前提；三是职教教师教学能力以行动导向教学为主的课堂教学实施能力为核心；四是职教教师教学能力的内容在课程实施和课程开发双领域交叉中相互影响、相互促进。从整体来看，工学一体化课程下职教教师教学能力具有三个典型特征，即跨界的集成性、生成的情境性和整体的互补性。

---

① 包英华. 技工院校"四梯级"一体化师资队伍规划与构建［M］. 北京：中国劳动社会保障出版社，2018.

第四章

实践与重构：工学一体化课程下职教教师
教学能力发展的过程

工学一体化课程下职教教师教学能力的发展和变化是职教教师在特定课程情境下通过课程变革实践对自己的教学能力图式不断动态建构的过程。在这一动态发展过程中，由于教师个体在教育背景、工作经历、个人信念等方面存在差异，不同类型的教师在面对课程变革时表现不同，行动不同，从而增加了职教教师教学能力发展过程的复杂性和多样性。因此，试图详细地理解和刻画每一位教师在工学一体化课程变革下教学能力发展的路径、机制和特征，既困难又不现实。但是，通过对更多样本的研究去分离和透视工学一体化课程变革下职教教师教学能力发展的一般规律是可能的。本章，笔者将在对资料全面分析的基础上，根据研究之初提出的分析框架构建职教教师教学能力发展的过程模型，分析和探讨工学一体化课程变革下职教教师教学能力发展的一般过程，并对其发展机制做出解释。

第一节　工学一体化课程下职教教师教学
能力发展的过程模型

在对工学一体化课程下职教教师教学能力发展的过程要素进行概括、凝练和分析的基础上，笔者借鉴和使用伊列雷斯的工作生活中的学习模型，综合运用莱芙和温格的情境学习理论、舍恩的反思性实践理论等理论工具，构建了一个职教教师教学能力发展的一般过程模型（如图 4-1 所示）。该模型包括主体、内容、动机、环境和实践活动五方面的要素。下面，笔者对五个要素界定如下。

1. 主体：在工学一体化课程变革中，职教教师既是课程变革的参与者，也是变革后课程的具体实施者，因此，本研究中的主体对象是参与工学一体化课程变革并承担工学一体化教学任务的专业课教师。

2. 内容：即职教教师作为主体对工学一体化课程下教学能力内容的认知、理解和在发展过程中实际获得的关于工学一体化课程教学的能力，既是职教教师在工学一体化课程下教学发展的目标，也是其教学发展的结果。有关工学一体化课程下职教教师教学能力的内容，本书第三章已经做了详细的阐述，在此不再赘述。

3. 动机：在学习理论中，动机是激活并实现一个学习过程所需的心智能量，涵盖了动力、情绪和意志。① 在本研究中，动机是促进职教教师教学能力发展的动力基础，包含了内部动机和外部动机两个维度。本书将在第五章对此进行深入探讨。

4. 环境：即职教教师教学能力发展所在的空间环境，包括教师的工作场所环境和工作场所之外的社会环境。其中，工作场所环境与工作场所中的实践共同构成了职教教师教学能力发展的具体情境。在工作生活的学习模型中，伊列雷斯根据环境对个体学习产生的影响是即时性的还是潜在性的疑问将环境划分为技术组织型环境和社会文化型环境。笔者对此做了适当的修正，把对教师教学发展产生潜在影响的环境要素命名为"组织文化环境"，而未使用"社会文化环境"的概念，以区别于宏观空间的社会环境。本书将在第五章对此进行深入探讨。

5. 实践活动：即工作场所中的实践，是职教教师作为主体与所处的工作环境进行互动的媒介，是职教教师教学能力发展的具体载体和实现途

---

① 克努兹·伊列雷斯. 我们如何学习：全视角学习理论［M］. 孙玫璐，译. 北京：教育科学出版社，2014：25-27.

径。本研究把促进职教教师教学能力发展的实践活动概括为专业培训、教学实践和课程开发三种类型。

上述五个要素组成了一个相互联系、相互演进的动态系统。模型中的外接圆既将职教教师教学实践发生的工作环境与社会环境区分开来，同时也表示这五个要素是一个完整的不可分割的整体，它们以一种整合的方式共同促进了职教教师教学能力循环往复的动态发展过程。

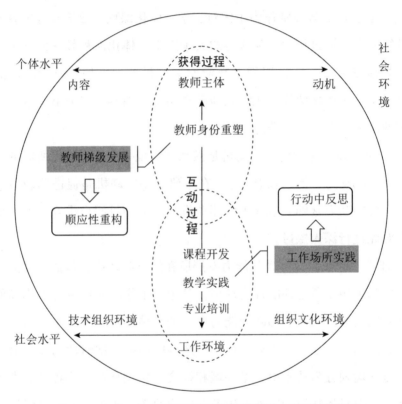

图4-1　工学一体化课程下职教教师教学能力发展过程模型

首先，职教教师个体作为教学能力发展的主体，位于水平维度的获得过程和垂直维度的互动过程的交汇处，这既说明了职教教师在教学能力发展过程中的主体地位，也说明了其教学发展是个体性发展与社会性发展一致性的结果。另外，主体是处于环境中的一个主体，即职教教师必须自己在场，亲自经历这个问题解决的过程，才能体验到自己行动的采用方式和效果，才能获得一个"经验"，并逐渐丰富自己的"经验库"①。

其次，从个体性发展水平上看，职教教师教学能力发展的获得过程总是包含着内容与动机两个要素。在内容与动机的互动中，没有先后顺序，两者几乎同时在这一水平维度上相互影响、相互作用。一方面，内容要素受到了动机要素，即主体心智能量的性质和强度的影响，发生了主要形式为"顺应"的学习，从而提高了主体对发展目标的认识，促进了教学能力的发展，提高了教师的发展层级，重塑了教师的身份；另一方面，动机的基线还总是受到发展所关注的内容要素的影响，即"一种新的理解或提高了的技能会改变人们的情绪或动机模式，还可能改变人们的意志模式"②。

再次，从社会性发展水平上看，职教教师教学能力的发展表现为个体与环境的互动过程。在文化历史视角中，人类与环境的互动是通过活动这一关键形式表现其特征的。通过活动，个体获得了他（她）作为其中一部分的文化条件，与此同时，他（她）也影响着社会中的文化发展。③ 在工学一体化课程变革下，职教教师通过在课程变革中的工作实践，即与教学相关的实践活动，与特定的课程情境进行对话、协商和合作，通过实践中的"行动中识知"和"行动中反思"，不断获得关于工学一体化教学的实践性知识，提升自己的教学能力以适应工学一体化课程的需要。

最后，在由上述五个要素构成的教学能力发展过程模型中，职教教师教学能力发展的两个过程没有先后顺序，个体发展维度上的获得过程总是通过源自主体与环境之间的互动过程中的冲动，以一种整合性的方式被激活，即通过工学一体化课程变革下教师身份重塑与工作场所实践的互动，统筹各要素之间协调行动，共同激发教师主体在工作实践中的行动中反思，实现课程变革下教学能力图式的顺应性重构，促进教师教学发展，进

① 陈向明，等．搭建实践与理论之桥：教师实践性知识研究［M］．北京：教育科学出版社，2011：149.

② 克努兹·伊列雷斯．我们如何学习：全视角学习理论［M］．孙玫璐，译．北京：教育科学出版社，2014：28.

③ 克努兹·伊列雷斯．我们如何学习：全视角学习理论［M］．孙玫璐，译．北京：教育科学出版社，2014：60.

而实现职教教师身份的梯级再生产。为了更好地理解工学一体化课程变革下职教教师教学能力发展过程的动态性和复杂性，下文分别从互动过程和获得过程两个不同的视角探讨职教教师教学能力发展的过程。

第二节 互动过程：工学一体化课程下
的反思性实践

工学一体化课程变革下职教教师教学能力发展的过程在个体性与社会性互动的维度上表现为教师主体通过参与具体的实践活动与特定的工作环境之间的互动过程。这些具体的实践活动与特定的工作环境共同构成了职教教师在工学一体化课程变革实践中的具体情境。因此，互动可以理解为职教教师个体作为主体"与工学一体化的教学实践情境进行的反思性对话"①，亦即工学一体化课程下职教教师教学能力发展的过程其实就是教师在工作场所学习中不断进行反思性实践的过程，其核心是"行动中反思"。

一、做中学：教学能力发展的实现途径

工学一体化课程下的职教专业课教师兼具专业工作者和教育实践者的双重身份，其教学能力的发展必然建立在作为专业工作者所具有的专业实践能力与专业技能和作为教育实践者的教育实践能力与教学技能的双重基础之上。在工学一体化课程变革中，职教教师正是通过参与专业与教育跨界实践活动的"做中学"，获得了关于工学一体化教学的实践性知识，发展了教学能力。在对研究资料进行编码、反复比较和归类的基础上，笔者将课程变革中促进职教教师教学能力发展的实践活动概括为专业培训、教学实践和课程开发三个大类，每个大类中又由若干具体的活动组成。需要

---

① 郑旭东，杨九民，苗浩. 反思性实践的认识论：教学设计实践审视与教学设计人员成长的新视角［J］. 中国电化教育，2015（5）：25-29.

说明的是，由于不同教师个体教学发展过程的丰富性和多样性，这些活动类型并未包含促进教师教学能力发展的全部活动，而只选择了对教学能力发展产生了重要影响的实践活动进行分析。

（一）专业培训

"能合格的上一堂（工学一体化）课—能上好一堂（工学一体化）课—能开发一门（工学一体化）课—能开发构架好一个专业的课程体系—能建一个专业—能打造一个好的学校"是 G 院校基于工学一体化课程变革需要构建和培养工学一体化教师队伍的一条主线。在访谈中，教师培训是老师们提及最多、影响最大的一类活动，这类活动几乎贯穿每一位教师不同发展阶段的不同需求。通过对访谈资料的分析，笔者发现，围绕提升教师的专业工作胜任能力和工作分析能力开展的专业能力提升培训，对职教教师教学能力发展的促进作用最大。

G 学院对活动载体的选择充分体现了"做中学"的理念，在内容安排上对不同类型的教师会有不同的侧重，如对"大学生"教师重点安排校内专业能力提升训练和企业实践，以快速提升教师胜任专业工作的能力；对"企业"教师重点加强工作任务分析方面的培训，促使其从企业工作模式向教育教学模式转变，提高其教学的系统化和规范化。

在访谈中，大多数的"大学生"教师都认为学校组织的工作胜任力培训夯实了工学一体化课程下教学能力的基础，对教师的影响最大。JS15 回忆说：

> 当时教我的那个师傅是焦化厂多年的高级技师……我跟着他做过一个完整的工作任务，制作一个高级工实验工作台，功能要能实现（电工）高级工考核的六项内容，即六个项目。这个任务引领着我系统地学习了导线究竟有多少种类，不同类型的导线该用在什么地方，该怎么做接线，该如何选用，该如何计算负荷等知识。这时我才知道原来学的那些理论是用在这里的，这是给我印象特别特别深刻的地方。以后我再教电工（课）的时候，学生就特别喜欢听，我也给企业

员工做过培训，我没有他们干的活多，但是我能给他讲出来这些知识在未来工作中的作用，不仅教给他应该怎么干，还能告诉他为什么这么干，还有可能怎么干，可能出现什么问题。（JS15，2020-12-22）

跟着从企业请来的师傅学操作、练技能是 G 学院最早参加工学一体化课程改革的几位老教师最刻骨铭心的记忆，这不仅为他们后期教学能力的发展奠定了坚实的专业基础，也让他们"上课有了底气"。

在总结早期培训的基础上，G 学院专门开发了针对"大学生"教师的专业能力达标考核标准，标准包含了某一专业工学一体化课程对应的职业领域的典型工作需要达到的基本技能要求，选择的考核点都是在同类企业中具有共性和学习价值的，也是学生未来必须达标的。学院每学期都会安排固定的时间组织教师进行专业能力提升训练，然后组织达标考核，并聘请企业的实践专家来校指导训练、担任考核的评委。校内的技能提升训练解决了教师到企业后没有机会动手操作的问题，但也由于脱离了企业真实的生产环境，教师感受不到"完整的、真实的"工作任务，往往会使教学又回到过去只训练学生单一技能的老路上来。

为了解决这一问题，学院一方面采取了将企业生产项目引进来的策略，JS15 至今都对此记忆犹新。

> 从 2003 年年底到 2013 年年底，十年的时间，做外协加工基本没有（中）断过，这都是企业真实的生产任务。现在，一般企业的产品（图纸）拿来，该用什么工艺、用什么技术方法、用什么型号的床子，我都知道，而且我能按照企业的标准把它加工出来。（JS15，2020-12-22）

另一方面，采取了走出去的策略，定期安排教师到企业实践锻炼。企业实践锻炼一般每年安排 1~2 次，每次 2 周左右，主要是利用寒暑假的时间进行。在 G 学院，教师的企业实践锻炼不仅是专业能力提升培训的延伸，还与教师参与课程开发工作有着紧密的结合。

教师参加企业实践锻炼除了体验真实的企业项目实践，还有两项重要任务。一是用一周左右的时间考察企业的工作组织形式，包括岗位设置、岗位职能、工作成果、能力要求，然后把全流程图画出来，工作方法是观察和访谈；二是用一周左右的时间访谈出1~2个具有学习价值的代表性工作任务，包括任务的内容、要求，转化成学习任务后学生学什么、怎么学、教学的可行性等，能用文字详细地表达出来。（JS15，2020-12-22）

除了工作胜任能力，工作分析能力对教师设计工学一体化教学项目和组织课堂教学至关重要。这个培训项目是从课程开发中的职业与工作分析这个环节分离出来的一个培训活动，有时也与课程开发活动结合进行，对已经达到专业工作胜任能力的教师进行培训。具体做法是请一个课程专家带着教师共同做一个教学设计，教给他如何把已经掌握的工作任务转化成教学任务，以培养和提升教师对工作任务进行教学化处理的能力。JS15说，在实践中，这项培训对具有系统化和规范化教学思维的"大学生"教师来讲难度不大，但对有着丰富企业工作经验的"企业"教师却是一个难题。

我们过去对教学项目（任务）的设计关注的是任务是什么，现在关注的是任务承载的是什么，任务本身不重要，融入任务的内容才重要，这就需要我们去发现有教育价值的东西……这其实就是一个（对现有教学方案）推倒后重构的过程。这在当时对我们来讲是有很大的难度的。（JS2，2020-12-22）

然而，"企业"教师一旦突破这一难题，其教学潜力将会得到极大的激发，教学能力会发生质的飞跃。JS2说：

现在，我会下意识思考任何问题的教学价值和育人价值。要适应工学一体化的教学，对职业领域的认知就不能只停留在企业师傅带徒弟的层面，这是我在教学上的一个飞跃。（JS2，2020-12-22）

（二）教学实践

如果说专业培训夯实了工学一体化课程下职教教师教学能力发展的基础，那么工学一体化教学实践则是检验和促进教师教学能力发展的实战场。教师参加的重要的教学实践活动，既包括教师承担具体的工学一体化课程授课任务，也包括教师参加工学一体化教学比赛和工学一体化教学公开课等教学活动。

首先，承担具体的授课任务是工学一体化课程下职教教师教学能力发展的基本途径。按照 G 学院教师队伍建设规划的要求，教师承担工学一体化授课任务是与工学一体化教师认证工作结合在一起进行的。进入不同梯级培养计划的教师分别对应中级工、高级工和技师三个培养层次，每个学期承担 1~2 门工学一体化课程的授课任务。教师授课的质量作为工学一体化教师认证的一项重要考核内容，学院从学期初到学期末对每一位教师组织五次听课评价，五次评价的平均得分达到 80 分为合格。评价小组的成员由通过认证的高一级工学一体化教师担任，教师参加听课评价的过程，同时也是教师相互学习提高的过程。随着教师承担的工学一体化课程越来越多，授课的层次越来越高，教师的梯级也越来越高，教师的教学能力也随着"梯级生成的过程"不断向上提升。

在访谈中，除了承担具体的授课任务，教师们认为工学一体化教学比赛和公开课对促进教学能力发展的作用最大。

> 我们学校一年有两项重要的教学活动，一个是工学一体化教学比赛，一个是工学一体化教学公开课，这两项活动会在两个学期交替进行。对参加的老师来讲，作用自不在言，对观摩的老师来讲，也是一次非常重要的学习机会。你可以借此对照自己在哪些方面还有欠缺、有哪些好的方面可以借鉴。（JS7，2020-01-12）

工学一体化教学比赛由两部分组成，第一部分是工学一体化教学设计评审，参赛教师要按照工学一体化教学的设计规范和比赛的要求提交一份以本人当学期实际授课的一个学习微任务（一般 2~4 学时）为单元的教学设计文本；第二部分是组织工学一体化教学说课，教师需要在教学设计的基础上撰写说课稿（有经验的教师不做要求）、录制教学微视频、制作PPT演示文稿，然后面向全院教师进行说课展示。由于这一比赛活动全面体现了从教学设计到课堂组织的全过程，被认为是对教师教学水平和教学能力的全面检验。需要特别说明的是，作为G学院教学活动保留项目的工学一体化教学比赛成为后来全国技工院校教师职业能力大赛的雏形，这更说明了这一比赛活动对教师教学成长的重要作用。

工学一体化教学公开课不同于教学比赛，它是以教师真实的课堂授课为展示对象组织的一项教学观摩和教学诊断活动，即老师们所说的"上真课"。这一活动一般是以教学系为单位进行组织，由同一专业或相近专业的教师参加。在G学院，有时也会组织各教学单位推选出的优秀教师参加全院性公开课展示活动。公开课之前，一般是以教研室为单位组织老师们对参加公开课的教师的教学设计方案进行讨论。

> 这等于是组织本专业的老师进行了一次集体备课。公开课之后，大家还要聚在一起讨论，总结这堂课哪儿讲得好，还有什么不足，有经验的教师会进行点评，有时候也会请我们学校专家级的老师进行点评，这又是一个诊断的过程。我觉得对我们年轻教师来讲，收获特别大。（JS7，2020-01-12）

由于上述两项教学活动和教师的职称晋升挂钩，这两项活动也成为全校教师非常重视并积极参与的教学活动。不断的教学实践是职教教师适应工学一体化课程变革、提升教学能力的关键。正如JS15所言：

> 让教师去适应课程，教师的教学能力就提高了。实践的过程和研究的过程，就是教师梯级生成的过程，这是个不断往复迭代的过程，也是（工学一体化课程下）教师教学成长的规律。（JS15，2020-12-22）

（三）课程开发

建立在行动体系框架下的工学一体化课程不再片面强调建筑在静态学

科体系之上的显性理论知识的复制与再现，而是着眼于蕴含在动态行动体系之中的隐性实践知识的生成与构建。① 这一课程性质决定了工学一体化课程下教学实施层面的教学设计过程与课程资源的开发过程存在较大程度的重合。即使是在统一课标、统一教材的情况下，由于受区域产业发展水平、学校办学条件和教师课程实施水平等因素的影响，工学一体化课程资源的二次开发工作仍然在课程改革中占有较大比重。在教学实践中，工学一体化教学资源的丰富程度又成为制约一所学校课程实施效果的重要因素。因此，教师参与课程开发既是解决工学一体化课程资源短缺的必然要求，也是拓展职教教师教学能力发展空间的重要举措。

由于工学一体化课程开发工作涉及典型工作任务提取、课程任务转化、课程内容的选择与重构等诸多内容，所以既需要课程专家的指导和企业实践专家的参与，也需要广大专业教师的积极参与。在这一过程中，尽管不同类型、不同层级的教师参与的程度、发挥的作用不同，但教师在课程开发工作中通过参与式的"做中学"，进一步加深了对工学一体化课程的理解，重塑了教师的教学观念，提升了教师创设教学情境的能力，改进了课堂教学的效果。在实践中，职教教师参与较多的课程开发环节主要包括行业企业调研、实践专家访谈会和课程资源包的开发。其中，行业企业调研和实践专家访谈会均属于课程开发的前端工作，但这两项工作对教师教学能力发展的影响不容忽视。

在参与调研访谈、调研报告起草和讨论的过程中，我进一步明确了专业人才培养的目标和定位。在以后的教学中，我会经常思考，我的教学是否达到了这一目标要求。（JS11，2019-07-25）

（实践）专家访谈会对老师来讲，就是一个学习如何进行工作分析的机会……通过专家访谈会，（我）明白了任务的选取是有标准的，这个任务到教学，要经过一个分析和转化的过程，或者说，这是一个

---

① 姜大源. 学科体系的解构与行动体系的重构：职业教育课程内容序化的教育学解读 [J]. 中国职业技术教育，2006（7）：14-17.

设计的过程。(JS6，2020-12-21)

在实践中，一门课程的教学资源包一般包括该门课程的课程标准、课程所包含的参考性学习任务的教学活动策划表、工作页以及其他的配套学习资源。北京师范大学专门研究职业教育工学一体化课程的赵志群认为，选择和制作合适的教学材料是教师备课的重要工作，包括教材、学材、讲义、PPT 演示文本和作业单等，而学材编写是教师从事课程开发工作的主要任务。① 因此，职教教师亲自参与教学资源包的开发工作是提高工学一体化课程教学设计能力的一个重要途径。

从另一个角度讲，工学一体化教学资源包作为一种可视化的输出成果，本身对教师是一种重要的激励。由此更进一步地证明，职教教师参与工学一体化课程开发和进行工学一体化教学实践之间既相互联系又相互促进，二者都是在"开发取向"的课改模式下促进教师教学能力发展的主要途径。

二、行动中反思：教学能力发展的实现方式

由上述分析可知，职教教师通过参与专业与教学实践活动的"做中学"，内在的包含了舍恩反思性实践理论中的"行动中识知"和"行动中反思"，即实践中反思。舍恩指出，"行动中识知"是日常实践知识特有的一种形式②，是专业实践者实现其技艺专精化的重要渠道。职教教师参加工学一体化教学实践的过程其实就是将过去通过在"行动中识知"获取的关于工学一体化教学的默会知识付诸实践使其显性化，同时也通过新的教学实践活动的"行动中识知"获取新的关于工学一体化教学的默会知识的过程。在这一过程中，教师在"行动中识知"则是通过在"行动中反思"的过程得以发展的。但工学一体化课程下的职教教师作为跨界的实践者，

---

① 赵志群. 职业教育工学结合一体化课程开发指南 [M]. 北京：清华大学出版社，2009：85.

② 唐纳德·A. 舍恩. 反映的实践者 [M]. 夏林清，译. 北京：北京师范大学出版社，2020：46.

基于其跨界的身份与跨界的场域，必然使教师的实践中反思被打上了跨界的烙印。根据"行动中反思"指向的对象，工学一体化课程下职教教师的实践中反思可分为对专业工作的反思、对专业工作的教学性反思和对工学一体化课程教学的反思。

（一）对专业工作的反思

对专业工作的反思是职教教师作为跨界者以专业工作者的视角对专业工作进行的反思。如前所述，工作胜任能力是职教教师承担工学一体化教学应当具备的一项基础性能力。因此，工学一体化课程下的职教教师首先应当成为一名专业工作的实践者，"被接纳到相关的实践者共同体的传统及其所在的实践世界，学习他们的行业惯例、行业约束、行业语言以及鉴别体系，行业范例锦囊库、系统知识以及'行动中识知'的模式"①，即通过专业实践中的"行动中反思"来建构关于专业工作的默会知识，生成并不断发展其胜任专业工作的能力。下面，我结合 JS1 的实例来说明工学一体化课程下职教教师对专业工作的反思是如何发生和发展的。

> 片段1：师傅给我示范之后我就开始干，前几十件我不太琢磨，因为我要保证把这个任务干完，到后面我就开始琢磨了。那个工件要经过两台床子，要想干得快，循环时间最长的床子就不能耽误工夫，所以我就一直盯着那台床子，完成一个循环，我就赶快再给它装上，这样它循环的总时间就缩短了。(JS1，2019-07-26)

片段1反映了职教教师在面对一项具体的工作任务时进"行行动中反思"的过程。在这里，JS1 像企业的学徒一样学习一项"零件加工"任务，通过真实的工作实践动态地建构了关于"零件的材质、加工工艺、加工工序以及机床的操作"等默会知识，这是一种内隐的"行动中识知"的

---

① 唐纳德·A. 舍恩. 培养反映的实践者：专业领域中关于教与学的一项全新设计［M］. 郝彩虹，张玉荣，雷月梅，等译. 北京：教育科学出版社，2008：32.

过程。在这一内隐的过程中，还发生了依然不为外人所察觉的"行动中反思"①，他"试图处理令自己困惑、麻烦或有趣的问题"——"那个工件要经过两台床子"，同时"对其行动中隐含的理解进行反映"——"要想干得快，循环时间最长的床子就不能耽误工夫"，这些理解被他"揭露、批判、重组并融入未来的行动中"——"我就盯着那台床子，完成一个循环，我就赶快再给它装上，这样它循环的总时间就缩短了"。通过对问题的"框定"和"再框定"以及与情境的反思性对话，JS1 生成了关于如何提高加工效率的新的实践性知识。

　　片段2：老师的专业技能就像教学基本功一样，是打基础的东西。但这些是远远不够的，你要掌握更多的东西……关于这个职业前前后后的东西，包括现在的岗位需求，未来的发展方向，还有他们现在使用的技术、（编程）软件，等等，你都得知道。(JS1, 2019-08-22)

　　片段2说明 JS1 对专业工作反思的范围在扩大，并且达到了一个较高水平。他通过更多企业实践和企业调研把更多专业工作中的对象纳入了其实践中反思的范围，从而建立了关于"行业惯例、行业约束、行业语言以及鉴别体系"的"系统性知识"，为其对专业工作进行教学性反思奠定了基础。

　　然而，作为跨界者的职教教师不可能像定界的专业工作者一样全面参与专业工作的实践。因此，模拟专业世界真实工作的教学项目实践成为职教教师参与专业实践的一种替代形式，这类似于舍恩在《培养反映的实践者》中提到的实践课。② 教师在这种实践课中学习的过程，类似于在工学一体化教学中学生的学习过程，即这种学习中的工作是通过某些联合体完成的：学习者的做中学、学习者与指导教师和其他学习者的互动，以及他

————————

　　① 唐纳德·A. 舍恩. 反映的实践者 [M]. 夏林清，译. 北京：北京师范大学出版社，2020.
　　② 唐纳德·A. 舍恩. 培养反映的实践者：专业领域中关于教与学的一项全新设计 [M]. 郝彩虹，张玉荣，雷月梅，等译. 北京：教育科学出版社，2008：33.

们共同建立的一个更加离散的"背景学习"过程。这一学习过程不仅为职教教师提供了对专业工作进行反思的契机，也为职教教师实现将工作项目向教学项目转化创造了条件。

（二）对专业工作的教学性反思

对专业工作的教学性反思是职教教师作为跨界者以教师或课程开发者的视角对专业工作进行的反思，其目的是通过反思发掘专业工作中隐含的规范、价值、行动策略、评价标准等将其转化为课程教学的内容。例如，JS1将企业实践锻炼中的个人行动以观察者的身份用文字描述出来，从而将"行动中识知"转变成了"行动中知识"[1]，这就是一种对专业工作的教学性反思。这是作为跨界者的职教教师对专业工作进行"行动中反思"的一种重要形式，它是工学一体化课程下教师积累和丰富自己的专业教学"资料库"的重要手段，是教师进行教学设计和课程资源开发的源泉。

> 片段3：实践专家访谈会要提取典型工作任务，这是一个对学校里该教什么不该教什么的一个取舍的过程。但我发现，有些典型的工作任务也不需要在学校里教，或者不用重点教。（JS2，2020-12-22）

片段3则反映了职教教师在更高层次上对专业工作开展的教学性反思。从"什么都教"到"知道应该教什么"，再到"知道什么可教什么不可教"，反映了职教教师在工学一体化课程教学中从"有所为"到"有所不为"的发展变化，说明教师对专业工作的教学性反思达到了解放性反思的高度，是教师对"行动中反思"的反思。职教教师是否具备通过对专业工作进行教学性反思的能力，进而将工作任务转化为教学或学习任务，并将之带入课堂教学，是工学一体化教学能否顺利实施的关键，也是职教教师区别于一般专业工作者的重要特征

（三）对工学一体化课程教学的反思

对工学一体化课程教学的反思是职教教师以跨界者的双重视角对以工

---

① 唐纳德·A. 舍恩. 反映的实践者［M］. 夏林清，译. 北京：北京师范大学出版社，2020：50.

作为载体的课程教学及教学的组织，实现形式，教学中师生、生生关系以及自我身份等进行的反思，是一种综合了对专业工作的反思、对专业工作的教学性反思、对一般性教学过程和专业教学过程的反思的整合性反思，这种反思过程主要发生在职教教师的工学一体化教学实践和课程开发实践中。

> 片段4：写的过程其实是一个对过去的教学重新思考的过程，写着写着，就清晰了，可能达到某个点一下子就顿悟了。（JS2，2020-12-22）

无论是片段4中的JS2在通过实践专家访谈会中的参与式实践实现了对课程设计的"顿悟"，还是第三章引用的教学案例中JS9在具体上课的过程中对行动导向"六步法"教学的反复体会和总结，都是对工学一体化课程教学进行整合性反思的实例。当然，上述教学反思还处在技术性反思和实践性反思的较低阶段，但随着教师参与课程变革阶段的发展，职教教师对工学一体化课程教学的反思将逐步向技术性反思和实践性反思的高级阶段发展，直至达到对课程教学的解放性反思，从而形成技术性反思、实践性反思和解放性反思的贯通力，[1] 进入专家型教师的行列，正如JS15反思的那样：

> 片段5：培养学生的综合职业能力，这跟以往知识和技能的简单叠加完全是两回事。它的核心是人的胜任和人的发展。（JS15，2020-12-22）

综上所述，工学一体化课程下职教教师教学能力发展的过程就是教师在工学一体化教学实践中"研究怎么上课，怎样上好课，上什么样的课"的实践反思过程。在这一过程中，职教教师通过以真实教学项目为载体的"做中学"和实践中的"行动中反思"，不断地积累关于工学一体化教学

---

[1] 李莉春. 教师在行动中反思的层次与能力 [J]. 北京大学教育评论，2008，6（1）：92-105.

的实践性知识，丰富着自己的教学"资料库"，提高了教学能力，促进了自身的专业发展。

第三节　获得过程：工学一体化课程下的顺应性重构

工学一体化课程下职教教师教学能力发展的获得过程的本质是教师主体在具体的课程教学情境中，通过工作场所中的顺应性学习而发生的教学能力图式的重构过程，同时也是工学一体化课程模式下职教教师身份重塑的过程。

一、顺应性重构：教学能力发展的实现机制

伊列雷斯认为，顺应性学习的发生必须有三个先决条件：首先，相关可被重构的图式早已建构到位（例如，相关主题、态度或社会关系这些条件的存在）；其次，个体需要或愿意调动这种类型学习的重构所需的能量；最后，在该情境下的个体感知到充分的许可与安全，从而"敢于"放开业已建构起来的知识。[①]

在传统的学科课程体系中，教师教学是以传授实际存在的显性的陈述性知识，即理论性知识为主，主要解决"是什么"（事实、概念等）和"为什么"（原理、规律等）的问题；而建立在由实践情境构成的以过程逻辑为中心的行动体系下的工学一体化课程则强调自我建构的隐性知识，即过程性知识的获取，主要解决"怎么做"（经验）和"怎么做更好"（策略）的问题。[②]由于课程内容结构的变化和教学实施的新要求，在从传统的分科

---

① 克努兹·伊列雷斯. 我们如何学习：全视角学习理论［M］. 孙玫璐，译. 北京：教育科学出版社，2014.

② 姜大源. 学科体系的解构与行动体系的重构：职业教育课程内容序化的教育学解读［J］. 中国职业技术教育，2006（7）：14-17.

课程模式向工学一体化课程模式转变的过程中，无论对何种类型的教师而言，都将处于从已经建立的教学"图式"向新的教学"图式"转变的结构性紧张状态中，即顺应性学习发生的第一个先决条件已经具备。而来自教师个体教学发展动机维度的能量和学院对工学一体化课程的倡导和推进则构成了教师顺应学习的后两个条件。工学一体化课程下职教教师教学能力发生顺应性重构的过程如图4-2所示。

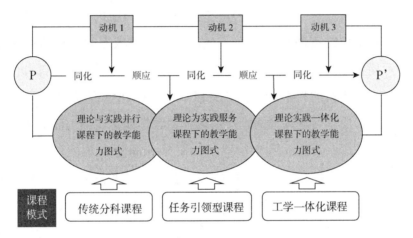

图4-2　工学一体化课程下职教教师教学能力的重构机制

在图4-2中，P代表课程变革中的职教教师，即工学一体化课程情境下的教学实践者，水平中线箭头代表教师教学能力在个体认知水平上的发展过程，这是一条与图4-1中表示获得过程的水平双箭头重合的发展轨迹，双箭头代表了内容和动机之间的互动，单向箭头则代表了学习发生并向前推进的过程。交替出现的"同化"和"顺应"学习并非指这两种不同类型的学习存在先后顺序，相互独立地发生，正如弗拉维尔（John Flavell）指出的那样，"同化"和"顺应"被认为是在一个鲜活的认知过程中同时发生、不可分离的，一些认知活动表现出的"同化"因素占据了相对优势的地位，另一些活动则似乎在"顺应"的分量上更重一些。① 在课程变革实践中，当一种新的课程模式建立起来以后，基于课程实施的需

---

① 克努兹·伊列雷斯. 我们如何学习：全视角学习理论［M］. 孙玫璐，译. 北京：教育科学出版社，2014：44.

要，教师建立在前一课程模式下的教学能力图式面临向适应新课程模式的教学能力图式突破和重构的张力之中。这时，教师基于动机维度获得的能量将促使顺应学习发生，从而为新的能力图式的建立创造条件。因此，我将关注的重点放在顺应学习上是为了更好地理解职教教师教学能力发展的内部机制，而非对同化学习视而不见。在这里，教师的动机既包含了诸如教师的教学信念、职业发展需求等内部动机要素，也包含了诸如外部压力等外部动机要素，动机后边的序号代表不同阶段的动机具有不同的内容要素。当来自动机维度的能量达到了对"已有准备状态的一种质的超越"，顺应学习便发生了，教师得以对业已建构的教学能力图式进行部分的或整体的重构，形成新的教学能力图式，以适应新的课程模式的需要。之后，新的同化与顺应学习继续发生，推动教师的教学能力不断完善、提高，形成新的教学信念，直至达到梅兹罗（Jack Mezirow）宣称的转化学习的状态。① 在学习过程中提高了的教师 P 因为获得了更多关于工学一体化教学的实践性知识，丰富了自己的教学"资料库"，从而生成了教师 P'。

下面，笔者以一个具体的实例说明职教教师教学能力图式发生变化的过程。

（实践）专家访谈会对我们老师来讲，就是一个学习如何进行工作分析的机会，特别是像我这样从企业来的老师，我脑子里有很多（工作）任务，我知道学生学会哪些任务是重要的，但为什么重要，我说不上来，没有一个判断的标准。教学的时候，我教给学生第一步干什么、第二步干什么……，但没有为什么，这就是一个师父带徒弟的过程。通过（实践）专家访谈会，我明白了，（工作）任务的选取是有标准的，这个（工作）任务到教学（任务），要经过一个分析和转化的过程，或者说，这是一个设计的过程。（JS6，2020-12-21）

上述访谈片段中的教师经过课程开发过程中的实践专家访谈会掌握了

---

① 克努兹·伊列雷斯. 我们如何学习：全视角学习理论 ［M］. 孙玫璐，译. 北京：教育科学出版社，2014：49.

工作分析的基本方法，然后通过教学实践中对工作任务进行教学化处理并转化为学习任务的过程以及课堂教学实践，发生了以顺应为主的学习，逐步建立起新的教学能力图式，实现了从"任务引领"课程下的教学模式向"工学一体化"课程下的教学模式的转变（如图4-3所示）。

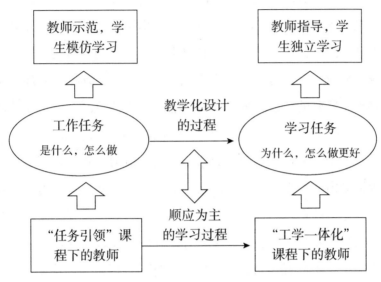

图4-3 工学一体化课程下职教教师教学能力重构的过程示例

当然，由于职教教师进入课程变革的时间不同，并非所有教师都经历了工学一体化课程发展的全部阶段。但无论从何种阶段进入的教师，脱胎于学科课程体系下的教师个体，其教学能力图式都将经历一个从传统课程模式向工学一体化课程模式动态重构的过程。

二、差异化整合：教学能力发展的三种模式

本研究在第一章将职教教师划分为"大学生"教师和"企业"教师两个主要类型，并从"大学生"教师中分离出新入职"大学生"教师这一亚类型。在工学一体化课程变革实践中，无论是"大学生"教师还是"企业"教师，都将面临从业已熟悉的课程模式向新的课程模式转变的困境。JS15认为，导致困境的原因有两个，一是教师能力上的欠缺，二是难以打破的行为习惯。在他看来，后者才是阻碍教师接受工学一体化课程模

式的重要原因。

> 已经有工作经历或教学经历的人，已经形成了固有的工作思维和习惯，改变本身就是一件很难的事。(JS15，2020-12-22)

在访谈中，多数教师认可这一说法。他们认为"大学生"教师由于缺乏理论联系实际的能力，在教学习惯上往往拘泥于教材和知识体系的完整性，处理教学问题往往"首先考虑教材上是怎么说的，然后自己在大脑里过滤一遍，整合一下，再传授给学生"；而"企业"教师在处理教学问题上往往是出于经验的考虑，他会"更关注这个任务怎么干"，即关注工作（学习）任务完成的过程而忽略了任务本身蕴含的教育性价值。

让教师"敢于放开业已建构起来的"教学能力图式去重新建构一种在新的课程情境中的教学能力图式，除了来自动机维度的驱动力，尚需变革促进者采取适当的促进策略，帮助教师完成这一顺应性重构的学习过程。通过对三类教师教学能力发展过程的对比分析，本研究发现，在工学一体化课程变革中，不同类型教师教学能力重构的过程要经历两个步骤，即图4-4左侧虚线框和右侧虚线框分别划定的区域的活动。

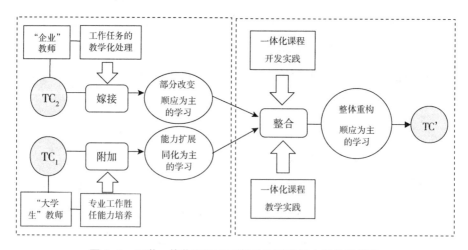

图4-4　工学一体化课程下职教教师教学能力重构的策略

流程图的起点是职教教师已经具备的教学能力 TC，TC_1 代表"大学生"教师已经建立的教学能力图式，TC_2 代表"企业"教师已经建立的教学能力图式，这是在传统分科课程下的教学能力图式。"大学生"教师通过参加专业能力提升培训获得工作胜任能力的过程是一种以同化为主的学习过程，新的能力作为"增加物"附加在教师个体身上，这是一个量的积累过程，尚未达到发生质变的程度；而对"企业"教师来讲，由于其已经具备了专业工作的胜任能力，并且形成了固定的工作图式，则需要通过嫁接式的培训，让教师学会"在工作分析的基础上完成工作任务的教学式转化"，即学会用教育学的思维方式思考和处理工作过程中的问题，这是一种以顺应为主的学习，它促使教师的能力图式发生了部分改变。通过附加式或嫁接式的培训之后，职教教师关于教学的实践性知识的范围得到了拓展或结构发生了部分改变，两类教师均具备了胜任工学一体化课程教学的基础能力。之后，他们均进入整合学习阶段，通过具体的教学实践活动和课程开发工作，教师实践性知识的结构发生整体性重构，关于工学一体化课程教学的信念进一步得到巩固，教师具备了完全胜任工学一体化课程的教学能力 TC'。两种不同类型教师的教学能力发展过程分别形成了"附加式整合"和"嫁接式整合"两种不同的发展模式。

需要特别说明的是，在图 4-4 中并未画出新入职"大学生"教师教学能力重构的示意图，这是因为，新入职"大学生"教师尽管基于多年受教育的经历对教师的教学工作有了一定的认知，但尚未形成相对固定的工作图式，他们需要在入职后的教学实践中逐步建立自己的教学"资料库"，构建属于自己的教学能力图式。学会"如何上课"和"把课上好"是他们在入职阶段的首要任务，这一阶段的学习类似托马斯·尼森（Thomas Nissen）所说的累积学习，即一种从无到有的过程。[1] 之后，他们和更早入职并进入工学一体化课程变革的教师一样，进入整合学习阶段。本研究把这种从累积到整合的发展过程命名为"累积式整合"，即职教教师教学能力发展的第三种模式。

---

[1]　克努兹·伊列雷斯. 我们如何学习：全视角学习理论［M］. 孙玫璐，译. 北京：教育科学出版社，2014：40-41.

在本研究的第六章至第八章，笔者将分别通过三个不同的教师个案呈现和分析不同发展模式下职教教师教学能力发展的过程，解析不同要素在职教教师教学能力发展过程中的作用和机制。

本章小结

本章在对不同访谈对象进行深入研究的基础上，提出了工学一体化课程变革下职教教师教学能力发展过程的五项要素：主体、内容、动机、环境和活动，以工作场所学习理论为分析工具，构建了职教教师教学能力发展的过程模型，并通过丰富的案例分析了工学一体化课程下职教教师教学能力发展的一般过程，包括社会发展维度的互动过程和个体发展维度的获得过程，进而揭示了其教学能力发展的内部机制。从某种意义上讲，任何个体的发展都是通过社会互动即主体的实践活动实现的。

首先，从互动过程来看，工学一体化课程下职教教师教学能力的发展过程是职教教师作为跨界实践者通过参与具体的实践活动与具体的课程情境之间进行反思性对话的过程。"做中学"是职教教师教学能力发展的基本途径，"行动中反思"则是实现发展的方式。职教教师的主要实践活动包括专业培训、课程开发和教学实践，分别对应三种反思形式，即对专业工作的反思、对专业工作的教学性反思和对工学一体化课程教学的反思。

其次，从获得过程来看，工学一体化课程下职教教师教学能力的发展过程符合人类认知学习的一般规律，其实质是当职教教师面对新的课程情境时，教师主体为适应新的课程需要，在内部动机和外部力量的共同推动下，通过顺应学习而发生的教学能力图式的重构过程。这是职教教师教学能力发展的内部机制。在这一过程中，不同类型的教师分别形成了附加式整合、嫁接式整合和累积式整合三种不同的发展模式。

最后，工学一体化课程下职教教师教学能力的发展是互动过程中的跨界实践与获得过程中的顺应性重构双重机制作用的结果，即教学能力发展是职教教师在课程变革实践中通过反思性实践进而实现顺应性重构的结果。在整体上，两个过程没有先后顺序，二者总是以一种整合的互动模式，即通过课程变革中的工作场所实践与教师身份重塑之间的互动，统筹各要素之间协调行动，共同激发教师主体在工作实践中的"行动中反思"，实现工学一体化课程变革下教学能力图式的顺应性重构，促进职教教师教学能力的发展，进而实现课程变革下职教教师身份的重塑。

第五章

空间与互动：工学一体化课程下职教教师教学能力发展的影响因素

无论是工作场所学习理论还是有关个体行动和发展的心理学理论，都主张个体发展与环境之间的相互依存关系，即个体与环境特别是工作环境之间的互动影响为个体发展提供动力、创造条件，个体通过实践与环境构成了一个统一的、整体的、不可分割的情境。根据本书第一章提出的分析框架（图1-8），工学一体化课程变革下职教教师教学能力发展的空间是一个层次嵌套的分层空间，由内而外依次为微观空间、中观空间和宏观空间，分别由教师个体要素、工作环境要素和外部环境要素构成。第四章构建的职教教师教学能力发展过程模型（图4-1）既是对工学一体化课程下职教教师教学能力发展过程要素的凝练和概括，也是对分析框架的具体化。但图4-1更聚焦教师个体在空间中的学习实践活动如何促进了其教学能力的发展，即关注工作生活学习模型中以"学习互动三角"为中心的区域，未将宏观空间的影响要素纳进模型中来。在本章，本书将关注工作生活学习模型中以"情境互动三角"为中心的区域，并扩大到宏观空间的范围，进一步丰富课程变革下职教教师教学能力发展的空间结构，识别影响其教学能力发展的主要因素，并详细分析这些因素如何影响了其教学能力的发展。

根据对18位研究对象的访谈，笔者构建了工学一体化课程下职教教师教学能力发展的空间结构模型（如图5-1所示），并识别出各空间中的结构要素。需要说明的是，笔者在各空间列出的仅是对职教教师教学能力发展产生了重要影响的因素，没有也无法涵盖所有的影响因素。

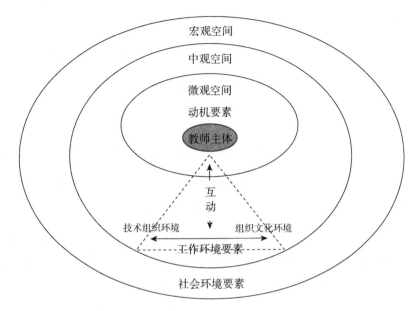

图 5-1 工学一体化课程下职教教师教学能力发展的空间结构

在微观空间，笔者识别出职业发展需要、教育信念、工作态度、自我效能感和外部压力共五项要素。根据科瑟根的洋葱圈模型，对课程变革中职教教师教学能力发展产生影响的个体要素包含了信念、身份、使命和行为。在伊列雷斯关于学习过程的三个维度中，动机维度包含了动力、情绪和意志等方面的心智能量，而个体的信念、身份和使命则是产生这些能量的来源。因此，笔者将微观空间的五项影响因素统一划入个人动机要素的范畴进行讨论。

在中观空间，笔者识别出课堂实践、教研培训、校企合作三项技术组织环境要素和实践共同体、学校制度体系、学校文化三项组织文化环境要素。前者为工学一体化课程下职教教师教学能力发展提供物质保障，后者则构成教师教学能力发展的组织媒介。

在宏观空间，笔者识别出网络空间、区域经济和职业教育政策三项社会环境要素。网络空间是职教教师从工作场所向外拓展的重要通道，是其教学发展的第二空间；而区域经济发展环境和职业教育政策则是影响职教教师教学能力发展的背景要素。

第一节　微观空间：个体因素对职教教师教学能力发展的影响

如上所述，个体层面的动机要素构成了课程变革下职教教师教学能力发展的微观空间，这些要素包括职业发展需求、教育信念、教学态度、自我效能感和外部压力。其中，前四项要素属于内部动机的范畴，外部压力则属于外部动机。自我决定理论认为，内部动机和外部动机是动态变化的连续体，内部动机与外部动机分别居于这一连续体的两端，中间随内化或自主程度的增多而依次经历外在调节（external regulation）、内摄调节（introjected regulation）、认同调节（identified regulation）以及整合调节（integrated regulation）这一连续的发展轨迹。① 内部动机的自我决定程度最强，持有内部动机的学习者对学习更为积极和投入，他们具有好奇心，喜欢挑战，能坚持不懈地对待困难并达到更高的发展水平。② 外部动机根据自我决定程度进一步划分为外控主导的受控型动机和内控明显的自主型动机。外部调节和内摄调节属于低自主性的受控型动机，认同调节和整合调节则与内部动机一起被归类为自主型动机。相关研究表明，自主型动机更有助于提升教师幸福感、自我效能感和成就感，降低职业倦怠③，可对教育变革中教师投入程度及行为持续性产生积极影响。④ 由于个体普遍存在对能力、自主和关系的基本心理需要，这些需要的满足可为内部动机激发及外部动

① DECI E, RYAN R M. Facilitating Optimal Motivation and Psychological Well‑being across Life's Domains [J]. Canadian Psychology, 2008, 1 (49): 14–23.

② 罗丽芳. 内部动机与外部动机的关系及其对学校教育的启示 [J]. 宁波大学学报（教育科学版），2013, 35 (1): 42–46.

③ FERNET C, SENCAL C, GUAY F, et al. The Work Tasks Motivation Scale for Teachers (WTMST) [J]. Journal of Career Assessment, 2008 (2): 256–279.

④ LAM S, CHENG R W, CHOY H C. School Support and Teacher Motivation to Implement Project‑based Learning [J]. Learning and Instruction, 2010, 6 (20): 487–497.

机内化提供"养分"①，是支持教师参与课程变革的重要因素②，对工学一体化课程变革下职教教师参与及其教学能力发展具有重要促进作用。

需要特别说明的是，笔者在下面的分析中并没有将外部压力这一外部动机要素单独列出，而是在分析四个内部动机要素的同时，从外部动机向内部动机转化的角度一并对其影响作用进行探讨。而且，在后面的第六章至第八章的个案分析中，笔者还将结合不同类型教师教学能力的发展模式，对外部动机向内部动机转化的过程做进一步的探讨和分析。

一、职业发展需求：激发职教教师教学发展的内生动力

根据马斯洛的需求层次理论，人的基本需要按重要性排序划分为生理、安全、社交需要、尊重和自我实现五个层次，其中，生理和安全是基础层次的需求，社交需要和尊重是较高层次的需求，自我实现是最高层次的需求。尽管针对不同层次的发展目标需求，教师投入的努力程度会存在差异，但教师在不同职业发展阶段基于自身的需要而选择并为实现自己的目标所做出的努力都是一种积极的正向力量。处在不同职业发展阶段的职教教师有着不同的职业发展需求。青年教师 JS11 说：

> 我从小给自己设定的目标是以后要当工程师，没想到阴差阳错地当了老师，我可能心比较大，觉得当老师也挺好，我就想着得先给自己规划一下。刚毕业的那会儿，我就想一年之内我要从一个（教学）新手到起码能上课，然后三年之内成为系里的一个骨干老师，五到十年成为一个学科带头人，十到二十年成为一个有经验可以分享的教学名师。（JS11，2019-07-24）

---

① RYAN R M, DECI E L. Self-Determination Theory and the Facilitation of Intrinsic Motivation, Social Development, and Well-Being [J]. The American Psychologist, 2000, 1 (55): 68-78.

② SCHELLENBACH-ZELL J, GRÄSEL C. Teacher Motivation for Participating in School Innovations — Supporting Factors [J]. Journal for Educational Research Online, 2010 (2): 34-54.

经过三年多的沉淀，JS11 就从一个对职业教育几乎无认知的"小白"快速成长为本专业工学一体化教学的骨干，并正沿着自己设定的职业发展目标迈进。对于取得的这些成绩，她总结说，一方面是靠自己的目标往前带，另一方面是学校为老师提供了一个实现目标的路径。由此可见，清晰的职业发展目标对职教教师教学能力发展的带动作用多么强大。

JS2 是一位从企业引进的教师。多年来，他一直把"教好学，带好学生"作为教师职业的追求。

> 当老师就得研究学生，00 后是伴随着互联网时代的快速发展成长起来的一代，他们已经习惯了移动终端和线上的碎片化学习，老师不能对此视而不见，专业教学也离不开数字化资源的支撑，这是大势所趋。所以，这个学期我参加了微课摄制及后期制作的进阶培训。（JS2，2020-12-22）

数控系专业带头人 JS1 则说：

> 我认为职业教育是有尊严的教育，职教教师是有尊严的职业，我觉得我现在做的一切都是为了职业教育的尊严和职教老师的尊严而奋斗，我要做职教尊严的践行者。（JS1，2019-07-25）

无论是青年教师 JS11 在入职后对"能上课"和"把课上好"的近期目标的实现，还是 JS2 为应对互联网时代信息化教学的需要而采取的行动，亦是 JS1 为实现"职业学校的教师不是在为自己战斗，而是为整个职业教育战斗"的"宏大"抱负，都让我们看到了职教教师为实现职业发展而付出的艰辛努力，也感受到了职业发展需求对职教教师教学发展产生的内生动力。

另外，外部环境压力制造的适度焦虑感进一步强化了职教教师的自我发展需要，激发了其参与课程变革和提升教学能力的动机。在访谈中，很多老师都提到，在 G 学院，"你每走一步，（学校）都给你规划好了"，不是"你想不想（发展）的问题"，而是"你不得不往前走，因为大家都在往前走"。这说明，外部动机对内部动机的形成具有某种程度的强化作用，这为教育变革的促进者研究制定相关的激励政策具有很好的启发意义。

二、教育信念：坚定职教教师对教学发展的正向认知

教育信念是积淀于教师个人心智中的价值观念，是教师在教育教学实践过程中形成的对教育的基本理论、原则规范和价值意义坚信不疑的认识，它伴随着对教育强烈、真挚的情感和献身教育的坚定不移的意志①，有时会作为一种无意识的经验假设支配着教师的行为。② 研究表明，教师的信念比教师的知识更能影响其教学计划、教学决策和课堂实践。③

在课程变革中，职教教师的教育信念与课程变革的理念是否一致，不仅决定了教师采纳变革的程度，更影响了教师教学发展的方向。由于长期受传统学科课程思想的影响，在课程变革初期，职教教师固有的教学信念很容易导致变革走形，进而阻碍其教学能力按照工学一体化课程的要求发展，这一现象在"大学生"教师中尤其明显。因此，这一时期往往需要强有力的外部力量扳正教师在课程实施中的偏离状态，来自权威力量的外部压力对教师教学信念的改变具有重要作用。

> 政策就是指挥棒，老师要拿到这些东西（教学成果），没有工学一体化课他怎么参赛？怎么认证？这样倒逼着老师去搞课改。（JS15，2020-12-22）

一个有意思的细节是，在访谈中，无论是被访谈的教师还是教学管理人员，大都提到一个"逼"字。从最初被校长"逼着"，到后来被制度和政策"逼着"，这是他们接纳变革并认同变革的外部力量。与当初感受到"压力山大"和内心的抵触不同的是，如今"逼着"这个词已经成为他们

---

① 文雪. 教师的教育信念及其养成 [J]. 当代教育科学，2010（9）：29-32.
② 陈向明，等. 搭建实践与理论之桥：教师实践性知识研究 [M]. 北京：教育科学出版社，2011：103.
③ PAJARES F M. Teacher's Beliefs and Educational Research：Cleaning up a Messy Construct [J]. Review of Educational Research，1992，62（3）：307-332.

特有的话语体系中一个带有褒义色彩的词汇，他们从内心接受了这种被"逼着"的状态。

> 其实我不是一个善于反思的人，是校长让我沉淀下来，把我逼出来的。（JS1，2019-07-25）

这说明，由外部压力构成的外部动机已经由外控主导的受控型动机转化为内控明显的自主型动机。同时，个体对课程变革成果的感受也是职教教师教学信念发生变化的重要推动力。

> 一体化课改一定要有教科研成果的输出，教师的教学设计评审、工作页、信息页汇编、出版……让教师看到自己的成果。而且这些成果还必须是在学期教学中用到的，不是弄一堆文字出来，要评估它的应用效果。这对教师的激励作用是不可替代的，它让教师坚信走的路是对的。（JS15，2020-12-22）

随着教师职业发展和参与课程变革的阶段的推进，职教教师对工学一体化课程的认识和理解会更加深刻，在信奉理论和使用理论的课程变革实践中，他们逐步建立起工学一体化课程的理念，进而打破原有的信念模式，形成新的关于教育教学的信念，从而坚定课程变革的方向，并提升教学能力契合变革的需要。

三、工作态度：坚守职教教师教学发展的使命所在

工作态度对工学一体化课程下职教教师教学能力的发展具有重要影响。工作态度有积极和消极之分，显然，积极的工作态度对教学能力发展产生正向驱动力，消极的工作态度则产生负向驱动力。从下面节录的访谈片段中，我们可以管窥到教师们积极的工作表现。

> 片段1：当你试着去接近、了解他们的时候，你会发现他们不是一群"坏孩子"，（他们）就是缺少爱，缺少（被）关注。我带他们的时候，除了上课，几乎天天和他们在一起，就是让他们感到你无处

不在。我觉得他们在智力方面与上高中上大学的孩子没有太大的差别，就是学习的习惯特别不好……（JS3，2019-07-22）

片段2：其实不管课程怎么改，只要你用心，这些孩子是会改变的，有时候在课堂上，你可能想不到的东西，他（们）都能抓到。（JS13，2019-07-24）

片段3：职业学校的老师就得有这样的自信。你得拍着胸脯说，经过我的教育，这些孩子出去以后，首先让人认为这是个好孩子、正常的孩子；其次这个孩子能干活，并且还干得不错。（JS1，2019-07-25）

通过上面的访谈片段，我们可以看到教师积极的工作态度主要源于教师对学生的责任心、对职业教育的热爱以及作为职教教师的自信，这是职教教师对个人身份认同和教育使命追求的重要体现。正是由于教师抱有这种积极的工作态度，怀有将学生教育培养成才的责任使命，他们才会在日常教学中对自己的课堂教学不断改进。有学者指出，教师具有自愿改革的一面，如果人们走近教师，一定会发现教师无时无刻不在改变。[①] 笔者认为，职教教师抱有积极的工作态度会使他们更愿意接受课程的变革、关注学生的发展、提高学生的学习兴趣、改进自身的教学。这些在访谈的很多教师的身上都有强烈的表现，这说明教师们对正在实施的工学一体化课程变革并不排斥，且愿意接受课程变革并积极地付出努力，这是工学一体化课程下职教教师教学能力发展的强大动力。

四、自我效能感：增强职教教师教学发展的信心

较强的自我效能感可以增强课程变革中职教教师教学能力发展的信心。自我效能感（perceived self-efficacy or sense of self-efficacy）是班杜拉社会认知理论中的核心概念，是指人们对自己实现特定领域行为目标所需

---

① 吴筱萌. 理解教育变革中的教师 ［M］. 重庆：重庆大学出版社，2010：126.

能力的信心或信念。① 在行动中，积极的自我效能感培养积极的承诺，并促进胜任能力的发展。② 笔者在访谈中发现，不同教师的自我效能感强弱程度不同，它受到教师个体的教育背景、工作经历、工作中成功的经验、外部的评价与认可以及个人性格等诸多要素的影响。在课程变革实践中，自我效能感较强的教师不仅在专业培训中有更积极的表现，而且愿意在课堂上尝试新的教学方法，敢于尝试和接受挑战，从而承担更多课改任务，较快进入"多做事、做难事快成长"的发展阶段，成为工学一体化课程教学的骨干。JS1 就是一位自我效能感很强的教师。

> 从那（第一次承担师资培训获得成功）以后，我就开始挑担子了。7 月份培训结束，我就休息了几天，立刻开始着手准备明年的培训，新鲜劲儿还没过，我得趁热打铁。从 2013 年开始，我就成了数控专业全国师资培训项目的负责人了。这在别的学校，是校长在牵头做的一项工作，现在是我带着我的团队在做。（JS1，2019-07-25）

工作中的成功不仅增强了 JS1 的自我获得感和成就感，而且为自己赢得了更多外部的肯定和认可，从而进一步增强了工学一体化课程改革的信心，促进了包括教学能力在内的专业发展。从第一次担任全国数控专业工学一体化师资培训主讲，到"敢于"在北京市职业院校工学一体化教学示范课上"上真课"，JS1"在工学一体化教学上越来越自信"，甚至有"以后就飞起来了"的感觉。

另外，较强的自我效能感不仅在教师个体教学能力发展中发挥了主体性作用，还会对其他教师的教学发展产生影响。如 JS18 在组织本系的技能节活动时，强大的资源调动能力不仅吸引了包括校长在内的领导的关注和重视，也为其他教师的参与提供了更多机会，甚至还为其他系的教学活动提供

---

① BANDURA A. Self-efficacy：Toward a unifying theory of behaviorl change ［J］. Psychological Review，1977，84（3）：191-215.

② 张鼎昆，方俐洛，凌文辁，等. 自我效能感的理论及研究现状 ［J］. 心理学动态，1999，7（1）：39-43.

了重要参考和借鉴，从而带动了更多教师参与到工学一体化课程变革中来。

> 技能节是从我们系开始的，从 2012 年起，每年一次。后来我发现，我们一个系在做这个事情，没有影响力。我得把它整成全校的活动。2015 年技能节，我安排人把海报贴满校园，我要让校长看到这个活动的重要性，因为只有校长重视了，活儿才好干。后来，技能节就真成了全校的活动了。(JS18，2019-12-25)

第二节 中观空间：工作场所因素对职教教师教学能力发展的影响

中观空间是一个与职教教师的工作场所相重合的空间，也是与教师个体最为紧密的空间，是职教教师工作学习最直接、最主要的实践活动场域，与微观空间的教师个体共同组成了工作场所实践的具体情境。它包括技术组织环境和组织文化环境两部分。

一、技术组织环境：职教教师教学能力发展的物质保障

技术组织环境是指那些由场地、设备、工具、工作分工、劳动组织形式等要素构成的活动空间，是职教教师教学能力发展赖以存在的物质保障。

（一）课堂实践环境

课堂实践环境不同于第四章的教学实践活动，教师的教学实践活动不仅存在于课堂实践中，也存在于学校组织的教研培训中。在所有技术组织环境中，课堂实践环境是对职教教师教学能力发展影响最直接的环境要素。课堂实践环境主要由两部分构成。

一部分是课堂教学所发生的物理场所，包括功能分区的活动场地、专业的设备和工具以及配套的多媒体、智慧教学平台等教学资源，一般为尽

量还原工作现场的专业教室或学习工作站。这种场地最大的特点是可设计性，即教师可以根据不同的学习（教学）任务对场地做出调整，通过不同的空间或设备组合实现不同的教学目标。在实践中，教学场所不仅是教师进行学习情境设计的对象，是制约工学一体化教学能否实施的物质条件，还是重塑职教教师教学信念的阵地。

> 尽量接近或模拟企业真实生产环境的专业教室或学习工作站，不仅保证了教学能按照工作过程展开，使培养学生综合职业能力成为可能，还重塑了教师的教学观念，培养了教师的一体化教学思维。（JS18，2019-12-25）

另一部分是由教师、学生和具体的学习任务构成的课堂实践活动，包括模拟工作现场的活动任务、角色扮演、工作分工、工艺标准、技术组织规范等。JS9说，在以任务为导向的教学过程中，不仅是教师的角色发生了变化，学生的角色也发生了变化。

> 在课上，我就类似于一个车间主任，给学生布置不同的任务，学生就是工人，小组长就是班组长。我不是教他们怎么做，而是带着他们一起做。每个人都有分工，哪怕你就站在旁边拍照、做记录，做些辅助的事情，总之要有事干。有管理能力、技术水平高的做小组长，甚至给老师做助手。让每个人都动起来，课就活了，这样学生在分工协作中，每个人都会有收获。（JS9，2019-12-24）

已有的研究表明，教师的课堂经验将会影响教师持续推进改革的信心。古斯基（Guskey）认为，当教师在教室里实践变革时，教师信念和态度改变的持久性依赖于由变革所导致的学生变化所提供的证据。① JS13在访谈中说，课堂上发生的一些变化常常会带给她"意想不到的惊喜"，让她有信心把这种课程模式继续下去。

---

① GUSKEY T R. Staff Development and the Process of Change ［J］. Education Researcher, 1986, 5（15）: 5-12.

我们这个专业不像数控、汽车，我们的仪器设备有限，我在做教学设计的时候就会经常让他们分组去活动，多设计一些活动来锻炼他们沟通表达、团队合作等方面的能力。比如，我们课上经常用到的宣传海报法，开始的时候学生做得很慢，后来用时就越来越短，而且做得非常精美……有时候，一些你想不到的东西，他们都能抓住。这就是独立思考的结果。（JS13，2019-07-24）

在访谈中，老师们还表示，良好的课堂效果不仅增强了教师课改的信心，还缓解了过去一度紧张的师生关系，对职教教师教学能力的发展产生了重要的正向激励作用。

（二）教研培训环境

在 G 学院，教研和培训并没有明显的界线，围绕工学一体化课程变革设计的、以真实的课改任务或教学项目为载体的教研和培训活动，不仅为教师提升教学能力提供了实践锻炼的平台，更在全校营造了人人参与课改、人人研究教学的良好氛围，有效地促进了工学一体化课程下教师教学能力的发展。表 5-1 展示了该校教师在 2015 年度参加的部分教研或培训活动。

表 5-1　G 学院 2015 年度教师教研活动统计表①

序号	教研活动内容	次数	预期效果	备注
1	一体化教案书写规范	4	教案书写规范、有效指导课堂	
2	一体化教学实践注意事项	4	教师授课能力得到提升	
3	数控加工专业技能提升（车+铣）	8	专业技能得到提升	
4	一体化课程开发技术（工作页开发）	6	成果参评获奖	
5	课堂管理交流	5	课堂秩序得到提升	
6	数控实训中心管理	4	保障教学+技能竞赛	

① 资料来源：摘自 JS1 2015 年度教学工作汇报 PPT。

上表中的教研培训活动大致包括校内专业技能提升培训、工学一体化课程教学技术研讨与培训和工学一体化课程开发技术培训与实践。除此之外，工学一体化教学公开课、工学一体化教学比赛等活动也被列入每学期的教研活动计划中。上述教研培训活动最突出的特点是把真实的课程开发或教学任务作为载体，为参与的教师营造了真实的情境感，而教研成果的输出则进一步增强了教师的成就感和获得感，从而激发了教师提升教学能力的动力。

在 G 学院，围绕工学一体化课程改革对教师开展的各种教研培训已经形成了一套完整的体系，既有学院层面面向全院教师的类似"一体化课程教学与开发技术"这样的通用能力培训，也有教学系层面组织的以教学项目实践为载体的专业能力提升培训，更有具有实战性质的工学一体化教学公开课和教学比赛。这套在工学一体化教学实践中总结和形成的教研培训体系，按照"任务引领、行动导向"的设计理念，很好地关注了教师在工学一体化课程变革过程中不同阶段、不同环节的痛点，具有极强的针对性和指导性。关于教研培训对职教教师教学能力发展的影响作用的分析详见第四章第二节的内容，在此不再赘述。

（三）校企合作环境

工学一体化课程中的学习任务源于企业的生产实践，因此工学一体化课程下职教教师教学能力的发展同样离不开企业这一重要实践场域。将合作企业纳入职教教师工作场所的范围，是实现工学一体化课程下职教教师跨界发展的必然选择。在实践中，企业环境要素对职教教师教学能力发展产生的直接影响往往是通过教师参与具体企业生产或服务项目实现的。

> 我感受比较深的是，教学一定得跟企业的生产实际结合起来，坚定不移地走校企合作（的路子）。校企合作不能浮于表面，教师必须实际参与企业的项目。这几年我虽然参与企业项目不多，但我感觉对我个人提升是非常大的，因为有些东西不去企业里边实际地做一做的话，只在课堂上是想象不到的。有了亲身的实践，这些东西就自然而

然地转移到课堂上去了，不管是生产的组织形式，还是技术，或者是解决难题的一些方法，都会被引到课堂上去。（JS9，2019-12-24）

校企合作环境的营造，一方面靠学校的推动和设计，除了第四章所述的企业实践锻炼、企业生产项目引进等，让教师参与学生的校企联合培养，如校企双导师制、技师研修项目等人才培养工作，都是十分有效的方法。用 JS1 的话说，就是"要为教师多往企业跑创造一切条件"。另一方面，教师主动拓展与企业相关的环境，增加获取企业技术发展信息的渠道也十分重要。JS10 说，除了去企业之外，经常去市场转转也是一个好办法。

> 在材料市场，你可以看到一些新的东西，比如，线材和原来不一样了，元器件也不一样了，有些甚至连螺丝也不一样了，这些东西全都变了。通过这个，你就可以了解到整个行业发展的一个方向，比如，元器件变得更小、更轻，它的材质发生了变化，原来是陶瓷的现在变成了塑料的。它为什么这么变？你可以跟卖东西的老板聊一聊，他能说出一些来，但后面还要做更深入的了解以及考虑在今后的教学中如何使用这些新材料。（JS10，2019-12-24）

本研究表明，让职教教师通过校企合作参与真实的企业生产或服务项目，不仅让教师熟悉了企业的生产服务流程，进一步提升了自己的专业技能，丰富了课堂教学的素材，"讲起课来吹得有资本"；更重要的是它会改变教师对工学一体化课程教学的认知，对待课改更加投入，正如 JS1 所言：

> 等从企业回来之后，再加上我前期的技能训练，我对一体化教学有了新的认识，我觉得这个路子是对的。（JS1，2019-07-25）

二、组织文化环境：教学能力发展的组织媒介

组织文化环境是指由成员关系、身份、组织文化、组织制度等要素构成的软环境，它对教师的行为有长期潜在的影响，是工作场所的重要组成

部分。约根森（Jorgensen）和瓦林（Warring）指出，组织文化环境实际上涵盖了工作共同体、文化共同体和政策共同体。[①]

（一）实践共同体

根据莱芙和温格的定义，实践共同体是在同一情境下由共同参与行动并具有共同目标追求的个体所组成的团体。在实践共同体中，新手成员通过"合法的边缘性参与"逐步获得成员身份，同时也通过参与活动带入自己的经验，丰富和发展了共同体。

在工学一体化课程下，对职教教师教学能力发展产生重要影响的实践共同体主要包括两类，一类是组织层面的实践共同体，如学校层面的课程改革实践共同体和教学系层面的课程教学实践共同体，它们对不同时期、不同发展阶段的教师教学发展产生了不同的影响；另一类是教师交往层面的实践共同体，如教师在教研活动和日常交往中生成的教师学习共同体、在课堂教学中形成的师生教学共同体、新教师与老教师结成的师徒小组共同体等。

首先，组织层面的课改实践共同体是带动更多教师参与和采纳变革并坚定教学发展方向的组织力量。JS15认为，组织层面的课改实践共同体需要一个权威人物来作为共同体的核心。

> 这个人就是校长。所以说，课改是一把手工程。因为课改需要一个强有力的推进，一把手不一定要懂技术，但是你要把这个事当成学校的生命线去抓。抓什么？抓管理、抓机制、抓激励、你不抓，课改就没有这基础。这个事分管校长做不了，他没有那么大的权力去调动学校的资源。（JS15，2020-12-22）

在G学院的工学一体化课程变革中，一直有一个灵魂式的人物存在——当年的课改发起者和推动者，已经退休的老校长。这位十几年如一

---

① JORGENSEN C H，WARRING N. Learning in the workplace：the interplay between learning environments and biography ［C］. Stockholm：Nordic Educational Research Association Congress，2001.

日，不遗余力推动了 G 学院工学一体化课程变革的校长，以"绝对的"权威和"躬身实践"的实际行动带出了一批工学一体化课改的骨干成员。如今这些骨干已经成长为带领学校工学一体化课程变革继续行稳致远的主体力量，不少人甚至跻身国家级课改专家的行列。

其次，教师交往层面的实践共同体是课程变革中教师教学能力生成和发展的直接土壤。在谈到师徒小组共同体对个人教学能力发展的影响时，JS12 如是说：

> 师父对我的影响是很大的。我在大学里，包括研究生阶段，都是纯理论（学习），有些活儿，可能见别人干过，但自己从来没有干过，所以一体化的课我就上不了。我的很多专业基本技能都是跟师父学的，比如，从开始的电工配盘、折"羊眼圈儿"这些简单的技能，到机床电器的维修等，师父基本上都是手把手地教。除此之外，还有给他当助教，观摩他怎么上课，怎么组织教学等，这些都对我帮助特别大。（JS12，2019-12-24）

更多的研究资料表明，实践共同体是推动课程变革促进教师实现教学发展的重要机制，对课改初期的院校来讲，校长或者其他专业的权威人士应该成为实践共同体的核心成员和带头人。在后面的案例研究中，笔者将结合不同个案的教学成长故事，具体呈现实践共同体在不同类型、不同发展阶段的教师教学发展中是如何影响并促进了教师教学能力的发展。

（二）完善的制度体系

教师的专业成长是一个相对漫长的过程，是教师在长期的教学实践中通过不断的专业学习、反思性实践不懈追求的结果。因此，建立长期稳定的促进教师专业发展的制度措施，不仅对教师的专业发展具有导向作用，更为教师的专业发展创造了安全的发展环境。

> 当一种新的课程模式确立之后，要确保建立在这一课程模式之下的教师发展制度保持长期的相对稳定，才能使得教师新的教学理念得

以培育，与课程相适应的行动自觉才会形成，从而实现课程变革的效果，达到提高人才培养质量的目标。（JS16，2020-12-24）

为此，G学院围绕工学一体化课程下的教师成长制定出台了一系列制度措施，并在长期坚持中不断完善。

> 学院自2009年启动"四梯级"教师队伍建设规划以来，坚持以一体化教师培养为基础，以专家级教师（课程负责人、专业带头人）培养为引领，系统设计并逐步完善了相关的制度体系，出台了《一体化教师标准》《课程负责人标准》《专业带头人标准》和培养实施方案，以及《一体化教师认定与聘任管理办法》《课程负责人认定与聘任管理办法》《专业带头人认定与聘任管理办法（试行）》等配套文件，在标准研究、培养实践和规范管理过程中，形成了涵盖一体化教师队伍规划、培养、认定、聘任、评价等全流程的制度体系，为一体化课程下教师队伍成长奠定了坚实的制度基础，保障了一体化课程改革的顺利实施。（《G学院一体化教师队伍建设发展报告》，2018）

完善的制度保障体系消除了教师面对课程变革时的心理焦虑，对教师的教学行为产生了重要影响。JS7说：

> 在我们学校，你走的每一步都给你规划好了，一切为教改服务，你的成长也不例外。（JS7，2019-07-24）

而JS11则认为，制度的规制可以帮助教师明确发展的目标和方向：

> 学校会给你很多的机会，比如，自己光有一个目标，没有实现的路径，慢慢地这个目标可能就消失了，或者说，你不再那么有冲劲了。但是学校它给了你一个非常清晰的规划，比如说我们的"四梯八级"，它让你能看得到自己往前走的一个很明确的路径。我们达到某一层级，需要完成哪些小目标？达到了这些小目标，我们就可以从一个普通老师升到三级一体化教师，然后我们再有哪一些进步就可以从三级一体化教师升到二级一体化教师……我们明确知道我们要怎样去

做。有了这个成长的路径，就不会让我们感到迷茫。（JS11，2019-07-24）

从被动规制到自觉行动，我们看到了制度保障下职教教师行为的变化。这充分说明，完善的制度体系是中观空间对职教教师教学能力发展产生重要影响的组织文化环境要素，是为职教教师教学发展创设"心理安全感"的保障性措施。

（三）"做事成长"的学校文化

一所学校的组织文化是师生员工行为习惯的累积①，而共享的组织文化又成为培养具有共同体人格的教师个体的价值力量。在工学一体化课程变革实践中，"做中学、学中做"是让教师快速适应工学一体化课程，促进教师教学成长的一条成功经验。在长期的实践累积过程中，G 学院逐步形成了"做事成长，多做事、做难事、快成长"的学校文化。在访谈中，几乎每一位教师都会不自觉地提到这句"标语"式的口号，并表达出自己对这句话所包含的价值的认同。

　　学校有很多项目都和课改有关，我们领导都把它当成锻炼老师的载体，让老师参与、承担具体的工作。现在回想起来，那些过程真的很难、很苦，但我都坚持下来了。因为没有这些经历，就没有我今天的成长。（JS17，2020-12-22）

　　我身边的这些同事都很认真，每个人对于自己的那份工作都尽职尽责。（如果任务没有完成）他不会在下班的时候立马就走，或他家里面有孩子要接，得回家买菜做饭。他可能会走，但是他晚上还是会把这个任务去完成，不会因为个人的问题影响了整个团队任务的推进。（JS7，2019-07-22）

　　刚来学校的时候，我觉得有些老师可能他（她）工作标准特别高，特别完美主义。后来我明白了，这其实是一群同志在整个学校的校园文

---

① 别敦荣．大学组织文化的内涵与建设路径［J］．现代教育管理，2020（1）：1-7.

化引领之下营造出来的团队的气氛。(JS5-2019-07-24)

这说明，基于对组织文化的共识所形成的价值观念已经转变为教师的行动自觉。教师共享的学校组织文化不仅能为教师实践共同体的建立提供价值认同的基础，还能强化教师对教育的使命感和责任感，进而重塑教师信念，使职教教师在工学一体化课程变革中形成共同的价值追求，激发提升教学能力的动力。

第三节 宏观空间：社会环境因素对职教教师教学能力发展的影响

宏观空间包括了工作场所以外的全部空间要素，是职教教师教学能力发展赖以存在的外部条件，这些要素主要包括网络空间环境、区域经济发展环境和职业教育政策环境。与中观空间不同的是，宏观空间的要素对职教教师教学行为的影响主要是背景性和间接性的，甚至对大部分教师来讲，尚未纳入其感知的范围。在访谈中，只有少部分专家型教师明确提及这些要素对其接受并采纳工学一体化课程模式产生了影响。笔者认为，这一方面可能源于职教教师的工作生活空间相对封闭，大部分教师缺少在更高的平台上交流的机会；另一方面则可能是因为教师所处的中观空间的力量过于强大，致使教师对外部因素的感知已不敏感。

一、网络空间：职教教师自主发展的加油站

网络空间是指与职教教师的工作生活联系紧密的、基于互联网和信息技术所建构的虚拟空间。在可感知的范围内，它与教师所处的工作场所和生活空间等现实世界交互存在。在某种程度上，有时网络空间可以看作教师在工作生活空间的延伸，比如，教师所在的网络办公环境。本研究之所以将它放在宏观空间进行讨论，是因为在职业院校，网络课堂还未成为教

学活动的一种组织形式，但教师又无时无刻不受到网络环境的影响。

一方面，互联网技术的发展为教师提供了新的学习平台和获取信息的渠道。

> 职业学校的教师得掌握（新）技术。学习技术，第一，要向企业学，但你不可能长期待在企业。第二，就是看别人写的东西，看杂志、看资料，上网去找，什么都有。（JS1，2019-07-25）

另一方面，由教育技术发展和 MOOC 平台崛起引发的混合式教学、翻转课堂等新的教学理念和教学方式必然催生教师新的学习发生。另外，以激发学生兴趣的教学资源建设已经成为工学一体化课程对职教教师提出的一项新要求。在第三章的教学案例中，JS9 的课堂教学就采用了翻转课堂的形式。而且他在课堂上给学生提供的信息化学习资源很多都来自网络，或者说，网络资源已经成为他选择备课素材的一个重要来源。

从网络资源的使用来看，年轻教师的比例高于老教师，"大学生"教师的比例高于"企业"教师，这与教师生活的时代背景和学习习惯有很大的关系。尽管从总体上看，基于网络资源的学习还未成为职教教师学习的有效方式，但网络空间环境正在影响职教教师和改变其教学行为已经成为事实。

二、区域经济：促进职教教师教学发展的助推器

职业教育是为区域经济发展服务的教育。学校所在区域的经济发展程度、行业布局、产业政策等都对学校的专业建设、课程模式选择，甚至是教师的教学发展方向具有重要的作用。

> 根据我的调研，在珠三角、长三角地区，很多学生家里就开着企业，他见得比教师都多，如果教师还固守着传统的教学模式，只会动嘴，学生就不服气，他看不起你，那教师怎么教学？这样教师就有了压力，有了压力就有了动力！（JS15，2020-12-22）

从 G 学院的工学一体化课程变革来看，学校选择从数控专业开始试点就是基于对接首都经济和谐发展的主导产业领域从而做出的战略选择。由此看来，在工业基础比较发达的地区，由于学校长期以来形成的为企业服务的传统，校企合作关系比较紧密，所以职教教师得以有机会更多地参与企业项目合作，这不仅为学校开展工学一体化课程改革创造了条件，也为教师教学能力提升提供了更多机会。

三、职业教育政策：引导职教教师教学发展的风向标

对职教教师教学能力发展产生影响的政策要素主要包括国家关于职业教育改革的宏观政策和政策对职业教育的定位，这是引导职教教师教学发展的风向标。

一方面，国家关于职业教育的政策及政策主导下的课程教学改革，通过政策的定向作用经院校向教师传导，进而影响教师行为的改变。目前，职业院校的教师群体以 80 后、90 后为主体，他们参加工作适逢中国职业教育教学模式改革进入借鉴国外先进经验进行自我探索的关键期，于是发端于英美文化圈的"能力本位"课程和来自德国的"学习领域"课程模式受到了职业教育界的青睐和追捧，由国家主导的自上而下的职业教育课程模式改革与院校在人才培养方式上寻求突破的意愿达成共识，于是课程改革的浪潮一下子席卷了全国的职业院校，而院校应对改革采取的措施和行动则迫使教师从理念和行动上向契合改革精神的方向聚拢。

另一方面，社会舆论关于对职业教育的认识和看法，或者说职业教育在社会公众心目中的地位和作用会对教师的行为动机产生一定影响。当前，我国职业教育无论是从教育规模还是教育质量上来看都有很大提高，《国家职业教育改革实施方案》的出台、新《职业教育法》的修订等，都表明国家对职业教育的重视程度达到了空前的高度，职业教育作为类型教育的社会地位得到确立，这有利于教师探索和实践新的课程模式，提升教学能力的积极性和主动性。然而，由于受"学而优则仕"传统思想认识和

高校扩招等政策的影响，职业教育特别是中职教育、技工教育是"末流教育"的社会认识还会存在较长一段时期。与普通教育教师特别是大学教师对比形成的社会地位落差会使职教教师产生职业自卑感，进而动摇职教教师对教师身份的职业认同，这可能会在一定程度上对教师的教学发展产生消极影响。

本章小结

本章在研究之初提出的分析框架基础上，通过对全部研究对象的访谈资料的分析，建立了职教教师教学能力发展的空间结构模型，识别出个体层面的职业发展需求、教育信念、工作态度、自我效能感和外部压力五项动机要素；工作场所层面的课堂实践环境、教研培训环境、校企合作环境三项技术组织环境要素和实践共同体、学校制度体系、学校文化三项组织文化环境要素，共六项工作场所要素；以及宏观空间的网络空间环境、区域经济发展环境和国家的职业教育政策环境三项社会环境要素。

微观空间的个体动机要素是影响职教教师教学能力发展的决定要素，是职教教师是否采纳新的课程变革并愿意采取具体行动发展和提升教学能力的动力来源。其中，职业发展需求是激发职教教师教学发展的内生动力，教育信念使职教教师坚定了对教学发展的正向认知，工作态度是职教教师坚守教学发展的使命所在，较强的自我效能感增强职教教师教学发展的信心，而外部压力则是基于职教教师内部发展动机的主导通过自我调节向内部动机转化，从而将压力转变为促进发展的动力。

中观空间的工作场所要素为职教教师教学能力发展提供了物质保障和组织媒介，是工学一体化课程下职教教师教学能力发展的保障性要素。课堂实践环境、教研培训环境、校企合作环境为工学一体化课程下职教教师教学能力发展提供了重要的实践场域，构成了教学能力发展的物质条件；

实践共同体、学校制度体系、学校文化构成的组织文化环境则是教师教学能力发展的组织媒介。其中，实践共同体具有凝聚改革共识、重塑教师信念、协调统一行动的组织力量，对课改初期的院校来讲，校长或者其他专业的权威人士应该成为实践共同体的核心成员和带头人。

相对微观空间和中观空间，宏观空间的要素对职教教师教学能力发展的影响相对较弱，它往往通过中观空间对教师教学产生间接的影响。在整个职业教育改革发展的大背景下，个体对社会环境的感知可以强化职教教师对职业教育课程变革的认知，对重塑职教教师的教育信念起到潜移默化的作用。

第六章

附加式整合：老"大学生"教师的
教学能力发展

　　第二章至第五章分别回答了本研究的四个子问题，本章至第八章将分别选择一位老"大学生"教师、一位"企业"教师和一位新入职"大学生"教师作为研究个案，通过具体的案例呈现附加式整合、嫁接式整合和累积式整合三种不同发展模式下职教教师教学能力的发展过程，进一步说明各过程要素在不同类型教师教学发展过程中相互影响、相互作用的关系。

　　本章的研究个案 JS1 是一个在工学一体化课程变革中成长起来的老"大学生"教师。如前所述，"大学生"教师是职教教师的主要来源，也是笔者在研究中识别的一个教师类型。在职业院校课程模式从"非一体化"课程向"一体化"课程变革的过程中，"大学生"教师将面临工作胜任能力不足和传统教学模式羁绊两大难题，通过附加式培训夯实其胜任工学一体化教学的能力基础，再通过综合性教学实践项目，让教师在整合式学习中实现教学能力体系的结构性重组，并树立起工学一体化教学的理念，这是"大学生"教师适应工学一体化课程教学的必由之路。

　　JS1 是 G 学院数控系数控加工专业带头人，高级讲师，一级工学一体化教师，曾荣获全国职业教育教学名师、全国优秀教师等多项荣誉称号。他 2004 年大学毕业参加工作的时候，正值学校课程模式从传统的"理论与实践并行"向"理论与实践一体化"转型的关键时期，他从教"理论课、实习课"到教"工学一体化课"的教学经历反映了学校课程变革的历程。在参与课程变革的过程中，课程开发与课程实验犹如一对孪生兄妹一样如影随形，边开发、边实验、边总结，是他在工学一体化课程模式下快速成长的主要经验。JS1 的教学成长故事，为我们把握和了解工学一体化课程变革下"大学生"教师的教学成长提供了重要参照。作为一名有着15 年以上教龄的"老教师"，JS1 至今仍坚守在教学工作的第一线。谈起自己的经历，他的话语里充满着对现在这份职业的自信和自豪。

> 我是天职师大（天津职业技术师范大学）毕业的，本科学的是机械设计制造及其自动化，这是一个比较大的专业，（与这个专业）相关的知识都学过。参加工作后就一直在数控系从事数控加工专业的教学工作，这个专业的课程我基本上都教过，不管是理论课、实习课，还是后来的一体化课。①

不过，让他感到遗憾的是，他的职称晚评了两年。

> 职称是耽误了两年，开始的时候也是心态问题，比较曲折。学校里定的条件特别多，我们学校评讲师的要求比别的学校评高讲的（条件）都高。那会儿就要我们写论文、编工作页，还有课题研究，我（当时）认为就是领导在折腾我们。

这从侧面反映了工学一体化课程变革最初是遭到了教师们在思想上的抵触。但 JS1 现在对这件事的看法是：

> （那时）就是不成熟！现在想起来还是领导逼了逼有好处。

他还举了一个具体的例子说：

> 后来我写过一篇论文，不搞工学一体化教学的人觉得我是在胡说，但搞工学一体化教学的人看了都觉得挺有借鉴性。

从质疑到认同，从观望到行动，这是大部分职教教师在工学一体化课程变革中经历的一个过程。

---

① 本章引用内容凡未说明的，均引自 JS1 的访谈笔录。

第一节 JS1 的教学成长故事

JS1 参加工作的第二年，即 2005 年，G 学院作为全国一体化课程教学改革的牵头校和试点校，率先开始了课程教学改革的艰难探索。作为一名新进的青年教师，他被学院领导"逼"着开始了他起初极为抵触甚至"鄙视"的一系列教改活动。他把自己的工作经历划分成三个阶段，第一个阶段为 2004—2009 年，定义为"褪涩①的阶段"；第二个阶段为 2009—2012 年，定义为"沉淀的阶段"；第三个阶段为 2012—现在，定义为"转型的阶段"。

一、褪涩：第一次获奖

在入职的四到五年中，JS1 和其他新入职的教师一样，工作比较单一，主要承担课程教学和班级管理工作，压力不大，"主要就是上课，每天面对学生"。这个时期的他还带着大学生身上的青涩，对职业教育和职校的学生、教学还没有清晰的认识。

(一) 初进职校门的大学生

从大学校门走进职校的校门，大学毕业的优越感使 JS1 一时难以从"阳春白雪"的理想之上走到"下里巴人"的现实中来，这在他对待技能大赛的看法中可以看出来。

> 我上个大学很不容易，也算挺优秀的……非得让我开机床，我很鄙视这个东西，抵触这个东西。

带着这样的偏见，JS1 在近五年的时间里，"被领导逼着"参加了四次北京市数控技能大赛，都未能跻身前五，最好的成绩是全市第六名。然

---

① JS1 形容当时的自己就像一个青涩的果子。

而，正是这一让自己非常"鄙视"和"抵触"的比赛，却在他日后的成长中发挥了重要作用。

> 这一经历对我的影响还是挺大的，对我后面参与工学一体化课改、上课都有很大的影响。现在想起来，这应该是这一阶段里很重要的一件事情。但（当时）没有一个很好的心态，不像现在，如果现在再给我这样的机会，我一定会抓住，就是不给我，我也会争取的。

JS1 工作的被动和抵触情绪还体现在他的人际关系上。从师生关系来看，作为一名新教师，他在教学中还不能很好地处理教师和学生的关系。职校的学生不擅长数理逻辑思维，对理论课没有兴趣，在没有开展一体化课程教学改革之前，学生上课不认真听讲、搞小动作，甚至睡觉都是很普遍的事情，这对于刚从大学毕业的新教师来讲，是不可思议也不能容忍的事情。于是，他就"和学生较劲""你上课不听讲就不行，我就不让你睡觉"，导致师生关系一度非常紧张，甚至被学生投诉。从同事关系来看，JS1 与同事相处得还算融洽，他用"哥们儿"来定义良好的同事关系，"和哥们儿关系很好，一起出去玩，一起打篮球"，但跟领导沟通起来"就有障碍，很别扭"，他表示，那时候自己沟通能力不好，也不爱在领导面前表现。在回溯这段历史的时候，JS1 这样评价当时的自己：

> 我那时很有个性，就是那种道不同不相为谋的感觉。觉得自己很优秀，干了很多事情，但没有得到认可。我在 2008 年之前，连一个荣誉都没有。

(二)"德育起家的壮举"与"勇挑重担奖"

对 JS1 来说，2008 年成为奠定其个人成长和发展的关键一年。因为这一年在他身上发生了一件事，而这件事成为他入职以来个人成长的转折点和得到领导认可的重要契机。系主任出国前的一句嘱托，彻底改变了他的工作状态和工作轨迹。

Z老师①去德国了，走之前和我说："我要出去了，系里的事情就交给你们了，没事的时候多转一转。系里是咱们几个看着长起来的，把它经营好了。"领导可能是有意无意地跟我说的，可我就当真了。

在JS1看来，领导这句有意无意的话，是一种信任。"受人之托，忠人之事"的传统思想在他的意识里是根深蒂固的，这从他的访谈中几个频度很高的词，如"感恩""使命感""责任心"等可以得到印证。

（主任走了之后，）我就去来回转，那时在北校实习②，我发现有一个班里只有二十几个人在上课，正常的话这个班应该有四十多人。人怎么这么少？我有点奇怪。带实习的老师说这个班太乱了，根本不干活，整天胡闹。我又去找学工部长，部长无奈地告诉我，（这个班）半年换了六个班主任，谁都管不住，学生已经疲沓了，乱得根本没法带。

因为这次巡查，JS1和这个班结下了不解之缘。三周以后，在学工部又先后安排了三个班主任（均以管不了为由辞任）之后，JS1临危受命，正式接任该班班主任，从而开启了他自己所说的"德育起家的壮举"。

我每天盯着这个班的学生晨检，课间也要到班里转一转，一下课就去看着他们，和他们多交流，给他们立规矩。那些孩子以为我呆一礼拜就该走了，没想到我坚持了两礼拜还在，更没想到我坚持到了期末……为什么坚持？我觉得我带的不是这个班的学生，我带的是一个个的家庭，甚至是这个家庭的命运。我从学生的眼神里看到，他们对我是有期望的，所以我不能放弃他们，一定要坚持住。结果到期末的时候，这个班的考试成绩在同年级四个平行班中排名第一。那天晚上，学生们买了一个蛋糕，说要和我分享他们的喜悦。他们把奶油涂在脸上，追逐着，打闹着，那是我第一次看到这个班的孩子发自内心

---

① 研究者注：JS1提到的系主任，即现任教学副院长JS15。
② 研究者注：学校被一条马路分割成南北两个校区，当时的理论教学在南区，实习教学在北区。

高兴的样子，让我觉得他们是那么可爱！我当时特别高兴，后来我经常对自己说，付出是不会白费的（很自豪的表情）。

上面的这段往事，JS1 在访谈中多次提起，可见这件事在他的职业成长过程中居于多么重要的地位。他说："我改变了这个班，这个班也改变了我。"他也因此获得了入职以来的第一个奖项——"勇挑重担奖"。这是 JS1 入职以来第一次得到官方的表彰和认可。

这是我在我们学校得到认可的第一张正规证书，学校发了我"勇挑重担奖"！"勇挑重担奖"（笑）！虽然这几个字写得乱七八糟的①，但是我特别认可它。

根据马斯洛需求层次理论，人都有希望得到别人正面评价和被尊重，学生的拥戴和学校的认可激发了 JS1 潜在的自我实现的需要，促使他表现出一种积极的心理状态。于是，这张"字写得乱七八糟"的手写获奖证书成了他从青涩走向成熟的标志。同时，他通过带班与学生建立起良好的师生关系，对教学能力的提升也起到了很好的促进作用。

通过带班，我和学生的关系融洽了，课堂气氛也不紧张了。我那时候一天上八节课，一周有四十节课，理论课、实习课都得带。累吧？真累！但我觉得上课挺享受的。

二、沉淀：在"做事"中成长

2009 年 7 月，人力资源和社会保障部在前期小范围试验的基础上，在全国遴选了 30 所技工院校开展汽车维修、数控加工、机床切削加工、钳加工、电气自动化设备安装与维修 5 个专业工学一体化课程教学变革试验，拉开了工学一体化课程教学变革的序幕。已经具有良好课改基础的 G 学院又一次走在了全国的前列，除了牵头汽车维修、数控加工（数车）和电气自动化设备安装与维修三个全国试点专业的工学一体化课改任务外，

---

① 当时的获奖证书是手写的。

学院决定在前期开展“任务引领型”课程实验的基础上引入“行动导向”教学模式，并扩大试点专业范围。刚刚得到学校表彰和奖励的 JS1，立即被学校课改的热潮卷入其中，开启了对其职业生涯具有奠基意义的“沉淀”阶段。

（一）在教学项目实践中“沉淀下来”

根据工作生活中的学习模型，获得过程的激活必须有一个动机要素。被认可的激励、全校课改的氛围，再加上领导“逼着”教师们“做事成长”的各种措施，这些因素共同激活了 JS1 心中本就善于钻研的“那股劲儿”。在完成繁重的教学任务之余，他全身心地投入到了学校组织的教学项目实践培训中。

> 什么是教学项目实践？就是训练教师的技能。如果你的数控技能不行，开机床都不会，学校就给你请师傅、请企业的人来（指导），给你刀，给你料，给你机床，水电都不用你拿钱，练就行。校长提倡“五加二，白加黑”，我记得我那时周六、日在练，周一至周五晚上也在练，寒暑假还在练，别的事都放在边上，就这么练，整整练了两年。这两年，不仅提升了自己，也让我真正沉淀了下来。

毕业于职业技术师范大学的 JS1 本就有一点动手的功底，再加上他爱“琢磨”，两年的刻苦训练使他的专业技能水平得到了极大的提升，用他自己的话讲，“打那以后，所有的教学项目，没有我不会的”。工学一体化教学的自信，在他的心中树立了起来。但想要真正把握完整的工作过程，完全胜任工学一体化课程教学，仅依靠校内的技能提升培训是远远不够的。

2011 年暑假，在校内接受了两年枯燥的技能专项训练之后，JS1 被派往北京一家外资加工企业参加为期两个月的实践锻炼。他拒绝了企业专门给实习教师的绿色胸牌和工作服，穿上了企业给新入职员工的红色工装，带上新员工的胸牌，从入职培训开始，在装配、加工、清洗、检测一套完整的流程上过了一遍。谈到这一段经历，JS1 认为最大的收获就是后来“讲起课来都有吹牛的资本”。但在笔者看来，他最大的收获并不在此。按照伊列雷斯的观点，学习的动机总是受到学习所关注的内容的影响，一种新的理解或提高了的技能会改变学习者的情绪和动机模式，还可能改变学习者的意志。^① 他在工作笔记中写道：

> 我一直觉得学校的工作太累，但是去那一看，还是学校好，从那回来之后，我不再抱怨，（领导）让干啥就干啥。

（二）从被"赶鸭子上架"到上"工学一体化公开课"

2009 年秋季，JS1 所在的数控系在所有新生班级中推行工学一体化课程教学模式。在经过一个暑假紧张的教学技术培训之后，他被"赶鸭子上架"了。尽管他感觉已经在前期的培训中掌握了工学一体化教学的各项技术要领，而且他设计的教案还被作为范本在培训时被授课专家点评并推荐给其他教师参考学习，但是当他真正走进工学一体化教学的课堂时，一切却未如他所料那样顺利。

> 虽然前期参加了很多培训，但对什么是一体化课，怎么上一体化课，应该把握到什么程度，可能还不太清楚……你只有真的去上一门一体化课，而且是上了一段时间之后，才能把培训中积攒起来的、各种零零散散的东西串起来，才能体会到在课堂上会遭遇什么样的困惑，然后你会思考怎样处理这些问题。

这说明，教师通常只有在面对学生这一"伟大事物"^②、解决具体问题时，才能表现出自己独特的判断力、行动力和教学机智。^③ 一段时间之后，课堂上慢慢发生的一些变化给了 JS1 "意想不到的惊喜"。

> 我带实习课的时间长了，开始没觉得有什么，学生也挺配合的，

---

① 克努兹·伊列雷斯. 我们如何学习：全视角学习理论［M］. 孙玫璐，译. 北京：教育科学出版社，2014：28.

② 帕尔默. 教学勇气：漫步教师心灵［M］. 吴国珍，余巍，等译. 上海：华东师范大学出版社，1998：106.

③ 陈向明，等. 搭建实践与理论之桥：教师实践性知识研究［M］. 北京：教育科学出版社，2011：149.

因为我带他们班（班主任）嘛。但是一年后，我发现了一些变化。首先，学生的时间观念变强了，布置完任务后他会问老师多长时间完成，然后把每一步的时间安排得越来越具体、越来越细化，我还发现了一个有趣的现象，就是戴手表的同学多了。要知道，时间观念、成本意识都是企业十分看重的素质。这就是素养的养成，但在过去的课堂上是看不到这些的。其次，这个班的学生爱问问题了，而且问的还很有深度、很有意思，他们会先查阅资料，然后再请教老师。最后，这个班的学生会主动学习了，班里有学生竟然自己买了很厚的那种专业课的书，就是大学生用的那种，他会自己去读、自己去研究，然后上课他会问问题，这在过去是从来没有的。同时也给我一种压力，过去从来没有，但现在不行了，如果被问住就会很没面子，这也逼着教师去做更多的功课，所以就形成了一个比较良好的循环。

为了进一步提高自己的教学能力，JS1 除了积极参加教学项目实践，还主动参加了学校组织的工学一体化教学比赛和公开课。他说，提升一体化课程教学能力最快、最有效的办法就是讲公开课。

　　教学观摩、教学比赛、公开课，这些都是我们学校经常组织的活动。但我认为，公开课比赛是最有挑战性、最锻炼人的一种方式，你要做教学设计、写教案、做PPT、准备各种资料，混合式学习、翻转课堂，各种措施（都要用上），最关键的是要上真课。这比教学比赛标准高多了，教学比赛是教学设计加说课，但我们要上真课！

JS1 说，那个阶段他几乎每年都会被推荐参加全校的一体化教学公开课，每次他都认真准备，而且一次比一次上得好，正是凭着自己的那股"钻劲儿"和"韧劲儿"，他后来一直把公开课上到市里，成为众多同行学习的榜样。

（三）在课程开发实践中成长

既因为人手紧张，也因为"勇挑重担"，JS1 得到了领导的认可，被吸纳为系里的课程开发小组成员。他说，他从给有课程开发经验的教师当助手、学着撰写工作任务描述等基础工作做起，慢慢地掌握了一些课程开发的技术和方法。

> 这些工作长期做起来其实很枯燥，尤其是写工作页，现在很多年轻教师坐不住，甚至看不上，觉得它技术含量低。其实不然，这是打基础的，它对提高你的工作分析能力、提高教学设计的水平有很大的帮助。

在 G 学院"做事成长"的文化里，坚持"结果导向"是学校安排工作的一项重要原则。将课程开发前的企业调研和教师企业实践相结合，一方面可以避免开发出来的培训课程与企业真实需求脱节，另一方面也使教师企业实践有了一个可以输出的成果。在这一时期，JS1 还参加过一个企业培训项目开发，即为某加工制造企业开发一个新员工培训教程，这是他第一次牵头完成一项独立的课程开发任务。带着这一重要使命，JS1 开始了 2011 年那次让他受益匪浅的企业实践锻炼。

> 我当时对自己的定位就是企业的新员工，我从企业员工入职第一天的教育活动开始，详细记录了整个过程和内容，比如，企业的工作纪律、安全、财务政策等，然后整理优化，实际上就是初步做成了一个教程。还有就是每一道工序上下活儿的顺序……我把整个企业锻炼的经历包括每天的收获都写下来，整理成一条一条的，这些都成了我后来设计教学和课程开发的宝贵素材。

通过参加课程开发工作，JS1 从一个"打心眼儿里瞧不上"工学一体化教学的人变成了这一教学模式的忠实拥趸。研究表明，教师在尝试课程开发的过程中，会激活其头脑中的课程理论，促使其反思以往的教学，促进教师教学能力的提升。[①] JS1 的这些经历，为这一研究结论再添一个有力的例证。

---

① 宋玉杰. 论课程改革与教师参与课程开发 [J]. 新疆教育学院学报，2003（3）：48-50.

三、转型：开启华丽篇章

2012 年，"沉淀"了三年多的 JS1 凭借着自己的努力以二级工学一体化教师的身份入选了 G 学院四梯级人才培养体系的"E"计划，① 进入学院的专家型教师培养梯队，跨入他人生职业生涯的转型发展期。

（一）第二次"临危受命"

JS1 说，他当教师后有两个事件对他的职业生涯具有转折性作用，而且两次都是"临危受命"，一次是 2008 年担任班主任时，一次是 2012 年暑假被推上全国师资培训班的讲台时。因为承担全国数控专业工学一体化教学师资培训的主讲教师因故离开了项目，师资培训开班在即，必须立刻找到一个既懂专业又熟悉工学一体化课程技术规范的人担任主讲，而且这个人还得"撑得起台面"。对于"四梯级"教师队伍构建初期的 G 学院来讲，这样的人的确不多。就在众人一筹莫展之际，校长决定起用新人，他想到了做事踏实的 JS1。法国著名的微生物学家、化学家路易斯·巴斯德（Louis Pasteur）有句名言："机遇只偏爱那种有准备的头脑。"即便如此，这次机会对 JS1 来讲依然有些措手不及。

> 做全国师资培训班的主讲，这个挑战太大了！我过去也参与过全国的师资培训，但那时主要是做些辅助的工作，比如，班主任、摄像，都是些跑龙套的角色。突然成主角儿了，这幸福来得太突然了。说实话，真是有压力。但校长对我说："你没问题，我相信你！"我觉得我得对得起这份信任。
>
> 那时候还没有国家标准，教师的能力（经过培训）要达到什么要求，各培训院校掌握的标准不一。我们一直在探索四梯级，师资培训

---

① 按照 G 学院四梯级人才队伍建设规划，"E"计划是在一体化教师培养基础上向上培养专家型教师的计划。四梯级包括：普通教师、一体化教师（分三级）、课程负责人（分三级）、专业带头人，又称"四梯八级"，学院每年有专项经费支持。其中，课程负责人和专业带头人培养称为"E"计划。

有我们自己的一套标准，就是以学习任务为载体，培训教程也要按照行动导向进行开发，即用一体化教学模式培养一体化师资，这是我们学校首创的。标准就一条，教师（参加）培训完了回去要会做。我的第一个任务就是要根据参训教师的情况，开发教师培训的一体化学习工作页。校长亲自坐镇，我们成立了一个专门的团队开会讨论，大家把思路一碰，我就开始写。我写，我们校长帮我改，反复好几遍。所以我特别感激我们校长，不是他一直"逼"着，我哪有今天的成长。

上课的时候，开始也有教师质疑。他本来就对这个模式不认可，就像我当初一样（笑），带着怀疑、挑剔的眼光。但课上到第三天的时候，我发现教师们有些变化了，那就是他们觉得真正学到了东西，从他们的眼神里就能看出来。我把自己的经验，包括从开发到实施、企业实践等各种分享，再加上我们每天的培训都有任务，每天一个主题，要输出成果，教师们觉得有收获了。课下有教师就和我讲，"原来一体化课是这么上的，我回去也要试一试"。

最后的结果毫无悬念，这次培训取得了"意想不到的"效果，得到了参训老师的一致好评。从此，JS1 的身上又多了一个响当当的标签——全国工学一体化师资培训师。从一名工学一体化教师到指导别人开展工学一体化课改的指导教师，是他"转型"发展的标志。

（二）"做职教尊严的践行者"

成功的自信和 G 学院"做事成长"的学校文化，给了 JS1 无比的自信和前进动力。面对职业教育是"末流教育"的社会偏见，他决定用自己的行动去证明职业教育不是"末流教育"，而是有尊严的教育。

我认为职业教育是有尊严的教育，职教教师是有尊严的职业，我觉得我现在做的一切都是为了职业教育的尊严和职教老师的尊严而奋斗，我要做职教尊严的践行者。

2012 年的教师培训不仅使 JS1 名声大噪，更让他的教学事业版图进一步扩张，他开始在团队建设、教学评价、质量监控、企业培训课程开发、师资培训、项目建设、教学研究等诸多领域取得不菲成绩。2013 年，他被学院聘为数控加工专业工学一体化课程负责人（一级工学一体化教师），从此进入学院专家级教师的行列，承担起本专业人才培养标准和工学一体化课程规范制订、课程与学习任务设计、课程体系架构等课程资源开发的重任，并负责本专业教学质量管理、师资团队建设、实训室建设等工作。2016 年起牵头尝试在专业建设、课程设计和学生评价中将"工匠精神、解决问题等" 8 项核心素养与技能培养高度融合，实现了学生综合职业能力培养落地的教学目标。2019 年，集多项荣誉于一身的 JS1 被推选为全国优秀教师，成为当年度职业教育界三名全国优秀教师之一，用自己的实际行动证明了职教教师的价值和尊严。

JS1 长期坚持在教学一线，秉持"学生中心、工学结合、能力本位"的理念，先后过承担"配合件数控加工"等 10 余门专业核心课程的教学工作，累计授课超过 9000 课时。十几年如一日，共培养出中级工、高级工和技师等不同层次的毕业生 3000 余人，其中 103 人获北京市政府奖学金，王×获第 43 届世界技能大赛数控车优秀奖，尹××获第五届全国数控技能大赛数控车冠军，李××、孙××成为中国运载火箭技术研究院和 DMG（中国）等企业的技术骨干。（摘自 JS1 全国优秀教师先进事迹材料，2019）

第二节　JS1 教学能力发展的过程分析

根据伊列雷斯的工作生活学习模型，工学一体化课程变革下职教教师教学能力的发展过程是在特定情境下互动过程与获得过程的统一体。下面，本节主要使用伊列雷斯关于工作场所学习的过程模型，并结合情境学习理论和反思性实践理论对 JS1 三个职业发展阶段的教学能力发展过程进行分析。

一、"褪涩"期：传统课程模式下的累积式发展

霍尔（Hall）等人在实证研究的基础上提出了教师采纳变革的过程模型，将教师个体在变革过程中的行为划分为八个层次，即不实施、定位、准备、机械实施、常规化、精致加工、整合和更新。[①] 根据这一框架，"褪涩"阶段的 JS1 属于变革的非实施者，即他经历了从"不实施"到对课程变革"定位"，再到为课程变革做"准备"的过程。按照莱芙和温格的情境学习理论，"褪涩"期对 JS1 来说，属于新手进入和新手向熟手过渡的阶段，说明他还处在"合法的边缘性参与"的不充分参与状态。作为一名新手教师，其教学能力发展处于传统课程模式下的累积式发展期，该阶段的教学能力发展过程如图 6-1 所示。

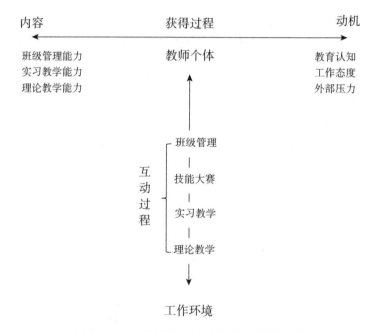

图 6-1　JS1"褪涩"期的教学能力发展过程

---

① 吉纳·E. 霍尔，雪莱·M. 霍德，等．实施变革：模式、原则与困境［M］. 吴晓玲，译. 杭州：浙江教育出版社，2004.

（一）对互动过程的分析

这一时期，JS1 的工作场域限定在校内，其工作空间主要分为两个部分，一个是与学生构成的教学和班级管理空间，另一个是与同事构成的学校管理空间。在这两个空间中，课堂教学和班级管理是其主要的载体活动，技能大赛是一个次要的载体活动。通过这些载体活动，JS1 与他所处的工作环境进行了互动和对话，发生了以同化为主的工作场所学习，逐步形成了较为扎实的教学基本功，基本具备了传统课程模式下的理论教学能力和实习教学能力。同时，他还在与工作环境的社会性互动中不断审视和重构自己与学生、自己与同事（主要是领导）的关系，初步建立了自己的教师身份——"一名普通的职业学校教师"。

通过不断的课堂教学实践——"一天上 8 节课，一周有 40 节课，理论课、实习课都带"使 JS1 练就了扎实的教学基本功，为后期课程变革下教学能力的发展奠定了坚实的基础；通过"带班"，他从"与学生较劲""被学生举报"的那个青涩的"毛头小伙儿"变成了"学生买了蛋糕给我庆祝生日"的良师益友。良好的师生关系进一步促进了其教学能力的提升。在当时职业学校"理实并重"的教学模式下，毕业于职业技术师范大学的学习背景，使他有能力既"教理论"又"带实习"，再加上"被领导逼着"参加了四次技能大赛，他的专业实践能力得到了初步的提升，对"后面参与工学一体化课改和上课都有很大的影响"。

从反思性实践的视角来看，上述实践活动无不体现着一位新入职教师的"行动中反思"，这些反思主要集中在对课堂效率的改进和师生关系的调整上，说明 JS1 在这一时期的"行动中反思"尚停留在技术性反思和实践性反思的较低层面，或者说，其"行动中反思"能力处于初级发展阶段。

（二）对获得过程的分析

从获得过程看，JS1 在"褪涩"阶段的教学能力发展过程符合累积式发展的特征。作为一名新入职的大学生教师，其教学能力发展以"能上课""上好课"为主要目标。由于受到学生时代教学模式的影响和当时"理论与实践并行"课程模式对教师教学能力的要求，JS1 初步建立的教学能力图式呈现了教学基本功的单向度发展，在内容维度上表现为理论教学能力、实习教学能力和班级管理能力的初步发展。相比较而言，他更擅长理论教学，这与他受教育的经历和轻视"技能教育"的思想认识有关。尽管这一时期 JS1 的专业技能水平因实习教学和参加技能大赛得到了一定程度的发展，但对于达到胜任工学一体化课程教学的工作胜任能力还有很大的差距。严格来讲，班级管理能力不属于教学能力的范畴，本节在此重点提及是因为从 JS1 的教学经历来看，作为教师的一项基本能力，它对于优化师生关系，促进教师教学能力提升发挥了不可忽视的作用。

从动机维度看，JS1 教学能力发展的内部动机和外部动机之间具有明显的界线，外部动机完全处在外在调节阶段。一方面，其内部动机主要来自他本人对自我身份和职业教育教学的认知或态度。"大学生""主要就是上课"是他对自我身份的基本认知，即大学毕业的职教教师。这一身份至少包含两层信息，一是身份的优越感，二是与其身份对应的工作职责。"责任心""使命感"是 JS1 对教师职责的基本认知。这两种认知都属于正向认知，对教学能力和班级管理能力的发展和提升具有正向的推动作用。另一方面，JS1 对技能大赛的认知则是一种负向认知，"鄙视""抵触"表明了他当时的态度。但 JS1 在参加技能大赛这一问题上受到了必须性和外力的强迫，即"被领导逼着"，这构成了其发展的外部动机。这种来自领导层的"必须性和外力强迫"，一度造成他与领导关系的紧张，以至于"那时候挺恨他的"。最终的结果是个体的认知屈从于来自权威力量的强迫，JS1"被逼着"参加了四次全市数控技能大赛。这表明外部动机还没有发生内化的迹象，JS1 的个体行为主要受外部控制和影响。但从长远来看，当时由于外部压力带来的看似被动的行动为其后续的教学成长发挥了积极作用。

二、"沉淀"期：工学一体化课程下的附加式整合

"沉淀"期是JS1教学能力发展的关键期。这一时期，JS1已经成为工学一体化课程变革的实施者，正处在从"机械实施"向"常规化"阶段发展的过程中，其教学能力发展过程进入工学一体化课程下的附加式整合发展期。从图6-2中可以看出，JS1在工作场所中参与的广度和深度都较上一阶段有了较大程度的提升，表明他正在从"合法的边缘性参与"过程中向中心移动，参与更加充分，一体化教学的技能更加娴熟，教学能力得到充分发展，开始形成比较牢固的工学一体化教学的信念。

（一）对互动过程的分析

从互动过程看，"沉淀"期JS1的工作场域得到了较大的拓展，并第一次突破学校的边界，向企业的生产现场跨域。JS1通过参加更多的专业与教学实践活动展开了与工作情境的互动和对话，并且发生了大量的"行动中反思"。

在工学一体化课程教学的特定情境下，职教教师的工作现场学习表现为以任务为导向的行动学习，与这种课程模式下的学生学习具有相似性，即在"做中学"的行动中将知识的习得与技能的提升内化于工作过程之中，通过参与式实践建构和完善自己的知识体系，不断提升自己的教学能力。图6-2列举了JS1参加或实施的一系列主要的实践活动。其中，工学一体化教学项目实践（专业技能训练）、企业实践锻炼、工学一体化课程教学实践和课程资源开发是这一时期对JS1教学能力提升产生影响较大的实践活动，既有提升工作胜任能力的附加式培训，更有促进其教学能力结构性重组的整合式学习，对其建立工学一体化课程下的教学能力图式并促进其教学能力发展发挥了决定性作用。另外，管理数控专业工学一体化学习工作站成为他的一项重要工作职责，其他诸如示范校建设、高技能人才培训基地建设等项目建设活动也纳入其实践活动的范围。这些与工学一体化课改相关的实践活动为JS1提供了更多整合学习的机会，对其工学一体

化课程下教学能力的发展发挥了不同程度的促进作用。

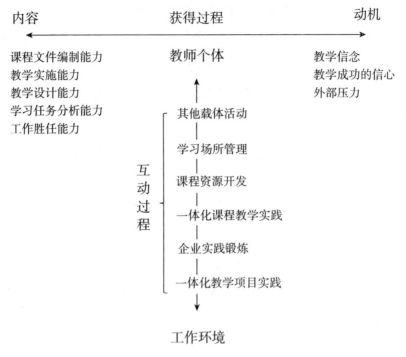

图6-2 JS1"沉淀"期的教学能力发展过程

舍恩通过大量的案例研究发现,"行动中反思"是专业人员的一种核心能力,是教师在错综复杂的困境中所表现出来的一种行动艺术。① 在JS1的工作实践中,"行动中反思"对他快速提高自己的教学能力发挥了重要作用。在对他的访谈中,"琢磨"是一个高频词汇,也是他对自己做事态度的一个标签。在教学项目实践中,他一边训练一边"琢磨"如何把"活儿"干得更好,在企业实践锻炼中,他"琢磨"着怎样才能缩短加工时间,提高工作效率。

> 我最大优点就是爱琢磨、爱思考,比如说这儿出问题了,我就很快去想怎么把它避免了或者干得更好更快。所以论干起活来我在这群老师里面还是不错的。

————————————

① 陈向明,等.搭建实践与理论之桥:教师实践性知识研究 [M].北京:教育科学出版社,2011:177.

另外，"行动中反思"还必定牵涉了一连串的实验，这种实验可能是探索式（exploratory）的，也可能是行动探测式（move-testing）的，抑或是假设检验式（hypothesis）的，更多的时候是三种方式同时进行的。①JS1 在工学一体化课程教学实践中就进行了这样的反思性实验。

> 有时候想的和做的相差会很大，你不能指（望）着教案。那些学来的方法到底好不好用，得在课堂上试，哪些东西是保留的、哪些是要滤掉的都得琢磨。每节课上了什么，用了什么方法，实施的效果如何，都要记下来。然后，后面上课的时候就可以把这些东西加进去。

从反思的层级来看，JS1 的"行动中反思"能力有了较大的提高，主要表现为反思的对象范围更广，已经包括了对专业工作的反思、专业工作的教学性反思和工学一体化教学的反思三种反思形式，并初步具备了对不同类型反思的"贯通力"。

（二）对获得过程的分析

从获得过程看，JS1 的教学能力发展无论是从内容维度还是从动机维度来看，都大大超越了上一个阶段。

在内容维度上，JS1 在这一阶段的教学能力结构发生了重要变化，教学能力的内容更加丰富。首先，他在专业实践方面的能力已经从过去的单项技能向工作胜任能力转化，与前期已经充分发展的教学基本功一起构成了承担工学一体化课程教学的能力基础。其次，他又逐步发展出了学习任务分析能力、教学设计能力、工学一体化课堂教学实施能力，这些能力内容在他的工学一体化公开课中都有集中的体现。最后，一项重要的能力内容是课程资源文件——工作页的编制能力，这说明他已经具备了初步的课程开发能力。

如果说 JS1 在"褪涩"阶段的发展动机主要建立在表层认知的基础

---

① 唐纳德·A. 舍恩. 培养反映的实践者：专业领域中关于教与学的一项全新设计［M］. 郝彩虹，张玉荣，雷月梅，等译. 北京：教育科学出版社，2008.

上，那么在"沉淀"阶段，随着其个人认知的不断深入，JS1 正在形成自己关于工学一体化教学的信念。一方面，从内部动机看，JS1 被动的心理状态开始被打破，由过去的"我不认可你这个东西"转变为"我要体验一下它（指工学一体化教学）到底好在哪里"，再到"主动参加学校组织的一体化教学比赛"，都说明他对一体化教学的认知正在发生微妙的变化，一体化教学的理念正在他心里生根发芽。

> 在一体化教学中，比课堂控制能力更重要的是一体化教学的理念。理念变了，你的课堂才会变。要不然再好的模式，课也上不好。要改变理念的东西，就得自己去体验、去做，尝到这个甜头了，自己就会走下去。

另一方面，对 JS1 的发展动机产生影响的外部压力也发生了积极的变化。从校内项目实践之后的"所有的教学项目，没有我不会的"，到企业实践带来的"讲起课来都有吹牛的资本"，再到第一次在课堂上发现学生的改变带来的"意想不到的惊喜"，都在不断地增强 JS1 参与一体化课改的信心。这说明，外部动机已经进入内摄调节阶段，并正向认同调节的方向发展，因内部动机产生的消极因素对外来动力的消减作用逐步消退，外部动机通过自我压力实现了对行为的正向调节。因此，JS1 的外部动机已经由原来的外部压力转换为外部助推力。

三、"转型"期：工学一体化课程下的整合提升

"转型"期跨越时间较长，占据了 JS1 教师职业生涯一半以上的时间。这一时期，他经历了一体化课程从"任务引领、行动导向"向"工学一体化"的迭代升级。从参与变革的视角看，JS1 已经进入霍尔变革水平的精致加工阶段，他在一体化课程改革方面的探索领域向多个方面呈放射状发展，他"不再只为了自己的利益去做某些改变和调整"，而是"根据自己的反思和评估"，"对变革做出某些改变或对自己的实施状况进行调整，使

学生获益得到提高"[①]；抑或通过指导其他教师，参加教学经验交流，带动同行发展。按照莱芙和温格的观点，JS1 已经进入到实践共同体的中心区域，经历了从不充分参与到比较充分的参与，再到充分参与的发展过程，实现了从"合法的边缘性参与者"到"实践共同体核心成员"的跨越，其教学能力逐步达到专家教师的水平（如图 6-3 所示）。所有这些都表明，JS1 教学能力发展进入了工学一体化课程下的整合提升期。

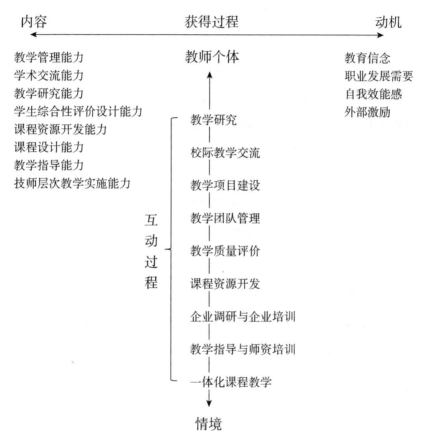

图 6-3　JS1"转型"期的教学能力发展过程

（一）对互动过程的分析

从互动过程看，JS1 的实践场域范围继续扩大，他将面对更为复杂的

---

① 吴筱萌. 理解教育变革中的教师［M］. 重庆：重庆大学出版社，2010：18-19.

工作情境，参与更多的教学实践活动，主要表现在三方面。首先，校企跨界的特征更加明显。除了学校安排的企业实践锻炼，JS1 主动拓展了向企业延伸的广度和深度，在专业实践领域的活动从单一的生产实习向更广泛的企业调研、校企合作、企业项目培训拓展。其次，随着对外开展教学交流的机会增加，同行之间的交流学习对 JS1 教学能力的提升也产生了良好的促进作用。最后，在学校内部，JS1 承担的工作职责越来越多，与工作情境进行互动的活动载体和形式更加丰富，按照 G 学院的管理文化，他已经进入"多做事、做难事"的快速发展期。

上述变化表明，JS1 在实践活动中的"行动中反思"更加丰富，反思的对象更加广泛，从对专业实践领域的技术进步、发展趋势的关注到课程开发实践中的技术改进，再到教学实践中的自我角色再认知，让我们看到了专家型教师在更高层次、更高水平上的"行动中反思"。对职教教师的角色、地位、使命的反思更是表明他对工学一体化课程教学乃至职业教育人才培养模式的反思已经达到了解放性反思的高度，实现了技术性反思、实践性反思和解放性反思在更高水平上的贯通，达到了"行动中反思"的高级阶段。

（二）对获得过程的分析

整合提升是建立在附加式整合基础上的高级发展阶段，表现为工学一体化课程变革下职教教师教学能力的内容更加丰富，教学能力发展达到专家级教师的水平。

从内容维度看，这一时期 JS1 教学能力的发展主要体现在以下四方面。首先，其专业实践能力从通过专业技能训练获取工作胜任能力向通过更多渠道和方式获取职业领域的新知识、新技术转变。用他自己的话讲就是：

> 这个职业的前前后后的东西，包括现在的岗位需求，未来的发展方向，他们现在使用的技术、（编程）软件，等等，你都得知道。

其次，他的工学一体化课程教学实施能力达到更高水平，具备了承担技师层次一体化课程教学的能力，并且向教学指导能力、教学评估能力、教学项目建设能力拓展。他在教学实践中处理复杂专业问题的能力更加娴熟，对于那些从企业得来的职业知识和专业技术，他都能"在课堂上把它恰当的凸显出来"。再次，JS1 在课程开发层面实现了从单门课程的工作页编写到课程资源包的开发和专业人才培养方案制订的重大飞跃。最后，学术交流和教学研究能力成为其进入专家型教师行列的重要标志。从一体化教学的实施者到一体化课改项目的牵头人，JS1 实现了个人身份的华丽转型，其一体化教学能力开始凸显出建立在扎实的教学基础上的协调力和领导力。

从动机维度看，日益增强的关于对职业教育的信念和对个人职业生涯发展的追求，以及"为了职业教育的尊严和职教老师的尊严而奋斗"的、高度的职业认同感，都成为推动 JS1 一体化教学能力发展的主要心理动力，而较强的自我效能感进一步增强了其发展的信心。由此看出，JS1 的内部动机表现得更加自觉，已经在前期树立的、一体化教学的信念基础上，发展成为对整个职业教育的执着信念。从外部动机发展过程看，JS1 已经把领导的激励、同行的肯定、学生的认可内化为对个人职业生涯发展的追求。按照自我决定理论的观点，外部动机已经达到认同调节的阶段，并向整合阶段发展。随着外部原因的完全内化，其行为表现出高度的自我决定性，基于外因诱发的动机已经包含了内部动机的部分特征，或者与内部动机已经相当接近。①

综上所述，JS1 的教学能力发展过程经历了非一体化课程下的累积式发展、一体化课程下的附加式整合以及整合提升三个不同的发展时期。其中，附加式整合发展期是一体化课程下教学能力发展的关键期。从 JS1 的教学能力发展过程看，附加是教学能力发展过程中量的积累，教师在工作场所中的学习应以同化为主；整合是在附加过程的积累中逐步实现的，教师的学习以顺应为主，直至达到教学能力的顺应性重构。之后，教师教学

---

① DECI E, RYAN R M. Facilitating Optimal Motivation and Psychological Well-being across Life's Domains [J]. Canadian Psychology, 2008, 1 (49): 14-23.

能力进入整合提升期，新的同化与顺应学习继续发生，推动教师教学能力向专家教师目标发展，直至形成坚定的工学一体化教学的信念，达到转化学习的状态。

第三节　JS1 教学能力发展的空间结构与影响因素分析

由上述分析可知，JS1 教学能力发展的过程是其个体内部诸要素，以及个体与外界环境之间不断互动影响的结果。根据第五章建构的职教教师教学能力发展的空间结构模型（图 5-1），笔者在上述分析的基础上归纳出影响 JS1 教学能力发展的各空间的主要要素如下。

微观空间：由教育信念、工作态度、职业发展需求、较强的自我效能感和外部压力构成，空间结构要素与教师教学能力发展的一般空间要素构成基本相同，但是要素的顺序发生了变化，这说明个体内部的动机要素对不同教师教学能力发展的作用不同，表明不同教师个体之间存在差异。

中观空间：由课堂实践、教研培训、校企合作、项目建设四项技术组织环境要素和实践共同体、学校组织文化、制度体系三项组织文化环境要素构成。与教师一般发展空间相比，多了一个项目建设要素。

宏观空间：由网络空间、校际交流与外部评价、职业教育政策三项社会环境要素构成。与教师一般发展空间相比，多了一个校际交流与外部评价要素，少了一个区域经济发展要素。

由此可以看出，JS1 的教学能力发展空间比一般教师更加丰富，主要表现在中观空间的项目建设和宏观空间的校际交流与外部评价两项要素。需要特别说明的是，从 JS1 的教学能力发展过程看，宏观空间的区域经济发展环境对其教学能力发展发挥着重要的背景性作用，因为其负责的技师研修项目得益于学校所在的得天独厚的企业环境，即当地高度发展的军工企业为学校提供了项目来源。笔者的分析是，JS1 没有将这一要素纳入其个人感知的范围，可能是因为他对校企合作环境的感知更加直接，且由于缺乏对其他区域的学校的比较，对自己所在区域的经济发展状况已不敏感。其他教师在访谈中也鲜有提及这一要素的影响，似乎可以印证这一判断。

一、微观空间的影响因素分析

本书认为微观空间的个体因素是推动 JS1 采纳、参与进而推进工学一体化课程变革的内部驱动力，并在推动和促进其教学能力的发展中发挥了决定性作用。其中，教育信念、工作态度、职业发展需要和自我效能感构成了促进其教学发展的内部动机，而他在不同时期感知的外部压力构成了发展的外部动机。由于我在分析其教学能力发展过程时对外部动机的作用及其向内部动机转化的过程已有详细描述，在此主要对四个内部动机要素作简要分析。

首先，教育信念对 JS1 不同阶段教学能力发展产生的影响最大。教师对教育教学的信念与变革是否契合是决定教师是否接纳变革的重要因素。[1]从教学成长的过程来看，JS1 在"褪涩"期基于对职业教育和职教教师职业的基本认知，形成了早期与传统课程模式相联系的"重理论、轻技能"的教学信念，这一度成为阻碍其接受一体化教学理念的最大障碍。但由于受到来自校长等权威力量的"必须性和外力强迫"，他被"逼到"了一体化课程变革的大船上。在一体化教学课堂上不断发生的变化的激励下，JS1 逐渐摒弃了对一体化课程教学改革的偏见，并在对一体化教学不断进行反思性实践的过程中，建立了牢固的工学一体化教学的课程理念和教学信念。由于转变后的教学信念与课程变革方向的高度一致性，教学信念又成为激发 JS1 积极参与和践行工学一体化教学改革的内驱力，使他的教学能力在不断地实践、反思、再实践、再反思的基础上螺旋式向上发展。

---

[1] 吴筱萌. 理解教育变革中的教师 [M]. 重庆：重庆大学出版社，2010：77.

其次，负责的工作态度对其教学信念的转变和职业发展需求的激发具有重要作用，进而影响其教学能力的发展。在访谈中多次被 JS1 提及的"责任""使命""善良""正直""坚持"等关键词，共同构成了他在入职初期对职业教育和学生最朴素的观念，他的"活在和学生较劲之中，上课不听讲就不行，我就不让你睡觉"的状态不正是作为一名教师责任心的体现吗？正是基于这一朴素的教育观念，才有了 JS1"德育起家"的壮举。在班级管理中的艰辛付出和不俗表现，一方面让他改变了对学生的看法，缓解了一度紧张的师生关系，进而反思自己的课堂教学，使过去令人痛苦的、"和学生较劲"的课堂变成了后来的"课上得挺享受的"课堂。另一方面，他也因此得到了领导和同行的认可。这种对"被认可的正面评价"的内心需求，唤醒了 JS1 内心深处对个人职业生涯发展需要的欲望。

> 2008 年之前我一个荣誉都没有，但从这次得到这个"勇挑重担奖"以后，我几乎每年都会受到表彰，到 2012 年以后，我们学校的荣誉我就拿全了。

再次，个人职业发展的需要是微观空间影响 JS1 教学能力发展的又一重要因素。在"褪涩"阶段，JS1 对个人职业生涯发展的目标和方向还很不清晰。但是，在那次改变了其"人生航向"的获奖之后，被唤醒的个人职业发展需求成为他教学提升和专业发展的重要心理动力。从笔者收集的 2011 年以后 JS1 的三份个人成长规划中，可以看到他对个人职业成长的目标、路径均有着清晰的认知。在第一份个人成长规划中，JS1 从国家职业教育需求、学院发展需求和个人发展需求三个层面谈到了对个人职业发展的认识，并提出了一个"宏伟"的个人发展目标：

> 短期目标：2 年内成为合格的课程负责人……
>
> 中期目标：5 年内成为优秀的企业培训师……
>
> 长期目标：10 年内成为北京市教学名师……

在之后的发展中，JS1 果然不负众望和个人期待，在不到十年的时间里，不仅实现了从一名普通教师向职教名师的逆袭，还在 2019 年被评为全国优秀教师，成为当年全国职教领域三名获此殊荣的唯一一位来自技工院校的教师代表。从成长经历来看，工学一体化课程变革成就了他，他的个人职业发展需要也一直保持着与工学一体化课程变革的同频共振。

最后，较强的自我效能感进一步增强了 JS1 教学能力发展的信心。从对他的访谈中，笔者发现他具有较强的自我效能感。尽管在每一次承担新的任务之前，他都会感到压力，甚至"惴惴不安"，但他敢于尝试、敢于挑战自我。而在每一次挑战成功之后，又再次增强了他面对困难的勇气和决心。因为"能干事"，还能"干成事"，JS1 在"沉淀"期以后的职业生涯中不断被领导委以重任，而每一次的结果也让领导更加满意。另外，JS1 的自我效能感还表现在他调动资源和处理人际关系的能力等方面。例如，他在企业实践锻炼时"和工人师傅打成一片"，后来和企业的人资主管、技术骨干"处成朋友"，从而使他可以获得更多"关于企业的信息"。较强的自我效能感不仅增强了 JS1 教学发展的信心，促进了工学一体化教学能力的提升，还使他将工学一体化教学改革的影响扩大到更大的范围。

二、中观空间和宏观空间的影响因素分析

JS1 教学能力发展的中观空间和宏观空间的结构要素比一般教师丰富，笔者认为可能是主客观两方面的原因。一方面，JS1 作为学院一体化课程教学改革小组的早期成员，经历了一体化课程探索从初级到高级的全部发展阶段和课程资源从无到有的建设过程，客观上为他创造了"多做事、做难事"的机会；另一方面，个人较强的自我效能感可以使他更好地打开工作局面，争取到更多的发展机会，从而扩大了其教学发展的实践空间。因为对影响 JS1 教学能力发展的环境因素多在其教学成长故事和发展过程分析部分做过详细的描述，或者与其他教师的情况基本相似，下面仅对中观空间的项目建设、实践共同体之校长影响力和宏观空间的校际交流与外部评价三项要素进行简要分析。

（一）项目建设

参与项目管理和建设为 JS1 快速成长提供了重要契机。在访谈中，JS1 提到最多的三个项目分别是全国数控专业一体化师资培训（由他担任主讲）、高技能人才培训基地建设和中职示范校建设。这三个项目都与工学一体化课程变革紧密相关，师资培训是人力资源和社会保障部在全国推行工学一体化课程教学改革试点采取的配套措施，后两个项目则在验收标准上将工学一体化课改纳入重要考核指标。JS1 认为，工学一体化教学师资培训项目是对自己教学影响最大的一个项目。

> 和给学生上课不一样，你面对的是来自全国各地的教师，很多人是带着挑剔的眼光来上课的，你得拿出真本事来。因为大家都是教师，所以会有很多的思想碰撞，这会让你重新反思自己（的教学）。我觉得，我每讲一次都是在做复盘。

工学一体化教学师资培训项目是对主讲教师课程开发能力和课程教学能力水平的综合性检验，也是教师在更高层次上复盘和反思自己教学行为的重要契机。这一不可多得的机遇和实践经历，成为推动 JS1 走向工学一体化教学专家型教师的一个重要因素。

（二）实践共同体之校长影响力

在社会文化型的环境中，学院早期建立的教师课改实践共同体是影响 JS1 教学发展的主要因素。如果说合适的专业背景和共同体形成的初期对新生力量的需求为 JS1 的进入创造了合理的契机，那么共同体核心成员施加的影响和带动则加速了他的融入和成长。在 JS1 一体化教学能力形成和发展的关键期，实践共同体早期的核心成员，当时的老校长，成为影响其教学发展的重要他人。

> 其实我不是一个善于反思的人，是校长让我沉淀下来，把我逼出来……那时候做课改，不是说领导布置完活儿就走了，而是他就坐那等着你，随时给你指导。我们是每个人完成自己的任务，他是看所

有人写的东西，还要手把手地教。我们晚上9点走的时候，领导二层（办公室）的灯还亮着。晚上回去我继续加班，（凌晨）一两点写完了，早晨七点钟起来，上网打开邮箱，领导已经给你回复了！你说一个头发都白了、那么威风的校长在这给你搞这个事情，你还不好好干？

榜样的力量是无穷的，这位本身就是课改专家的老校长，不仅以他强势的工作作风"逼"出了JS1的进步，还身体力行地带动和激励了他，对其后期教学能力的发展产生了重要影响。

（三）校际交流与外部评价

课改院校之间的交流、工学一体化课改项目评审以及工作年会是已经进入专家型教师行列的JS1在工作空间上的拓展，因为它超出了一般教师工作场所的范围，本书将之划入宏观空间。

校际的交流活动为JS1提供了重要的向校外同行学习的机会。

搞一体化教学，大家都在摸索着走，搞了这么多年，部里不还是在试点吗？同行之间的交流很重要，要学会取长补短，我对鱼骨图分析技术的改进就是受到了他们的启发。

同时，校际交流也使他获得了更多积极的外部评价，进一步增强了其教学发展的信心。谈到2015年在北京市职业学校青年骨干教师项目中期汇报会时，JS1这样说：

全市177名培养对象，选出7个人汇报，我是唯一一个技工院校的代表，其他都是教育口的高职学校来的。前面几个老师讲，我坐在下面听，有的老师一年发多篇论文，出了多本教材，我当时压力很大，因为这些都不是我的强项。后来硬着头皮上去了，还好因为有师资培训的底子，我也不怯场，我讲我的经历、怎么做教改、怎样和企业合作、为企业开发课程，讲完以后，底下的掌声哗哗的就响起来了。负责教师培养项目的专家在点评发言时说，×老师（JS1）的成长模式才是我们职业学校老师的成长模式。会后，分组讨论时，其他人也基本上都在说我的事情。从那以后我在北京市就成了名人了，我再去做任何培训，都自信了！

JS1在访谈中表示，2012年以后"学校评的各种荣誉"他都拿到了。从收集到的关于他的几份个人事迹材料来看，所谓"学校评的各种荣誉"不仅包括学校自主评审授予的荣誉，也包括学校每年推荐参加的上级主管部门组织的评奖和授予的荣誉称号。这些来自业内同行和上级主管部门的赞誉和肯定，无疑为JS1更积极地投入工学一体化课程教学改革注入了更强大的动力。

本章小结

本章对"大学生"教师JS1的教学能力在工学一体化课程变革下的发展过程进行了全面梳理，通过具体个案呈现了工学一体化课程变革下职教教师教学能力发展的复杂过程。从课程变革的视角看，JS1教学能力发展的过程可以划分为课程变革前和课程变革后两个阶段，变革前对应他自己定义的"褪涩"期，变革后对应"沉淀"期和"转型"期。本研究聚焦工学一体化课程变革下职教教师教学能力的发展，之所以将变革前的阶段作为分析的对象也包括进来，是因为考虑到发生在这一阶段的典型事件对后一阶段的教学发展产生了重要影响；另一个考虑是，JS1代表了众多在传统课程模式下按部就班的"大学生"教师突然遭遇课程变革后从质疑到改变，从被迫参与到主动参与所表现出来的困惑、坚守、蜕变和成长的发展经历，这一转变的过程具有典型性。在叙事的基础上，本书借鉴使用伊列雷斯的学习过程模型作为分析框架，对JS1不同发展阶段教学能力发展的过程及影响因素进行了研究分析，得到以下研究发现。

第一，"大学生"教师在课程变革前基于传统课程模式建立的教学能力图式和以工作胜任能力为核心的专业能力不足是影响其接受并采纳工学一体化课程变革的主要障碍，也是影响其后期教学能力发展的主要因素。

第二，通过外部压力为教师改变制造"适度焦虑"，是促进职教教师教学转变的重要策略。它可以改变教师对课程变革的认知和态度，帮助教师建立新的课程理念和教育信念，从而激发教师参与课程变革并发展教学能力的内驱动力。从本案例来看，在所有外部力量中，校长的权威和人格力量是主要因素。

第三，附加式整合是工学一体化课程变革下促进"大学生"教师教学能力发展的重要策略。以教学项目实践为主的附加式培训是提升"大学生"教师工作胜任能力的有效措施，而工学一体化课程教学实践与课程开发活动构成了教师整合学习的载体。教师通过综合性实践中的整合学习，将已有教学能力和通过附加式培训获得的新的能力进行跨界集成，从而实现教学能力图式的顺应性重构。之后，新的附加与整合学习继续发生，从而推动教师教学能力不断向前发展。

第七章

嫁接式整合："企业"教师的
教学能力发展

本章将以"企业"教师 JS2 作为研究个案，分析探讨工学一体化课程变革下职教教师教学能力嫁接式整合发展的过程模式。

JS2 是一位有着 27 年工龄和 15 年从教经历的老教师，在 2004 年以高级技术技能人才被 G 学院引进担任数控专业教师之前，就已经有 12 年的企业工作经历。在访谈中，他笑称自己是个"半路出家"的教师。作为新中国第二代成长起来的数控加工领域的技术技能人才，JS2 长期在某光学仪器厂从事数控加工的编程、操作、计算机辅助设计、工业设计等技术工作，是厂里名副其实的技术大拿。2004 年适逢 G 学院数控加工专业初建，学校亟需懂专业、会操作数控机床的技术技能人才来校任教，基于这样的机缘巧合，一直谋求新的发展平台的 JS2 怀揣着可以把技术技能传授给更多人的梦想从工厂"半路出家"，到 G 学院当了一名职教教师。JS2 的故事很有代表性，他作为亲历者见证了 G 学院从"任务引领"到"行动导向"再到"工学一体"推进工学一体化课程变革的全部过程，并在课程变革的迭代升级中成长为数控加工专业的课程负责人，成为为数不多的进入学院"E 计划"培养的专家型教师人选之一。

第一节　JS2 的教学成长故事

JS2 在教师岗位上的成长经历大致可分为三个阶段，第一个阶段是从

2004—2009 年,被他自己认为是"特别适应"的五年,这一时期正好与 G 学院"任务引领型"课程改革的时间相吻合,笔者将之归纳为"教学适应期";第二个阶段是从 2009—2011 年,这两年,他经历了从一直熟悉并十分适应的课程模式向新的课程模式①转化的初期,已经形成的教学理念和教学行为被课程变革所重塑,经历了教师职业生涯中第一次痛苦的转变,笔者称之为"教学转变期";第三个阶段是 2011 年以后,JS2 经过 2 年多的教学转变,实现了教学能力在新课程模式下的稳步发展,开始进入"教学发展期"。

一、教学适应期:"会干活儿"的教师

JS2 进入 G 学院当老师之后的头几年,从企业进入学校的教师非常少,大部分教师是大学毕业后到学校任教的,给 JS2 印象最深刻的是"有很多有经验的教师,课讲得很精彩","花活儿"很多②,他说:"有一种重回大学校园的感觉。"但与老师讲课的"兴奋劲儿"形成鲜明对比的是,课堂上净是趴着睡觉的学生,好像老师的讲课和他们没有任何关系,站在讲台上的老师只是在"自导自演""自娱自乐"。与这些老师们不同的是,主任给 JS2 安排的第一门课程是一门实训课,因为他有企业实践经验,关键是会操作数控机床,课程的名称叫"单件简单零件的数控车加工"。领取教学任务的时候,他还领到了一本教材,但主任说,这本教材只做参考,教学内容由他自定,目标就一个:"教学生'干活儿',把学生教会"。下面是根据 JS2 的访谈整理的几个案例,大致可以说明他在这一时期的教学状况。

(一)这个老师很厉害

JS2 给学生教的第一个完整的加工项目是用数控车床加工一个酒杯模型,这是他在企业参加数控车培训的时候,负责培训的师傅留下的一个课

---

① 在这里,课程模式实际是一体化课程的不同发展阶段。

② 指教师的教学方法很多。

题。这是他第一次在学生面前"炫技"，一下子为自己"圈了很多粉丝"。

酒杯模型是一个很经典的培训课题，学生通过学习可以练习平面、曲面的切削，轴类和孔类零件的加工……而且做出来很好看，有一定的观赏性和实用性。我记得在厂里的时候，第一次把它车出来，就觉得特别漂亮。因为工厂的机床精度很高，而且有特殊的表面处理工艺，车削出来的东西能达到镜面的程度。和我同车间的一个工人特别喜欢，这个同事就找来料，让我帮他再做几个，凑成一套，后来大概做了十几个。因为是私活儿，晚上需要加班到很晚，所以印象就特别深刻，我就拿来给学生做。学生们拿到这个图纸以后对这个项目也有很大的期待。我就从编程开始，然后仿真（模拟），最后上机床把它车出来，从头到尾给学生示范了一遍。当成品加工出来的时候，学生一下子惊呆了。"哇，这东西好漂亮！老师好厉害！"这一下子就让我在学生中打响了名头，学生的学习兴趣也激发出来了，学习热情很高。①

（二）让学生觉得有趣才能学会

JS2 说，刚入校的时候，"如何把教的内容给学生讲明白、让学生学会"是他面临的一个困扰，"老师的表达方式是一个方面，但载体也很重要，让学生觉得有趣才能学会"。因为在企业操作过数控车、铣、加工中心等各种机床和厂里的特种机床，而且还做过相当长一段时间的计算机辅助设计和工业设计，所以 JS2 手上有很多现成的案例和加工项目，可以说"随便拿一个过来，都够学生学一阵子的"。但由于学校的条件有限，企业的很多项目拿到学校以后不能直接用，他就琢磨怎么设计一些在学校里也可以做的项目，还要让学生喜欢、有兴趣，比较经典的就是"象棋"和"企鹅蜡烛模具"。

"象棋"这个项目其实来得很偶然，那个学期我带他们数控铣

---

① 本章引用内容凡未作说明的，均引自 JS2 的访谈笔录。

（床）。当时就是想着做一个连续的项目，从简单的铣平面、平行体开始，再铣成圆……，最后还得做成一个成型的东西，特别是学生可以用的东西。那个时候，新来的老师都要当班主任，有一天晚上我去查学生宿舍，正好我们班有两个同学在宿舍下象棋，我突然就来了灵感，最后就做成象棋。刚好我带的那个班有32个学生，每人做一个，正好一副象棋。我就给每个学生发了一个小铝块，让学生先铣成平行体，平行体有六个面，然后再铣成多边形（应该为多面体），这里涉及好多指令，像几坐标、坐标旋转都会用到，铣成多边形之后，再铣成圆，圆的指令又有了，最后就演变成象棋了。当然，每一步都有尺寸，我会给他们图，让他们看图做，他们又学会了读图。做完之后，大家把象棋往出一放，学生别提多兴奋了！后来学生说："老师我们还要做几副。"有几个学生晚上跑到车间来加班……后来这个项目就一直保留下来，校庆的时候，我们系做了一批礼品，就是学生做的象棋。

还有就是企鹅蜡烛模具。那个企鹅的蜡烛模具，可漂亮了，当时我就摆在车间的柜子上，结果做完的模具都让学生"偷"跑了。那学生把用模具做出来的小蜡烛点上，拍照传到QQ空间里面，小企鹅能点！可骄傲了，觉得这值得他炫耀！

除了上面案例中提到的教学项目，JS2在这一时期还按照"任务引领型"课程的要求设计了很多有趣的教学项目，有一些还不断地进行改进，比如，他曾在后来的教学中把"酒杯模型"这个单件加工改造成了组合体加工，有杯盖、杯体，把轴类零件的加工、孔类零件的加工、盘类零件的加工融合到一起，变成一个综合实训项目。通过这些有意思的实训教学项目，JS2找到了向学生有效传递学习信息的方式，也培养了一定的教学设计能力。

（三）徒弟带徒弟

学数控加工，学生除了要学会编程、操作机床，关键还要把握不同材料的装夹、刀具的使用、加工的工艺等。要让学生走出校门就会干活儿，除了校内的实训项目，还要让学生亲身体验真实的企业生产才能达到这一培养目标。由于学校周边有不少加工企业，系里就联系一些简单的外协加工任务，让老师们带着高年级的学生做。在做外协加工任务时，JS2又实验了一个有效的教学组织方式，他说：

> 当时由我、一个企业来的师傅、一个留校的老师三个人组成一个小组，来料以后，一般由我或企业的那个师傅做示范，我们三个（人）统一一下要求，再带着学生做。那时候，数控专业的学生已经很多了，一个老师要指导四五十个学生，根本带不过来。怎么办？我就用在企业的时候师傅带我们的办法，徒弟带徒弟，每个班里都有几个喜欢动手动脑、机灵的学生，我就先培养他们，再让他们去带其他的学生，然后我就变成指导了。后来发现这个办法很有效，学生学得也很带劲，其他老师就也开始这么做了。

透过JS2的案例，我们可以看到，G学院当时的"任务引领型"课程对教学内容进行了大胆的革新和尝试，而且赋予了教师较大的自主权，既提高了教师教学的积极性，也提高了课堂教学的效果。但课程教学依然采用了教师讲授、示范，学生模仿，教师指导的传统教学模式，在课程内容的设置上比较随意，没有形成相对完整的课程体系或系统。

二、教学转变期："顿悟的"教师

2009年，G学院在完成对第一轮课程变革的评估之后，发现了教学中的很多问题，开始学习借鉴德国"学习领域"的课程模式，对已经实施了近五年的"任务引领型"课程进行"行动导向"的课程改造，这就是工学一体化课程的原型。这次课程改革是JS2进校以来第一次遭遇的课程变革，在最初的两年里，已经在"任务引领型"课程教学中"如鱼得水"的他第一次感到了压力和不适。

在新一轮课程变革中，专家们一直强调要设计有教育价值的学习任务，从"有趣"到"有价值"，从"教学任务"到"学习任务"，这不仅是表述形式的变化，更多体现的是课程内涵的变化和内容的深化。对此，JS2 的体会是：

> 我们过去对教学项目（任务）的设计关注的是任务是什么，现在关注的是任务承载的是什么，任务本身并不重要，融入任务的内容才重要，这就需要我们去发现有教育价值的东西。比如，过去我们教学生加工一个工件，加工的方案是老师给定的，学生要按要求一步步把它加工出来，加工出来之后，老师检测，符合要求就过关，不符合就不过关。教的过程其实就是学生模仿的过程，学生是被动的，没有思考，他只知道一，不知道二，不会举一反三。在这个过程中，老师关注的是结果，学生是否达到了考核的要求，达到了就认为是学会了。但学生在这个过程中学到了什么、他自身发生了哪些变化并没有被关注到，这就需要对课程的内容进行深化。这其实就是一个（对现有教学方案）推倒后重构的过程。这在当时对我们来讲是有很大的难度的。

尽管要达到新的课程要求有很大难度，但在学院有力的推动和专家的指导下，教师们还是开始了这一艰巨的工作。学院首先请课程专家对教师们进行课程开发技术培训，但参加完培训的教师们依然是一头雾水，不知从何处下手。

> 我们主任去德国学习过，而且悟性特别高，他就带着我们一起做。我们在前期教学中积累了很多项目（学习任务），主任就从中选择一些有代表性的，带着大家一起做工作分析，类似我们现在的实践专家访谈会。我和企业来的老师傅做企业实践专家，主任和其他老师访谈我们，主任也兼主持人。因为是第一次，我们都没有经验，虽然有提前准备好的提纲，但谈着谈着就跑题了，因为我们脑子里的案例太多了，经常由这一个联系到另一个，就跳开了，访谈的老师也不知道怎么收回来。主任就说我思维太跳跃，逻辑性不好，他就亲自访谈

我。他说："我问什么你答什么，不要扯远。"我记得当时就是围绕"酒杯模型"的组合件加工展开的，比如，工作的对象、材料的性能、加工的过程、用到什么工具设备、采用什么工艺方法，以及这中间涉及的知识、技能、人的素养等。访谈完之后，主任说把今天说的记得写出来，整成一个完整的东西，每个人都写……

把做的写出来，过去没干过，老师们普遍觉得没有这个必要，因为都在脑子里装着。但想把它写出来，还真不是件容易的事情。用规范的语言把工作任务描述出来，再把这一任务的工作过程、工作要素分析出来，是课改教师们遇到的第一道坎儿，但工作分析是挖掘"工作中蕴含的教学价值"的有效方式，也是教学设计的基础。因此，只有迈过这道坎儿，课程改革才能往下走。

我们这些人普遍缺乏写作的训练，写一遍主任说不行，再写一遍还说不行，因为当时的教学任务很重，我们都是加班干，老师们心里就有抵触情绪了。但那个时候我们是一个团队，校长也在里面，和主任一起听我们汇报，所以大家谁也不好意思走。

从工作任务分析到教学设计，这个过程中有大量的写的东西，写工作分析、写任务描述、写工作页、写教学活动策划、写教学设计方案……每个环节都要写出来，而且都有规定的格式，措辞要求非常严谨，逻辑性很强。这些，都是技术出身的 JS2 不擅长的。

开始的时候就是模仿，照猫画虎，跟着主任还有其他老师学着做。做上几遍，慢慢地就摸出门道，知道该怎么写了。写的过程其实是一个对过去的教学重新思考的过程，写着写着，思路就清晰了，可能达到某个点你一下子就顿悟了。

G 学院从老师们熟悉的教学任务入手对老师进行课程开发技术的培训，既找到了培训的载体，实现了"做中学、学中做"，也便于老师们上手，输出的成果再回到课堂上去检验，这让老师们真切地感受到了课程变革前后的变化，从而增强了老师们参与课程变革的信心。这为后期的课程开发打下了良好的基础，也为梯级教师队伍的培养积累了经验。

三、教学发展期："不走样儿"的教师

"边开发、边实验、边总结"一直是 G 学院推进工学一体化课程教学改革的指导思想，在教学副院长 JS15 看来，课程变革本身不是目的，通过课程的开发和实施培养一支"能上一体化课、上好一体化课"的教师队伍，提高学生的培养质量才是目的。经历了教学转变期顿悟式发展的 JS2，对学院的课程变革产生了高度的认同，在变革执行过程中"坚持标准不走样儿"，实现了个人教学能力与工学一体化课程变革的同步发展。

（一）内容和目标的一致性

在 JS2 看来，工学一体化课程的教学实施对职教教师有两个层面的挑战，一个是课堂教学的组织，这是形式层面的挑战；一个是保持教学内容与培养目标之间的一致性，这是实质层面的挑战。前者是显性的，一个教师课堂组织的是否有序、课堂把控是否得当、学生主体作用是否发挥，这是一个看得见的过程，是大部分教师通过课堂教学实践可以解决的问题。JS2 认为，这种课堂组织形式甚至可以在某些需要的时候被教师演出来。而后者是隐性的，是教师对课程标准执行的程度。他认为，一门课程中学习任务的选择是围绕这门课程的培养目标确定的，教学过程中教师是否严格执行了课程目标的要求反而是不好评判甚至是不易被察觉的，这一点恰恰是工学一体化课程教学对教师能力要求最高的地方。下面的教学案例印证了他的观点。

教学案例：加工材料的选择①

数控加工专业中级工第二学期普通机床加工一体化课程"组合件加工

---

① 资料来源：根据 JS2 的访谈笔录整理而成。

与装配"中有一个学习任务叫"手持压面器的加工与装配",这是学院从2011年年底到2012年年初开发的一个很经典的学习任务,一共由七个单件组成,包含了偏心、薄壁、难加工材料、刀具使用、装夹等一系列的知识和技能要求,最初设计的时候考虑到加工成本因素,选用的加工材料是机械加工中常用的"四五钢"①。后来考虑到压面器是厨房用品,怕酸碱,容易生锈,改为不锈钢,不锈钢是一种比较难加工的材料,但更符合国家职业资格标准里面相应的加工要素的要求。在教研活动的时候,老师们因加工材料的选择发生了激烈的争论。一部分老师认为材料的选择应当考虑学校教学的实际情况,一体化教学中的工作毕竟只是一个模拟过程,加工出来的产品也不会实际应用,换一种好加工的材料反而更有利于教学处理。但我坚持认为,更换材料就是降低培养目标的要求,内容的选择应当与培养目标具有一致性,一体化课程是"学习的内容是工作,通过工作来学习"的一种课程模式,那就应该尽可能还原工作中的实际情况,而且这里不仅涉及材料的选择问题,材料的更换还涉及刀具的选择和加工的工艺等一系列问题,这样培养目标就偏离了课标的要求。我开玩笑说:"谁见过机器的传动轴是用铝做的?如果学生在学校是这么学的,他等于没学。"尽管争论的最后是选择不锈钢作为加工材料,但在实际的教学中,还是有老师私下更换了更容易加工的材料。

在JS2看来,加工材料的选择是教学的核心内容,是不能随意更换的。但并不是说教师在实际教学实践中不能根据实际情况对教学处理做出调整。他说:

> 因为学校条件的限制,我们需要有一些相应的补救措施去补充一些缺失的环节,比如,教学设计中计划使用某种刀具,但是仓库里没有,我们就需要调整一下,这里仅涉及加工工艺的调整,在工厂生产的实践中,熟练的技术工人会根据具体情况调整加工的方法,克服加工过程中遇到的一些问题和难题,以促成目标的达成,这恰恰是教学

---

① 碳含量为0.45%的钢材,是机械加工中常用的一种原材料。

中培养学生解决问题能力的最好时机。

通过上述案例不难看出，在工学一体化课程教学中，教师的工作胜任能力对教学效果的影响远比教学的技巧、方法等教学基本功更重要。

（二）看教学的角度

2013 年，JS2 成为学院第一批通过认定的课程负责人之一，开始负责数控加工专业中级工层次的课程资源建设，牵头组织工学一体化课程标准的修订和课程资源包的开发工作。从 2013—2017 年，JS2 在未脱离教学一线的情况下，承担了大量的课程开发和项目建设工作，进入 G 学院倡导的"多做事、做难事"的快速成长期。JS2 说，这段时间，因为工作的原因，他得从不同的角度去审视学院正在推进的工学一体化教学变革和变革中的自己，进一步拓展了对工学一体化教学的认识，进而促进了教学能力更好的发展。JS2 说，他过去是站在教师的角度看教学。

> 我的关注点就是学生和课堂，所以我更重视课堂教学该如何组织，比如，课堂的秩序、教学手段的选择、表达的形式、学生的现实表现等，这是一个很微观的角度，导致我看不到课程在人才培养中的位置，也不知道课程设计的重要性，甚至对教学设计的重要性也重视不够，所以就看不到自己在教学过程中的缺陷或不足。

2013 年成为课程负责人以后，因为工作的原因，JS2 又多了两个审视教师教学的角度。一个是站在评价者的角度，因为他看到了教学设计对于教师教学的重要性。

> 因为课程负责人有一项职责叫教学指导和督导，我经常要听老师的课，要做评价，还要给他们指导，这与过去观摩性的听课是不一样的。另外，我有时候也被邀请到别的专业或校外去做评委，也听了很多老师的一体化课。这时候，我看到的东西就不一样了，我既看到了教学实施的过程，也看到了教学实施背后的教学设计和设计思路。这时我会反观和审视自己的教学，我发现，教学实施中最致命的问题往

往不是老师教学经验不足，而是（教学）设计的缺陷，比如，你在教学设计中没有考虑学生未来的发展，那你教学实施过程中的这个环节就会缺失，（人才培养的）目标就不能达成。

另一个是站在跨界者的角度，因为他看到了学校教育教学内容的取舍，即课程设计的重要性。

> 我是从企业来的，在企业的时候我不会考虑教学的事，当了老师以后，我想的是如何把我知道的尽可能多地教给学生，但没考虑哪些是我应该教的，哪些是不用我教的。因为我有企业经验，所以2009年之前我去企业很少，时间长了就有些脱节了。后来搞课改，我跟着主任做企业调研、做实践专家访谈会……做实践专家访谈会要提取典型工作任务，这是对学校里该教什么不该教什么的一个取舍的过程。但我发现，有些典型的工作任务也不需要在学校里教，或者不用重点教。比如，在数控加工这个领域，操作机床的熟练性就不是学校关注的点，这是到了企业以后训练的，因为企业里有绩效考核、奖金激励，逼着他（效率）就上去了。另外加工的工艺，这些都是外显的，也很容易学。但数控的编程就不一样，它是内化的一个东西，或者说它是内隐的，它是在人的头脑里面用的时候才显现出来的技能，别人看不到。在企业里面竞争是很厉害的，有句话叫"教会徒弟饿死师傅"，所以师傅就不愿意教这一块，这就是学校要（重点）关注的点。当然，学校也不是不教学生操作，但重点是教（操作的）方法。另外，还有一点也很重要，因为我们要考虑到学生的就业和未来的发展，有一些技能是可以预见将来要被工具替代的，而且这种技能需要长时间的训练才可以获得，这也需要取舍。学生在学校的时间很有限，在有限的时间里教给学生什么很重要，所以内容的选择很重要。

（三）关注重心的回归

作为一名教学业绩突出的专业课教师，JS2 的视线从未离开过他热爱的教学，唯一不同的是，处在不同时期的他会有不同的关注重点。他说：

"这两年我觉得自己是在往回走，我又开始关注教学组织层面的东西了，这大概是一种关注重心的回归吧。"

他说，促使他回归的因素有很多，但主要的有三个。

第一个因素是学生。在他看来，教育的对象是影响教师发展的首要因素。从教以来，先后带过80后、90后和00后不同年代的学生，他说自己原来也有和其他老教师类似的看法，就是学生一代不如一代，但现在他不这么看了。

80后勤奋，90后好奇，00后猎奇。不是学生的学习能力差了，是学习的习惯不一样了。比如说智能手机，00后的学生捣鼓捣鼓就把功能搞明白了，他这方面一定比你强，这就是学习能力。现在经常讲大数据，教了这么多年学，教过的学生就是大数据，这个数据值得研究和分析。

第二个因素是教师职业能力大赛。他说，全国两届教师职业能力大赛，他参加了第一届，结果连预赛都没冲出去。不是教学组织得不好，是信息化的教学手段用得不好，第二届干脆不参加了。

第三个因素是疫情。线上教学让他"忙得不亦乐乎"。开始是"乱，心乱"，面对着屏幕，"突然有一种不知道课怎么上了的感觉"；之后是"忙"，因为各种资源不凑手，现学现做。他说，上网课期间，自己经常问自己，"一体化教学搬到线上怎么教？"

当面对的教育对象的学习习惯、学习倾向不断发生变化，当信息化的教学方式已经成为教师课程教学有效的表达手段，当诸多未知的因素瞬息发生变化的时候，如何保持被我们一度认为最适合职业教育的工学一体化课程教学的丰富性和多样性，是值得每一个职教教师思考的问题。JS2 是一个善于思考的行动者，他已经开始行动。

我们已经在开始做线上线下的混合式教学和远程仿真平台，但如何保持资源的丰富性和多样性，满足不同的学习需求，需要精心设计，包括后期的制作、实施都是值得研究的新课题，需要我们投入很多的力量去攻克。

第二节　JS2 教学能力发展的过程分析

与 JS1 不同，JS2 的教学发展有两个显著的特点：一是职业的跨界成为其教学成长的起点，从企业工程技术人员到职教教师，JS2 职业生涯的跨越契合了职业教育课程变革的需要；二是职业教育课程变革客观上为 JS2 的职业跨界提供了可能。因而，他对工学一体化课程变革比老"大学生"教师 JS1 有更高的认同度。下面，笔者分别从教学适应期、教学转变期和教学发展期三个发展阶段对 JS2 教学能力发展的过程进行分析。

一、教学适应期："任务引领"课程下的能力累积

JS2 的教学适应期恰逢 G 学院一体化课程探索的初期，在向"任务引领型"课程转变的过程中，学校传统的师资正面临第一轮课程变革带来的阵痛，而 JS2 的到来却恰好适应了这一变革的需要。因此，JS2 教学能力的发展从一开始便置于一体化课程模式之下，并伴随着一体化课程变革的进程不断提升。从企业工程技术人员到职教教师，教学适应期的"任务引领型"课程教学为 JS2 初期教学能力的累积发展提供了契机。图 7-1 展示了 JS2 教学适应期的教学能力发展过程。

（一）对互动过程的分析

从互动过程看，学校成为 JS2 职业跨界之后的另一个定界的工作场域，因为这一时期，他几乎再没有回到过企业。因此，他的工作环境相对封闭，学校、专业教室、课堂等构成了其工作的技术组织型环境，新的同

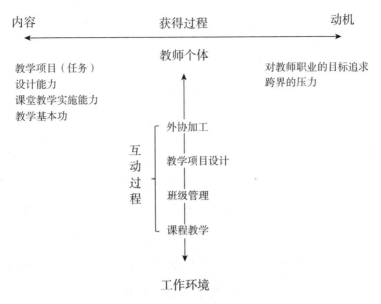

图 7-1　JS2 教学适应期的教学能力发展过程

事、学生和学校的文化则构成了其工作的组织文化型环境。在这一相对封闭的环境中，JS2 的工作和活动主要围绕着课程教学而展开。其中，课程教学和班级管理是其最主要的两项工作，在课程资源比较匮乏的课改初期，教学项目（任务）设计既是教师备课的需要，同时也具有课程开发的成分，而外协加工则是一种对新的教学载体或教学形式的尝试。在这一看似简单的互动过程中，我们依然可以看到教师的"行动中反思"，如 JS2 在入校后对其他教师授课的观察和思考，对"如何把教的内容给学生讲明白"的教学思考，并进而对教学项目进行兴趣化设计，以及在课堂教学中采取的类似"徒弟带徒弟"的教学策略等。从这些反思活动来看，JS2 这一时期的教学反思主要围绕"如何把课上好"展开，说明他的反思性实践还停留在技术性反思和实践性反思的初级阶段。

（二）对获得过程的分析

从获得过程看，JS2 的企业工作经历契合了"任务引领型"课程的需要。一方面，基于长期专业工作实践形成的工作胜任能力为"任务引领"的一体化教学实施奠定了坚实的基础；另一方面，在一体化教学实践的累积式发展过程中，建立在专业实践基础上的工作胜任能力快速转化为一体化课程下的教学实施能力。

在内容维度上，JS2 的教学能力经历了一个累积式发展的过程。首先是入职初期教学基本功的建立，这一过程大约经历了一年的时间，"如何把教的内容给学生讲明白"是他首先需要克服的困扰。正是基于这一挑战，他开始琢磨"如何把教学任务设计得让学生更有兴趣"，从而调动学生学习的热情，提高学习的效果。结合学生的特点对企业的生产或培训项目进行改造，使他具备了初步的教学项目（任务）设计能力，这既是其工作胜任能力的体现，也为其一体化课程教学和后来的课程开发打下了基础。应该说，这一时期，JS2 的课堂教学实施能力得到了学生和领导的认可，他对"任务引领型课程"的驾驭可谓驾轻就熟。

在动机维度上，"把自己掌握的技术技能传授给更多人"的梦想，既是他对职教教师这一职业最初的目标追求，也是其教育信念形成的基础，这是促进其教学能力发展的内部动机。另外，跨界带来的压力是促使其提高教学能力的外部动机，在内部动机的引领下，这一外部动机转化为促进其教学发展的外部推动力。

二、教学转变期："行动导向"阶段的能力嫁接

JS2 的教学转变期正值 G 学院一体化课程变革从"任务引领型"阶段向"行动导向"阶段发展的时期。如果说相对传统课程模式，"任务引领型"课程是教学内容在形式载体上的变化，那么"行动导向"的引入则是教学模式的结构性变革，这对包括 JS2 在内的所有教师提出了更高的教学要求。对 JS2 个人来讲，这一时期在教学上的最大发展是学习任务分析能力的嫁接式生成。JS2 教学转变期的教学能力发展过程如图 7-2 所示。

（一）对互动过程的分析

从互动过程看，JS2 的实践场域从学校的定界向学校与企业的跨界扩展，与过去在企业工作不同的是，这次跨界使他以一个新的身份——职教

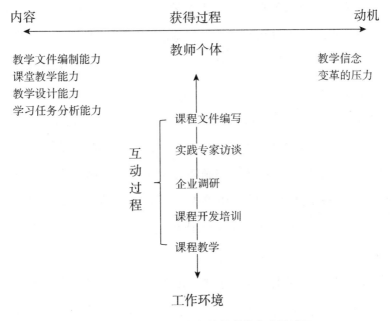

图 7-2 JS2 教学转变期的教学能力发展过程

教师——从另一个视角去审视他熟悉的工作。这一时期对其教学能力发展影响较大的实践活动除了课程教学以外，主要包括课程开发培训、企业调研、实践专家访谈会和课程文件编写等一系列与课程开发相关的工作。

已经初步掌握工作任务分析方法的 JS2，开始学会用教育者的视角去思考工作所蕴含的教学价值，迈出了从技术专家向教学专家转变的第一步。同时，在与工作环境的互动过程中，JS2 通过在工作实践中的"做中学"，借由"写的过程"对自己业已熟悉的教学工作进行了反思，并且这种反思超越了上一阶段对"如何让学生听明白""如何把课上好"的技术性反思，上升到"对过去的教学重新思考"和"对教学过程重新建构"的反思，这是一种对于自身教学经验和教学行动意义的重新认识和理解并实现教学"顿悟"的反思。这说明，JS2 的"行动中反思"能力已经达到了一个较高的水平。

（二）对获得过程的分析

获得过程的变化首先体现在教学能力的内容上。在前期教学能力发展的基础上，这一时期 JS2 的教学能力内容主要体现在学习任务分析能力、行动导向的课程设计能力和课堂教学实施能力。通过参与课程开发过程中的实践专家访谈会和工作任务描述，JS2 实现了对专业工作的教学性分析能力在工作胜任能力上的有效嫁接，打通了从工作胜任到"行动导向"教学设计的通道。学习任务分析能力成为促进其教学能力图式发生结构性变化的基础。另外，课程开发的培训和实践还提升了他的课程文件编制能力。从某种意义上讲，课程文件编制能力相对教学实施层面的教学能力内容对 JS2 教学水平提升发挥的作用更大，因为"写的过程不仅是一个规范的过程，更是一个对教学重新思考和建构的过程"，这是其教学能力由量的发展向质的飞跃的一个重要标志。

教学能力内容的变化，与处于同一水平线上的动机产生了互动，它改变了 JS2 的教学信念模式，从"过去关注任务是什么"，向"关注任务承载的是什么"转变。同时，课改成果的输出和应用则进一步增强了他参与一体化课程变革的信心，初期遭遇变革的压力逐渐转化成促进其教学能力发展的动力，从而实现了由外部动机向内部动机的转化。

三、教学发展期："工学一体化"课程下的能力整合

对"半路出家"的 JS2 来讲，教学发展期占据了其教师职业生涯一半以上的时间。这一时期，他从一名熟手教师成长为本专业工学一体化教学的骨干，并进入学院"E 计划"专家型教师培养行列。从霍尔的教师变革发展阶段来看，JS2 进入课程变革的常规化阶段，并向精致加工阶段发展。这一时期的教学能力发展过程如图 7-3 所示。

（一）对互动过程的分析

从互动过程看，JS2 教学发展期的实践活动场域继续扩大，身份的变化使他得以从以课堂为中心的活动场域向以课程为中心的活动场域拓展，牵头组织"中级工一体化课程标准修订和课程资源包的开发"表明他已进入本专业中级工层级教学实践共同体的中心位置，牵头负责"世界银行贷

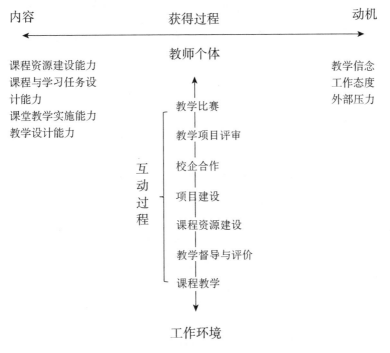

图 7-3 JS2 教学发展期的教学能力发展过程

款农民工培训机床加工专业职业资格培训课程包开发"项目(简称"世行项目")的建设则说明他已进入学院倡导的"多做事、做难事、快成长"的快速发展期。这一时期,对 JS2 教学能力发展影响最大的实践活动主要包括教学督导与评价、课程资源建设、世行项目建设、校企合作和教学项目评审等。

这些重要的活动载体,为 JS2 反思自己的教学提供了更广阔的视角和平台。一方面,作为评价者和指导者,他通过对他人的评价反观自身的教学,看到了自己的不足;另一方面,作为一名成功的跨界者,他看到了教学的全貌和学生未来的发展。开始用人才培养的视野看待教学,表明他的教学能力发展达到了新的境界。另外,他还在访谈中提到了教学比赛对他的影响,与其他教师不同的是,他不是作为比赛的获胜者谈到比赛对他提升教学能力有多大的帮助。相反,是一场在预赛中没有出线的失败暴露了自己在教学上的短板,促使他对自己的教学进行反思。

总之，在更全面、更深入地参与到工学一体化课程变革的实践中之后，JS2 表现出一位优秀的反思性实践者"在处理令人困惑的、多样的实践情境时所展现的艺术性"①，他对不同时期学生特点的反思、对信息化时代及后疫情时期教学方式的反思，以及采取的策略，无不表明他的"行动中反思"达到了经由实践性反思向解放性反思的飞跃。

（二）对获得过程的分析

从获得过程看，JS2 教学能力的发展无论是从内容维度还是动机维度来看都达到了一个较高的水平。

在内容维度上，JS2 的教学能力实现了建立在工作胜任和工作分析基础上的整合式发展，他在具体的教学实践中实现了将"任务引领"课程阶段的教学能力和"行动导向"课程阶段下生成的教学能力内容的整合与集成，建立起工学一体化课程下的教学能力图式，具备了完全胜任工学一体化课程教学的工作分析能力、教学设计能力和课堂教学实施能力。在此基础上，他的教学能力继续向更高水平发展，具备了指导其他教师开展工学一体化课程教学的能力，并牵头承担本专业中级工层次课程建设工作，具备了组建和带领团队进行课程设计和课程资源建设的能力。这说明 JS2 已经具备了一定的课程领导能力。

在动机维度上，JS2 开始形成自己关于工学一体化教学的信念，如对教学设计在课程教学中的作用的认识发生了变化，在课程内容的取舍上有了自己的判断和标准，对学生的学习习惯、学习态度有了新的认识，等等。按照科瑟根的洋葱圈模型，信念是影响教师能力发展的决定性要素，教师的信念又构成了教师的身份层次，并进而形成教师关于对自身和教育价值的认同，构成教师的使命。由此可见，JS2 在这一时期发展个人教学能力的动机更加强烈。同时，精益求精的工作态度使他坚持不降低教学的标准，进一步增强了他的教学信念。另外，来自工作和外部环境的压力依

① 唐纳德·A. 舍恩. 反映的实践者 [M]. 夏林清，译. 北京：北京师范大学出版社，2020：105.

然存在，这些来自学生、同行竞争、教育技术发展等方面的压力，由于自身对教育教学的热爱，对促进其教学能力发展产生了同向的推动力，实现了外部动机向内部动机的转化。

第三节 JS2 教学能力发展的空间结构与影响因素分析

对 JS2 教学能力发展产生影响的要素主要集中在微观空间和中观空间。

在微观空间，影响 JS2 教学能力发展的个体要素包含了教学信念、工作态度、工作风格和早期工作经历。其中，前三项要素是影响其教学发展的动机要素，是促进教学能力发展的主要动力基础，也是笔者分析的重点。而早期工作经历则使其具备了承担工学一体化课程教学的工作胜任能力，但在长期的专业技术工作中形成的惯习则对其教育思维方式的建立形成了一定的阻碍，并对工学一体化课程变革下教学能力的发展产生了一定的负向作用。对此，笔者将结合中观空间的课程开发要素进行分析。

在中观空间，笔者仍然把工作场所因素划分成技术组织环境要素和组织文化环境要素，但二者之间不是孤立存在的，而是我中有你、你中有我的关系，如师生学习共同体与课堂实践环境具有不可分割的关系，因此在对这些影响要素进行分析时也会存在交叉的情况。

另外，虽然在宏观空间识别出校际交流和教育技术发展两个外部环境要素，但相对微观空间和中观空间的要素来讲，这些要素的影响作用要弱得多，校际交流活动（主要为校外的教学项目评审）为 JS2 反思自身教学提供了一种外部参照，而教育技术的发展则促使其学习并在教学中应用现代化教学手段，提升自己的课堂教学能力。

下面，笔者主要对影响 JS2 工学一体化课程下教学能力发展较大的微观空间和中观空间的要素进行分析。

一、微观空间的影响因素

在 JS2 教学能力发展的空间结构中，微观空间的要素比较丰富。其中，教学信念的形成经历了一个发展过程，从而对 JS2 不同发展时期教学能力的发展产生了不同的影响，而其工作的态度和风格则一直处于相对稳定的状态。

首先，教学信念是影响工学一体化课程变革下 JS2 教学能力发展的第一个体要素。一般来讲，教育信念反映了教师对于教育的固有观点与做法，它往往是变革的主要目标，也是阻碍变革的主要障碍。① 但对"半路出家"当老师的 JS2 来讲，他对职业教育教学的信念则是伴随着工学一体化课程变革的进程而逐步形成的，尽管在课程的不同发展阶段，他对教学的认识、新的教学模式的接受也经历了一个转变的过程，但由于对"工学一体"这一教学理念的认同，其教学信念在整体上与课程变革的要求是契合的，这对其教学能力的发展具有正向推动作用。从教学信念的形成过程来看，"把自己掌握的技术和技能传授给更多人"是他转型当老师的一个重要动机要素，也是他成为教师之后最朴素的教学信念。教"技术"和"技能"，而不是教"知识"，是 JS2 进入教职时和其他教师在教学理念上的一个重要区别，这与 G 学院当时正在探索的"任务引领型"课程的要求是相符的。随着学院课程变革的推进和工学一体化课程模式的正式确立，JS2 通过更多的教学实践和"行动中反思"，积累了丰富的关于工学一体化课程教学的实践性知识，形成了对工学一体化课程建设和课程教学的新认识，逐步建立起"课程教学要为学生未来发展服务"的教学信念，标志着 JS2 的课程变革进入霍尔的"精致加工"阶段。在这一教学信念支配下的教学行动更加自觉，从而有力地推动了他在课程变革新的阶段的教学能力发展。

其次，对教学工作和课程变革的态度对 JS2 教学能力的发展具有重要

---

① 吴筱萌. 理解教育变革中的教师［M］. 重庆：重庆大学出版社，2010：123.

影响。无论是在教学适应期为提高学生学习的兴趣对教学项目设计的钻研，还是在课程变革中对课程标准的严格执行，都反映了他对工作、教学、学生认真负责的态度。这种工作态度对 JS2 努力提升自身的教学能力以适应工学一体化课程的需要，进而提高教学质量具有重要推动作用。另外，从教学转变期到教学发展期，JS2 恰好处于教师采纳变革的"机械实施"和"常规化阶段"，教师在这一时期是否对变革做出改变，是影响课程变革效果好坏的关键。他在课堂教学实践中坚持"不更换难加工的材料，不降低教学的标准，以保持教学的内容与课程标准之间一致性"，不仅取得了良好的教学效果，确保让学生学到了"硬技术"，也使自身教学能力的发展与工学一体化课程变革保持相向而行。

最后，相对孤立的工作风格对 JS2 采纳和坚持课程变革不受干扰具有积极作用，但对其理解课程变革、快速掌握新的课程实施方法不利。JS2 在访谈中多次提到自己属于"自我生长型"的教师，喜欢钻研，他的很多解决问题的方法都是"靠自己悟出来的"。在谈到他人对其教学能力发展的影响时，他也只提到领导对他的影响，很少提及与其他同事之间的交流。这种相对孤立的工作风格，使他在工学一体化课程变革中更多采用自己尝试的方法，而不去参加更加广泛的交流和讨论，以至于难以获得有效的帮助①，因而对其教学能力的发展不利。

二、中观空间的影响因素

JS2 中观空间的影响因素由技术组织环境要素和组织文化环境要素两部分构成，前者主要包括课堂教学环境、课程开发环境、校企合作环境和其他与教学工作相关的工作环境，后者主要包括实践共同体和学校完善的制度体系。

在技术组织环境中，课堂教学环境和课程开发环境是影响 JS2 教学能力发展的两个主要因素，二者相互交织、相互促进。在课堂实践中，学生

---

① 吴筱萌. 理解教育变革中的教师 [M]. 重庆：重庆大学出版社，2010：138.

的学习效果和良好的师生关系对其教学能力发展具有非常重要的促进作用。通过 JS2 的教学成长故事可以看到，学生"觉得老师很厉害"，在课堂上"学得有兴趣""学得很带劲"，甚至在朋友圈"炫耀"自己的学习成果都对 JS2 教学能力的发展产生了重要的正向激励作用。而参与课程开发则成为他形成系统的教学思维方式的重要契机，他在课程开发实践中掌握的工作分析方法，是从工作任务中发现和提取学习价值的重要手段，是工学一体化课程教学设计中的关键技术，为其从技术专家向教学专家转变奠定了重要的能力基础。校企合作环境对进入教学发展期的 JS2 产生了较大影响，深入的企业调研和校企合作项目的管理，不仅为他的一体化课程教学提供了更加生动的案例和素材，也为其提供了审视和反思教学的新视角——跨界者的视角。最后，由教学督导、教学评价和参与教学项目建设等实践活动构成的技术组织环境，则为其提供了更多反思教学的机会，加深了其对工学一体化课程教学的认知和认同，坚定了其参与课程变革和发展教学能力的信心。

在组织文化环境方面主要识别出实践共同体和学校制度体系两方面的要素。尽管 JS2 宣称自己属于"自我生长型"的教师，但他依然摆脱不了实践共同体对他施加的影响。在课程变革的过程中，对 JS2 产生较大影响的实践共同体主要包括系主任、课程专家和教师组成的教学改革实践共同体和在课堂实践中形成的师生教学共同体，后者在课堂实践部分已经进行了探讨。在改革实践共同体中，JS2 认为系主任对他的影响最大，主任不仅"去德国学习过，而且悟性特别高"，关键是还"带着我们一起做"。另外，校长"亲自听老师们汇报"改革的成果也对其教学发展产生了一定的影响。这说明，领导作为课程变革的推动者并成为变革实践共同体中具有影响力的灵魂人物，对强化教师对课程变革的认同、促进教师教学发展具有重要推动作用。同时，JS2 的访谈还反映出与工学一体化课程变革相配套的制度体系对教师教学发展的影响。G 学院"四梯级"教师队伍建设计划为 JS2 的教学成长和专业发展规划了清晰的路径，完善的激励政策更为其教学能力发展提供了安全稳定的制度环境。

本章小结

本章对"企业"教师 JS2 教学能力发展的过程进行了全面梳理和分析，对工学一体化课程变革下职教教师教学能力发展的嫁接式整合过程进行了细致的呈现。因为 JS2 进入学院的时机恰逢一体化课程刚刚从"任务引领"课程的探索起步，因此他的三个教学发展阶段与工学一体化课程发展的过程基本吻合。由此，其教学能力发展过程经历了"任务引领"课程下的能力累积、"行动导向"阶段的能力嫁接和"工学一体化"课程下的能力整合三个发展阶段。通过对 JS2 教学能力发展过程的分析，得到以下三点研究发现：

第一，"企业"教师由于其特殊的专业工作经历而具有较高的工作胜任基础，从心理和行为上比"大学生"教师更容易接受工学一体化的课程模式，特别是在"任务引领型"课程阶段适应度最高。但由于教学经验不足，且在长期的专业工作中形成了比较固化的思维模式，缺乏从教育教学的视角处理和解决教学中问题的能力。这是采取嫁接策略促进"企业"教师教学能力发展的实践基础。

第二，由于"企业"教师和"大学生"教师在教学能力基础和思维方式上存在差异，所以需要对其教学能力的培养采取不同的策略。但在他们基本具备了大致相当的能力基础之后，两种类型教师的教学能力发展过程则呈现出趋同的发展趋势，即教学实践中的整合学习是实现工学一体化课程下职教教师教学能力发展的主要途径。

第三，从影响教学能力发展的因素来看，JS2 感知的影响因素主要集中在微观空间和中观空间。其中，微观空间的动机要素仍然是影响其教学发展的主要动力，对其教学定向和教学能力发展具有决定性作用，而中观空间则为其教学发展创造了有力的客观条件，工作场所中的教学实践是其教学能力发展的主要载体。从发展梯级看，JS2 处于 G 学院"四梯级"计划的第二层次——课程负责人，与已经进入专业带头人序列的 JS1 相比，其向外部空间拓展的机会相对较少，因此其感知的宏观空间的影响因素不多。这在一定程度上说明了职教教师的工作空间相对封闭，对教师拓宽发展视野、争取更多发展机会不利。

第八章

累积式整合：新入职"大学生"教师的
教学能力发展

本书的第六章和第七章分别以"大学生"教师 JS1 和"企业"教师 JS2 两个不同类型的教师个案，对两类教师在工学一体化课程变革下教学能力发展的不同路径但又殊途同归的过程进行了详细的描画，呈现了附加式整合和嫁接式整合两种不同发展模式下的教学能力发展过程。本章将选择一位新入职"大学生"教师作为研究个案，以呈现作为"中途加入者"的青年教师在课程变革中教学能力发展是如何通过累积式整合的模式实现的。

与前面两位老教师都经历过一体化课程从 1.0 到 3.0 发展的全过程不同，本章的主人公 JS11 是一位进校仅四年的青年教师，在她进入 G 学院这个大家庭的时候，课程变革已经进入 3.0 阶段，并正在向 4.0 阶段发展。对于一位过去没有任何教学和企业工作经验的"中途加入者"来说，她是如何面对工学一体化课程教学带来的挑战，又是如何在这一课程模式下锻炼成长的？她的成长故事对职业院校青年教师的培养和青年教师个人的教学发展具有什么借鉴意义？这是本章关注的重点。

第一节　JS11 的教学成长故事

JS11 是一位准 90 后，2016 年研究生毕业后来到 G 学院智能产业系做了一名专职教师。她身材修长，扎一个马尾辫，鼻梁上架一副黑边框的眼镜，性格开朗洒脱，又略带一点腼腆，很符合工科女生睿智、不加修饰的自然形象。JS11 是一位适应能力和规划性都很强的年轻人。

> 我从小给自己设定的目标是以后要当工程师，没想到阴差阳错地当了老师，我可能心比较大，觉得当老师也挺好，我就想着得先给自己规划一下。刚毕业的那会儿，我就想一年之内我要从一个（教学）新手到起码能上课，然后三年之内成为系里的一个骨干老师，五到十年成为一个学科带头人，十到二十年成为一个有经验可以分享的教学名师。

以 2018 年进入学院四梯级教师培养计划为分界点，JS11 入校后的教学经历大致可以分为入职期和入职后期两个阶段。

一、入职期：学会上课

G 学院的工学一体化课程模式无论是课程的内容还是课程的组织形式都和大学有很大的差异，这给 JS11 一种"英雄无用武之地"的感觉。好在这里的课堂教学模式类似自己在中学里上的外教课①，所以她适应起来还不算太难。在入职后的一年到一年半时间里，JS11 和学校都在围绕她能上课这一目标而努力。

（一）特别的新教师培训

2016 年暑假是 JS11 从学生身份转变为教师身份后度过的第一个暑假，也是她印象特别深刻的一个假期。期间，她参加了学院为新教师安排一个的"特别的"入职培训。

> 我原以为新入职培训不会时间太长，内容上无非就是学校的规章制度、教学规范什么的，但拿到日程安排的时候，我发现完全超出了我的预期，首先是时间上的安排，竟然有四周，最特别的是有两周的

---

① 一种探究式的活动课。

技能培训是钳工磨铁①，而且这个内容是放在前面的，是开班之后的第一个项目。刚开始的时候，不清楚学校为什么会安排这么一个培训，难不成我将来要给学生上这样的课（笑）？后来慢慢地就明白了，学校（这样安排）它是有用意的，因为我们这样的学校就是培养技能人才的，技能型人才首先要有工匠精神，那你要培养有工匠精神的人，老师也要有工匠精神，这是第一个用意；第二个，这是我自己琢磨的，我觉得也是最主要的，就是让你把身段降下来。②

"把身段降下来"的确是"大学生"教师进入职业学校之后要迈过的第一个门槛，这对教师树立职业教育的教学理念至关重要，第六章案例中的JS1就经历过类似的转变过程。对此，"心大"的JS11倒没有感觉不适应，她至今都觉得入职的那场培训对她后期的教学发展起到了很好的作用。

其实在G学院，针对教师的各种培训非常多，特别是面向新入职三年的年轻教师，学院依托正在实施的工学一体化教学项目，通过"看得见、摸得着、用得上"的"做中学、学中做"式的培训，使一批像JS11一样的大学生青年教师快速成长起来，为工学一体化课程教学的全面实施打下坚实的师资基础。JS11说，入职一年多参加的各种培训，使自己"快速地形成了一个关于'工学一体化'在课程层面的架构"，对接下来的教学实践有很好的指导意义。

（二）第一次上课

为了保证课程教学的质量，也为了年轻教师的成长，G学院一般要求新进的年轻教师从中级工层次的基础性专业课程上教起。JS11入校后承担的第一门课程是机电一体化专业中级工层次的"电工基本技能训练"，这是一门整合了过去的理论课程——"电工基础"和实训课程、"维修电工

---

① 类似工科院校开展的金工实习。

② 本章引用内容凡未作说明的，均引自JS11的访谈笔录。

基本技能训练"两门课程内容的准一体化课程，以"维修电工基本技能训练"的若干模块为学习任务，将"电工基础"的知识内容融合到具体的学习任务中。在教学中，根据训练的内容，即学习任务的需要，用到哪一部分电工基础的知识就讲哪一部分。在前期培训和师父的指导下，JS11认真地完成了第一次课程任务的教学设计，并在教研室进行了说课等课前准备。但在真实的课堂上，她还是陷入了困境。

> 上课后，我先按计划对全班35名学生进行了分组，然后向全体学生下达本次授课的任务。可能因为是新老师的缘故，学生们也很兴奋，受领任务后，各组找我领取工具和材料。但我发现，课堂很快陷入了混乱的状态。材料还没有发完，前面领取的学生把电线截错了，又过来领材料。有的学生等不及，直接自己过来拿。好不容易发完材料，我开始到各组巡视指导，学生在做的过程中出现了各种各样的问题，这边还没有解答完，那边学生又开始举手了，每次都是这边还没有讲完，那边就乱开了。90分钟的课堂时间，大部分学生都没有完成任务，检查和评估两个环节根本没有进行就下课了。

课后，JS11对这堂课进行了课后反思。

> 造成课堂混乱的原因主要有两个。一是我对学生的学习基础分析不够，不少学生对工具的使用还不是很熟练；二是课堂组织没有搞好，没有对学生进行角色和工作分配，因为怕乱，我基本控制了课堂上的一切，包括材料的分发都由我亲自负责。[1]

基于这样的分析，JS11在下次上课的时候调整了教学的策略。

> 我根据学生的学习状况调整了分组，每组都有一个专业知识接受比较好、动手能力强的学生担任组长，让他带领小组的同学完成学习任务，一般性问题由组长带领小组成员讨论解决，解决不了的我再指导或解答。然后我在全班设置了一个类似仓库保管一样的岗位，每次

---

① 摘自JS11的课堂反思笔记。

上课选 2 名同学担任，由他们负责工具和材料的发放。再后来，类似的岗位逐渐扩大，比如，有的是技术主管，有的是绘图员，有担任课堂记录员，有的负责拍照、维持秩序等，总之，每个人都有相应的角色和任务，每个人都动起来。作为教师，我能够腾出手来宏观地把控课堂。这样慢慢的课堂秩序就好了，整个课堂的组织也井井有条了。①

（三）方法把"点"埋起来了

JS11 不是师范毕业，入职前也没有当过老师，她说自己可能有一点当老师的天赋，开始上课的第一个学期，她认为自己在上课的时候能把一些重要的知识点或技能点给学生讲清楚，让学生找到这些点和点之间的逻辑关系，让学生听懂学明白。但在第二个学期上课的时候，她却对教学产生了新的困惑。

> 刚来的老师，特别羡慕那些课讲得好的老教师，那种熟练的信手拈来的感觉，对各种教学方法运用得恰到好处。观摩他们上课多了，再加上学校会找各种切入点，找老师们感兴趣的方面，给教师开展各式各样的培训，我也从中学到了很多好的教学方法。做教学设计的时候，我也会特意对教学方法进行设计。但上课的时候，我反倒感觉没有最开始的那个时候知道这个东西该怎么教了。好像就是花活儿特别多了，但是本质的东西（却找不到了），那时候我不太懂教学方法，但是我会特别知道这个"（教学的）点"是什么，学这个东西非常重要。现在感觉特别多的教学方法反倒好像把这些"点"给埋起来了。在（进校）半年到一年半的这段时间，这个感觉是比较强的。

这个困惑持续了大概一年的时间，之后随着教学经验的积累，她的教学状态又慢慢好了起来。对此，JS11 曾做过反思：

> 我觉得这可能和我的专业背景有关系，我的专业是偏机（械）的，但我教的课程大都是偏电的，因为智能系的老底子就是电气起家

---

① 摘自 JS11 的课堂反思笔记。

的。我一直在尝试不同的课程，我们这类学校的老师都是牵几个头上课，课程变换的比较多一点，我一直处在一种跨专业的状态。再就是我对一些课程内容，不能说过去没学过，但学得不深，上课之前，我都会自己先学一遍，然后再教学生，但我没有经历过从零开始的过程，这样有一些对学生来讲的重难点我是抓不住的。后来，上课的次数多了，我对于学生哪些地方懂哪些地方不懂，会有一点统计的规律了，这种状况渐渐地就好了。

培训、助教、上课、当班主任，还有系里安排的一些行政工作，JS11每天的日程都排得很满，每一项工作都做得很认真，也适应得很快。一年多的锻炼，JS11在教学上的进步很大，她实现了入校之后"能上一体化课"的小目标。

二、入职后期：把课上好

"把课上好"是JS11给自己定下的第二个小目标。2018年年初，进校只有一年半的JS11进入学院四梯级教师培养计划，成为全校进入该培养计划的三名青年教师之一。在该项目建设的助力下，她的教学能力得到了快速提升。2019年，经过各项考核，她被学院认定为三级一体化教师。表8-1可以从侧面反映出这位青年教师的成长情况。

表8-1 "4321"师资培训工程2018年四梯级师资队伍建设成果统计表①

姓名	序号	成果名称	成果类型	成果核发、认定机构（或出版社）	取得时间	备注
JS11	1	第一届全国职教教师职业能力大赛北京市选拔赛	教研成果	北京市教育局	2018-08	二等奖
JS11	2	G学院一体化公开课比赛	教研成果	G学院	2018-07	一等奖

---

① 摘自G学院《四梯级师资队伍建设成果集（2018）》。

姓名	序号	成果名称	成果类型	成果核发、认定机构（或出版社）	取得时间	备注
JS11	3	机电专业职业素养需求与一体化课程融合的实践初探——以《低压配电线路安装》课程为例	教研成果	中国职工教育和职业培训协会	2018-11	一等奖
JS11	4	《CA6140继电控制线路装调》教学设计	教研成果	中国职工教育和职业培训协会	2018-11	二等奖
JS11	5	积极心理学在新生班主任班级管理中应用初探	教研成果	中国职工教育和职业培训协会	2018-11	
JS11	6	积极心理学在新生班主任班级管理中应用初探	出版发表论文	中国职业杂志	2018-10	
JS11	7	北京市技工院校主题班会比赛优秀指导教师	指导学生获奖	北京市人力资源和社会保障局	2018-06	一等奖
JS11	8	移动机器人高级研修班结业证书	学习成果	北京某自动化控制设备有限公司	2018-08	
JS11	9	北京市职业院校教师素质提升工程，获得教学能力提升培训结业证书	学习成果	G学院	2018-07	
JS11	10	北京市职业院校教师素质提升工程，获得世界技能大赛机电一体化项目技术培训结业证书	学习成果	G学院	2018-07	
JS11	11	北京市职业院校教师素质提升工程，获得世界技能大赛工业控制项目技术培训结业证书	学习成果	G学院	2018-07	
JS11	12	北京市职业院校教师素质提升工程，获得世界技能大赛移动机器人项目技术培训结业证书	学习成果	G学院	2018-07	

（一）观察性学习

观察学习是美国心理学家班杜拉在 20 世纪 60 年代提出的一个概念。在班杜拉看来，由于人有通过语言和非语言形式获得信息以及自我调节的能力，所以个体通过观察他人（榜样）所表现的行为及其结果，不必经过亲身体验，就能学到复杂的行为反应。[①] 因此，观察学习又称为无尝试学习或替代性学习。在访谈中，JS11 使用了"观察性学习"这一概念特指她在专业技能方面的学习。由于具备胜任任教专业或课程所对应的职业领域的工作的能力和教学基本功都是教师胜任工学一体化课程教学的基础，像 JS11 这样的"大学生"教师亟须补上在专业技能方面的短板。

> 随着承担教学课程的数量越来越多，自己在专业能力特别是技能方面的欠缺就越明显。开始的时候是跟着师父学，但师父只是带你入门，不可能什么都教。后来，我就通过观察性的学习去获取这些技能，我们有从企业来的老师，我就观察他们上课，课程中的好多学习任务，都是先看，然后回来自己做一遍，去给学生上课的时候再练一遍，慢慢地积累多了，一门课下来，我就可以把每节课的技能点串起来，形成一个完整的任务了。

事实上，教师在教学观摩中对课堂教学的组织、教学方法的使用等方面的学习也是一种观察学习。班杜拉认为，示范行为能否再现取决于学习者记忆中示范行为各部分是否完整以及学习者是否具备再现这些行为的能力。笔者在研究中发现，观察学习的能力强是"大学生"教师一个比较明显的特点，尽管他们在访谈中没有使用这样的概念。这说明"大学生"教师一般具有比较深厚的专业理论功底，通过语言和非语言形式获取信息的能力较强，能很快将工学一体化教学中的技能点和知识点融会贯通，并通过课堂实践产生举一反三的迁移效果。因此，只要学习的条件具备，学习者足够专注，这种有效的观察学习就会发生并产生意想不到的效果。

---

① 叶浩生．西方心理学的历史与体系［M］．北京：人民教育出版社，2014：262.

（二）"糖衣炮弹"和"纸老虎"

在 G 学院，教师必须参加教学公开课比赛，因为没有拿到校级公开课比赛二等奖以上的教师，不能参加评职称。因此，学院每年的公开课比赛都会吸引大部分教师参加。

JS11 参加了 2017 年和 2018 年的比赛。第一次参加的时候，她正处在"方法把'点'埋起来"的困惑期，所以"稀里糊涂"地上了一堂课，"不清楚点在哪里，就跟流水账一样"，结果只拿了一个鼓励奖。之后，她拷贝了获一等奖教师的比赛视频，一边回看一边和自己的课进行比较，她发现这些老师都有一个共同点，就是对课程内容的把控非常熟练，教师的专业能力，包括理论和实践的水平都很高，学情分析到位，重难点抓取的很准，反而在教学方法的设计上并不特别突出。

> 我突然意识到教学方法相对教师的专业能力和教学水平来讲就是个"糖衣炮弹"，专业技术水平才是内核，你专业技术水平达不到，你就是个"纸老虎"。

通过这次比赛，JS11 开始反思自己的课堂教学，她意识到了问题所在：因为刚学习了一些新的教学方法，急于提高教学水平的她，简单地认为只要把方法设计好了，就可以弥补自己能力上的不足。由于过分关注方法的使用，反而忽略了对教学内容的打磨设计。

> 老师不能只关注自己讲得好不好，而应该关注学生学得怎么样。你的专业技术水平达到了，学生跟着你才能学有所获，才愿意跟着你学。老师的水平达不到，你就是讲出花儿来，你顶多就是个知识搬运工，而且你还有可能搬错了。学生当学生的经验可比你当老师的经验丰富多了，他们都能看出来。

找到了自己的短板，也就找到了努力的方向。一年之后，JS11 再次参加公开课比赛，一举进入前三名，获得一等奖，并在当年获得全国首届职教教师职业能力大赛北京市选拔赛二等奖的好成绩。现在，JS11 早已走出了当年的困惑期，对自己任教的专业也已相当熟悉。

> 在我对这个专业比较熟悉了之后，我就发现自己可以透过那些方法，知道什么是重点，什么是难点，然后怎么样教，用什么样的方法更合理一些。

经过三年多的沉淀，JS11 从一个对职业教育几无认知的"小白"快速成长为本专业工学一体化课程教学的青年骨干，并正沿着自己设定的职业发展目标迈进。对于取得的这些成绩，她总结说，一方面是靠自己的目标往前带，另一方面是学校为老师提供了一个实现目标的路径。

> 自己光有一个目标，（如果）没有实现的路径，慢慢地这个目标可能就消失了。

第二节　JS11 教学能力发展的过程分析

作为一名新手教师，JS11 对教学能力的关注主要集中在教学实施层面，即从"能上课"到"把课上好"。对于一个入职不到四年的青年"大学生"教师来讲，要在一种全新的课程模式下实现这两个目标之间的跨越，并非一件容易的事。但对于对职业教育教学模式尚未形成固有的心智图式的新人来讲，JS11 对工学一体化课程的接受远比 JS1 最初对这一课程模式的接受要来得顺利。因此，前者在这一课程模式下的教学能力发展过程也会进展得更顺利，效率更高。

一、入职期：整合前的教学能力累积

JS11 在入职期的教学能力发展过程主要围绕"能上课"这一目标展开，这一过程正好处在富勒（Fuller）教师关注阶段理论的早期求生阶段。在这一阶段，教师关注对课堂的控制、是否被学生喜欢和他人对自己教学

的评价。① 这在 JS11 参加的具体教学实践活动和对个人教师身份的认同上均有生动的体现。图 8-1 展示了 JS11 在这一时期教学能力的累积发展过程。

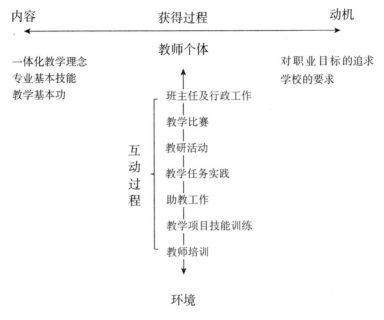

图 8-1　JS11 入职期的教学能力发展过程

（一）对互动过程的分析

从互动过程看，JS11 的实践活动场域尚未突破学校场域的边界，教室、实训室、教研室（兼教师办公室）、校内培训场所、师徒学习小组、师生共同体等构成了其教学能力发展的环境要素，这种环境具有人际交往的即时性特征，从而使互动过程保持在"一种周边的、人际交往的水平"上。② 从工作场所学习的角度看，教师个体与环境的互动仍然表现为具体的实践活动。其中，参加学校层面组织的各种教师培训、与教学项目相关的专业基本技能训练、师徒小组学习和承担具体课程的授课任务是她在这

---

① 叶澜．教师角色与教师发展新探［M］．北京：教育科学出版社，2001：338．
② 克努兹·伊列雷斯．我们如何学习：全视角学习理论［M］．孙玫璐，译．北京：教育科学出版社，2014：28．

一时期的四项主要教学实践活动，对其教学基本功、专业基本技能的培养和工学一体化教学理念的初步形成发挥了重要作用，教研活动中的说课和公开课比赛则对其教学能力的提升具有重要促进作用，而班主任工作和领导交办的行政性工作则在增加她对职业院校教育教学的基本认知方面具有辅助性作用。在互动过程中，"行动中反思"对教师教学能力的生成和发展具有重要意义。从对入职时新教师培训的领悟到对工学一体化课程教学基本架构的建立，从对课堂困境的处置到试图对"方法把点埋起来"这一新困惑的突破，再到对自己第一次参加公开课比赛的反观，无不显示出这位新手教师对工作中的实践活动打上了"行动中反思"的烙印。但处在早期求生阶段的JS11，由于把"能上课"作为其教师职业生涯的第一个目标，因此其"行动中反思"主要停留在对教与学的规律的技术性反思层面。

（二）对获得过程的分析

从获得过程看，JS11对工学一体化课程下教师教学能力发展的内容维度的认识无论从范围上还是要求上远比其能力实际达到的状态都大得多，这是她教师职业发展目标得以建立的基础。从实际发展的状态看，JS11在内容维度实际获得的结果主要包括三方面，即教学基本功、专业基本技能和对工学一体化课程在架构层面的理解。教学基本功和工作胜任能力是教师胜任工学一体化教学的两项基础能力，显然JS11在胜任工学一体化课程教学方面还存在一定差距，但专业基本技能的发展使其具备了承担一些对工作过程要求不高的基础性专业课程教学的能力，同时为其工作胜任能力的发展打下了基础。在动机维度上，JS11对教师职业目标追求的内部动机与来自学校要求的外部动机之间具有高度的一致性，二者共同形成了激活获得过程并使之进行下去的动力基础。

二、入职后期：教学能力整合的初级阶段

在入职后期，JS11开始从早期求生阶段向关注教学情境阶段过渡。在关注教学情境阶段，教师注重自己的教学表现，主要关心在目前教学情境对教学方法和材料的限制下，如何正常地完成教学任务以及如何掌握相应的教学技能。① 这些表现与 JS11 "把课上好"的教学目标基本吻合，表明她已经进入将前期累积的教学基本技能进行整合并开始形成自己的教学能力图式的初级阶段。图 8-2 展示了 JS11 在这一时期教学能力发展的过程。

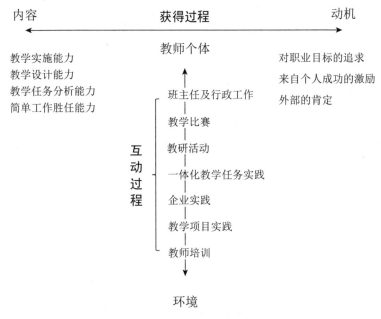

图 8-2　JS11 入职后期的教学能力发展过程

（一）对互动过程的分析

从互动过程来看，JS11 的工作场域突破了学校的边界，将企业的生产现场纳入其教学实践活动的疆域中，工学一体化课程下教师工作场所的跨界将成为她今后教学发展的新常态。仅从这一阶段看，除了她在"四梯级"教师培养计划之个人规划中确定的每年不少于 2 周的企业实践外，担任校企合作班的班主任，组织 2016 级中、高级班学生的顶岗实习和担任 2015 级技师电气班学生"双导师"学习的校内导师等工作，均表明其工作实践横跨了学校和企业两个不同的场域。另外，她参加的一项专业能力

_____

① 叶澜. 教师角色与教师发展新探 ［M］. 北京：教育科学出版社，2001：338.

提升培训——移动机器人高级研修班也是在企业完成的。从互动维度的载体活动看，活动的形式更加多样化，内涵也更加丰富。仅以教师培训项目为例，JS11 在这一时期参加的教师培训项目就涉及专业能力提升和世界技能大赛多个赛项的技术培训。在职业院校，师生参加各级各类职业技能竞赛的能力和水平通常代表了一所学校的办学实力和人才培养水平，而世界技能大赛更有技能界的奥林匹克的美誉，因而备受各学校重视。能参加这一级别赛事相关赛项的技术培训，说明 JS11 已经进入本专业重点培养对象的行列。

在互动过程中，"行动中反思"仍然是这一过程中最显著的特征。如上所述，JS11 在工作场所的实践中对工学一体化课程教学的反思开始"指向实现师生、生生之间的有目的和有意义的沟通，通过人际交往促进学生的健康发展"①，这说明 JS11 的"行动中反思"已经达到了实践性反思的层面。但并不是说，她在这一时期的教学反思都是实践性反思，而是这两种层次的反思同时存在，比如，"在我对这个专业比较熟悉了之后，我就发现自己可以透过那些方法，知道什么是重点，什么是难点，然后怎么样教，用什么样的方法更合理一些"就仍然是一种技术性反思。从反思的层次看，JS11 在教学中的"行动中反思"超越了上个阶段，但距离达到解放性反思的水平尚有较大的差距。

（二）对获得过程的分析

从获得过程看，JS11 在这一阶段的教学能力正沿着她自己设定的目标向前发展。在内容维度上，表现为教学能力的内容更加丰富，以她获得公开课一等奖和被认证为三级一体化教师为标志，表明她已经具备胜任本专业中级层次典型工作即简单工作的能力，并建立了在工作胜任基础上的教学任务分析能力、工学一体化教学设计能力和课堂实施能力，可以比较熟练地选择和运用合适的教学手段和教学方法，完成担任课程各个环节的教

---

① 陈向明，等. 搭建实践与理论之桥：教师实践性知识研究［M］. 北京：教育科学出版社，2011：177.

学任务。由此，她也获得了对工学一体化课程教学新的理解，从她的诸如"教学方法相对教师的专业能力和教学水平来讲就是个'糖衣炮弹'，专业技术水平才是内核""老师不能只关注自己讲得好不好，而应该关注学生学得怎么样"等教学反思中我们可以看到这种变化，从她获奖或发表的教研成果中更能感受到她对工学一体化课程教学的深入思考。从另一个角度讲，对工学一体化课程教学有新的理解和提高的教学技能对获得过程另一端的动机具有加强的作用，即阶段性取得的成功进一步加强了她对个人教师职业发展目标的执着程度。同时，来自外部肯定的动机要素，使她加深了对自己成为一名合格的一体化教师的身份认同，即她第一次获得了"一种在社会共同体中占有某种地位的经验"①。

第三节　JS11 教学能力发展的空间结构
与影响因素分析

与 JS1 和 JS2 这样履历丰富的老教师不同，对 JS11 来说教学能力发展产生影响的因素主要是由微观空间的个体要素和中观空间的工作环境要素构成的，这是由 JS11 与教学相关的交往活动的边界所决定的。或者说，由于 JS11 与外界的交往活动不多，外部空间的影响要素尚未纳入其感知的范围之内。

在微观空间，对 JS11 教学能力发展的影响因素主要来自其对教师职业发展目标的追求，这是激活其教学能力发展的主要动力。对此，本书在前面对 JS11 的教学成长故事进行描画和教学能力发展过程进行分析时就已经做了比较详细的讨论，在此不再赘述。

在中观空间，影响因素主要包括了技术组织环境要素和组织文化环境

---

① 克努兹·伊列雷斯. 我们如何学习：全视角学习理论［M］. 孙玫璐，译. 北京：教育科学出版社，2014：147.

要素。其中，技术组织环境要素主要由教师培训、教研活动、课堂实践等环境要素构成；组织文化环境要素主要由实践共同体、学校文化和制度体系构成。作为新入职教师，JS11对教师培训、教研活动和课堂实践三项环境要素的影响感知最强。由于前面对课堂实践活动刻画较多，对其他环境要素的影响也做了相关的描述和分析，下面主要对培训和教研活动构成的环境要素做进一步分析。

一、培训环境的影响

如前所述，在G学院，围绕工学一体化课程教学对教师开展的各种培训已经形成了一套完整的体系，既有学院层面面向全院教师的类似"一体化课程教学与开发技术"这样的通用能力培训，也有教学系层面组织的以教学项目实践为载体的专业能力提升培训，很好地关注了教师在一体化课程教学过程中不同阶段、不同环节的痛点，具有极强的针对性和指导性。

> 学校会给老师提供很多的培训机会，从入职开始，（学校的）职教所、教务处、学工处会找各种切入点，找老师感兴趣的方面，给我们开展各式各样的培训。比如，老师刚来的时候，肯定（首先）是了解这个学校的一些规章制度，之后会安排一些教学方法教学理念的培训，告诉你怎么样去上好一堂课。我们学校在一体化教学方面已经形成了一些比较有特色的经验和成果，这些都是开放的，每个学期都会有在这些方面做得好的老师给我们培训。等到这个阶段已经不是太大的问题的时候，专业技术水平（培训）就很重要了。所以我们在培训之下就逐渐地开始进步。

表8-2展示了G学院教师培训中的几个具体培训活动的内容，从中可以看出培训项目和教师实际承担教学任务的结合度。

表8-2 G学院一体化教师培训参考性学习任务①

参考性学习任务名称（学时）	培训活动名称	学时	培训活动概述
××专业××层级××课程一体化课程教学实施（112）	活动3：××专业××层级××课程××学习任务教学活动策划表研读	24	培训师组织参训教师独立完成学习任务，在此基础上，完成该学习任务教学活动策划表的研读
	活动4：××专业××层级××课程××学习任务教案编写	16	培训师对参训教师分组（每个小组2人），根据实践即教学活动策划表的研读，完成该学习任务教案的编写及展示
	活动5：说课	24	组织每个小组准备说课素材，按小组进行说课展示

另外，企业实践是学校培训在空间位移上的延伸，是提升职教教师工作胜任能力的有效方式。但JS11认为，企业实践有一个很大的问题，就是教师实际动手操作的机会不多。②

一般来说（企业）它不大会让你上手，比如，我们之前去的一些企业，如果是做加工的，它会让你上手，因为它可能觉得毛坯也不是特别昂贵，但如果是（做）维修的，它就怕你把设备给修坏了。所以我们假期培训不只有去企业实践这一种，系内会组织一些实操的培训，请企业的老师过来指导，然后他会给你做第三方考评。比如，我上第一门课之前，要先学习配盘，我之前真的是从来没接触过这方面（的训练），而且还要按照标准来配盘。这些都是需要躬身实践的，要自己真正动手去做，然后才会比较清楚，而且在做的过程中就会发现很多问题。

---

① 资料来源：本表由G学院教务处提供。
② JS11与JS1的企业实践感受不同，这可能与教师的专业与对应的企业类型有关，不同企业在接收职教教师实践时基于技术保密、安全生产等原因，对教师开放的岗位会有较大差异。

然而，校内的技能提升仍然替代不了企业实践的作用。这些在校内完成的学习任务，只有回到企业生产的现场，才会有身临其境的感觉。通过企业实践和其他校企合作的机会，JS11通过"观察性学习"把在校内的教学项目实践和企业真实的工作任务"串"了起来，从而在自己的教学"资料库"中建立起了具有真实工作过程的教学（学习）任务图式。

二、教研环境的影响

首先，对JS11教学能力发展产生影响较大的教研活动主要包括集体备课、说课、教学观摩和各类教学比赛。JS11说，每一个新学期开学之前，课程负责人都会组织本教研组的专业教师进行集体备课，主要内容是就各年级本学期开设的课程在专业人才培养方案中的地位、作用，各门课程的教学建议、考核要求等进行讨论，之后安排进校还不满三年的年轻教师选取本学期担任课程中的一个学习任务进行说课，然后再由比较资深的教师进行点评，说课的教师也参加讨论。她认为，这种教研活动是年轻教师学习的一个好机会。

> 每次参加收获都很大，开始的时候特别紧张，怕大家觉得你说得不好，但后来就不紧张了，因为你发现大家是真的在帮你，我觉得这是一个特别好的学习机会。

其次，学院每年的保留项目——公开课比赛，既为老师们提供了向其他教师学习观摩的机会，也为每个人提供了锻炼提高的机会。JS11说，学校的公开课比赛是对教师教学能力的一个全面大检查，从教案的设计、PPT的制作、现场授课到最后的答辩"一溜儿的严"。

除了上述活动，G学院还会给老师们提供更多提升锻炼的载体，比如，各类职业技能竞赛、教师职业能力大赛等。对此，JS11这样说：

> 北京市的、全国的都有，学校的专家团队有能力去指导你，只要你自己具备实力，肯努力，就可以有很多锻炼的维度和成长的空间。

本章小结

本章描述了一位入职不到四年的"大学生"教师 JS11 在工学一体化课程下的教学成长故事，从入职期和入职后期两个阶段分析了其教学能力发展的过程及影响因素，呈现了累积式整合模式下职教教师教学能力的发展过程及诸要素之间互动关系，对职业院校青年教师的教学成长和开展青年教师培训具有一定的借鉴意义。

从发展的过程来看，JS11 对于职教教师的身份和工学一体化课程模式均具有较高的认同度，职业发展目标清晰，追求目标成功的愿望强烈，因此在追求教学能力发展的行为层面多有积极表现。在工学一体化课程这一特定课程情境下，她通过大量的"做中学""学中做"式的工作场所实践和"行动中反思"，较快地实现了"能上课"和"上好课"的阶段性目标，只用三年多的时间就从一名新手教师成长为三级一体化教师，进入学院"四梯级"教师培养计划。在这一过程中，除了强烈的职业发展愿望这一个体要素的驱动外，由培训活动、课堂实践、企业实践、教研活动构成的技术组织环境和实践共同体、学校文化、制度体系构成的组织文化环境为其教学能力的发展提供了重要的实践场所和主要载体，构成了其教学能力发展的空间结构。通过分析 JS11 教学能力发展的过程，可以得出以下四点基本判断：

第一，追求职业发展的内部动机是激发职教教师教学能力发展的关键要素，对新入职的青年教师来讲，帮助其培养和树立与课程要求相一致的职业发展目标，可以形成激活促进其教学能力发展和实现个体专业发展的内部驱动的合力。

第二，新入职"大学生"教师具有可塑性强、观察学习能力强、接受新事物快等诸多优点，丰富的工作实践项目训练和得当的教师培训是促进其快速成长的有效途径。

第三，实践共同体是新入职"大学生"教师专业发展和教学成长的重要媒介，教学管理者应当重视实践共同体的建设和氛围营造，为新入职"大学生"教师的专业发展搭建平台和成长通道。

第四，积极的持续的"行动中反思"是教师在特定教学情境中实现专业发展的主线和推动力，新入职"大学生"教师应当主动作为，积极开展教学反思，教学管理者也应当善于引导，培养新入职"大学生"教师养成主动反思的习惯，从而更好地促进自身教学能力的发展。

本书在第六章、第七章和本章分别通过三个不同的教师个案关注了"大学生"教师、"企业"教师和新入职"大学生"教师三种类型教师的教学能力发展过程，呈现了工学一体化课程变革下职教教师教学能力发展过程的多样性，为不同类型教师的教学发展提供了可资借鉴的案例。通过跨个案比较，研究发现：

第一，不同类型教师在面对工学一体化课程时集中表现为能力上的不足。在基础能力层面，"大学生"教师主要表现为工作胜任能力不足，"企业"教师则表现为在教学基本功上存在短板，而新入职"大学生"教师则表现为在工作胜任能力和教学基本功"双基础"上的欠缺。在核心教学能力层面，三类教师在初次面对工学一体化课程时均缺乏学习任务分析能力、教学设计能力和课堂教学实施能力，即不具备工学一体化课程教学的胜任能力。

第二，由于不同类型教师的工作和受教育经历不同并形成了不同的教学思维方式，需要采取不同的策略促进教师从传统课程模式向工学一体化课程模式转变。对"大学生"教师宜采取"附加+整合"的策略，即通过加强专业工作的实践训练，在其现有能力基础上附加工作胜任能力，使其具备胜任工学一体化教学的能力基础，然后通过工学一体化课程教学实践和课程开发实践等综合性教学实践项目中的整合学习，实现教学能力图式的结构性重组，生成新的适应工学一体化课程教学的能力体系。对"企业"教师宜采取"嫁接+整合"的策略，即通过嫁接的方式培养其建立对工作任务进行教学化处理的能力，之后进入整合学习阶段，经历与"大学生"教师相似的教学能力重构过程。而新入职"大学生"教师的教学能力培养是一个"从无到有"的建构过程，需要在累积学习的基础上实现各单项能力的整合，因而形成了"累积+整合"的发展模式。

第三，三种不同模式的教学能力发展过程均可划分为两个不同的发展阶段，即整合前与整合两个阶段，整合前的差异化策略为促进职教教师教学能力发生改变夯实基础、创造条件，整合学习则是实现职教教师教学能力重构的媒介，二者相互联系、相互衔接，共同构成了不同类型教师教学能力在课程变革下发展的完整过程。

第九章

研究总结

本章将对研究进行全面的总结，归纳主要研究结论，提出政策性建议，并对研究的贡献、不足和未来的研究方向进行讨论。

第一节　主要研究结论

本研究对采用"开发取向"课改模式推进工学一体化课程变革院校的教师教学能力发展情况进行了研究，以样本学校 G 学院 14 位专职教师和 4 位教学管理人员为访谈对象，通过半结构化的深度访谈收集主要研究资料，并把非参与型观察和实物收集的方式作为收集资料的补充手段，收集到样本学校与工学一体化课程教学改革相关的制度文件汇编、教学案例、教师成长报告、课程方案、教学设计方案、部分教师的教学笔记等文本资料以及部分视频和图片资料。在对全部研究资料进行分类、抽样、登录、编码和分析的基础上，本研究归纳了工学一体化课程下职教教师教学能力的内容类型和典型特征，提出了工学一体化课程变革下职教教师教学能力发展的过程框架，分析和探讨了课程变革下职教教师教学能力发展的一般过程和影响教学能力发展的主要因素及其作用，识别出附加式整合、嫁接式整合和累积式整合三种不同的教学能力发展模式，并结合具体的案例呈现了工学一体化课程变革下职教教师教学能力发展的动态性、复杂性和多样性，为进一步开展关于职教教师教学能力发展的实证研究提供了一种不同的思路和借鉴。现将研究的主要结论概括如下。

一、课程变革对职教教师提出了新的挑战并深刻影响了教师成长的轨迹

从"任务引领"到"行动导向"再到"工学一体化"，工学一体化课程模式经历了不同发展阶段迭代升级的探索和实践过程。作为一种新的课程模式，工学一体化课程打破了职业院校长期以来理论教学与实践教学相分离的课程模式，确立了"能力本位、行动导向、工学一体"的课程理念，建立了以"过程逻辑"为中心的行动体系，对已经适应并在学科课程体系下培养出来的传统教师提出了新的挑战。职教教师的来源结构客观上决定了教师在面对工学一体化课程时表现出能力上的先天不足。这一天然的矛盾注定了工学一体化课程变革与变革中的教师成长必定相互交织、相互促进。研究表明，教师是制约课程变革最为关键的人力因素。在实践中，必须以课程变革为抓手，着力打造一支与工学一体化课程模式相匹配的梯级教师队伍，才能确保工学一体化课程变革取得好的效果。从案例学校的课程变革和教师发展来看，职教教师对工学一体化课程变革的认同度较高，教师在理念、行为、能力等方面的变化与学校倡导的工学一体化课程要求比较一致，课程变革为职教教师的教学成长带来了积极变化。

二、工学一体化课程下职教教师教学能力的内容具有新的外延、内涵和特征

工学一体化课程下职教教师的教学能力是建立在教学基本功和工作胜任能力"双基础"之上的关于课程的设计、配套资源建设和课程实施的能力的集合，即建立在专业理论和教育理论、专业实践和教育实践双重跨界基础上的关于课程的建与用、教与学的能力体系，具体包括课程实施层面的基础教学能力、核心教学能力和课程开发层面的拓展教学能力，共三种

类型九项内容。

通过对不同类型教学能力内容的分析可知，工学一体化课程下职教教师教学能力具有新的外延和内涵。在外延上，工学一体化课程下职教教师教学能力的内容不仅包含了教师在课程实施层面的各项能力，而且包含了课程实施与课程开发交叉领域中的多项能力内容。在内涵上，工学一体化课程下职教教师教学能力不是理论教学能力和实践教学能力的简单叠加，而是教师利用已知的专业理论和教育理论知识对教学过程中的问题表象及其内在结构进行系统分析的心智能力与在教学实践中解决实际问题的职业技能和教学技能的集合体，从而凸显了这一新的课程模式下职教教师特有的教学智慧，主要体现在四方面。一是职教教师教学能力以工作胜任能力和教学基本功为双基础；二是职教教师教学能力以建立在学习（工作）任务分析基础上的教学设计能力——其实质是教学情境的创设能力为前提；三是职教教师教学能力以行动导向教学为主的课堂教学实施能力为核心；四是职教教师教学能力的内容在课程实施和课程开发双领域交叉中相互影响、相互促进。

从整体来看，工学一体化课程下职教教师教学能力具有三个典型特征，即跨界的集成性、生成的情境性和整体的互补性。首先，工学一体化的教学过程不是简单的理论传授和技能指导相加的过程，而是职教教师通过情境创设下的行动导向教学，以职业活动中的代表性工作任务为载体，指导学生通过基于工作过程的"做中学"进行自我建构式学习的过程，教师在这一过程中表现出来的教学能力实质上是一个包含诸多能力要素的集合体，具有跨界的集成性特征。其次，工学一体化课程下职教教师教学能力的跨界性与集成性决定了其能力的习得必须与真实的工作情境相关联，坚持以任务为导向的学习，通过不同实践场域里的参与式实践建构和完善自己的教学能力体系，因而具有生成的情境性特征。最后，职教教师的来源结构决定了教师在教学能力基础上的差异性，从而导致了不同类型教师教学能力发展上的倾向性。从教师群体的角度看，职教教师教学能力具有整体上的互补性特征。

三、课程变革下职教教师教学能力发展是互动过程中的跨界实践与获得过程中的顺应性重构双重机制作用的结果

本研究在对不同访谈对象深入研究的基础上，提出了课程变革下职教教师教学能力发展过程的五项要素：主体、内容、动机、环境和实践活动，形成了工学一体化课程变革下职教教师教学能力发展的过程框架。五项要素构成了工学一体化课程变革下职教教师教学能力发展的两个过程：社会发展维度的互动过程和个体发展维度的获得过程。从某种意义上讲，任何个体的发展都是通过社会互动即主体的实践活动实现的。

从互动过程看，工学一体化课程变革下职教教师教学能力的发展过程是职教教师作为跨界实践者通过参与具体的实践活动与具体的课程情境之间进行反思性对话的过程。"做中学"是职教教师教学能力发展的实现途径，"行动中反思"则是其教学能力发展的实现方式。职教教师的主要实践活动包括专业培训、课程开发和教学实践，分别对应三种反思形式，即对专业工作的反思、对专业工作的教学性反思和对工学一体化课程教学的反思。

从获得过程看，工学一体化课程变革下职教教师教学能力的发展过程符合人类认知学习的一般规律，其实质是当职教教师面对"工学一体化"这一新的课程情境时，教师主体为适应新的课程需要，在内部动机和外部力量的共同推动下，通过顺应学习而发生的教学能力图式的重构过程。在这一过程中，不同类型教师分别形成了附加式整合、嫁接式整合和累积式整合三种不同的发展模式，这为职业院校在课程变革中采取不同策略促进不同类型教师教学能力发展提供了理论依据。

在整体上，两个过程没有先后顺序，二者总是以一种整合的互动模式，即通过课程变革中的工作场所实践与教师身份重塑之间的互动，统筹各要素之间协调行动，共同激发教师主体在工作实践中的"行动中反思"，

实现课程变革下教学能力图式的顺应性重构，促进职教教师教学发展，进而实现职教教师身份的重塑。换言之，工学一体化课程变革下职教教师教学能力的发展是互动过程中的跨界实践与获得过程中的顺应性重构双重机制作用的结果。

四、微观空间的动机要素和中观空间的工作场所要素是影响课程变革下职教教师教学能力发展的主要因素

本研究构建了工学一体化课程变革下职教教师教学能力发展的三层次空间结构模型，对影响其教学能力发展的诸要素进行了分析和探讨。

研究识别出微观空间的职业发展需求、教育信念、工作态度、自我效能感和外部压力五项动机要素；中观空间的课堂实践环境、教研培训环境、校企合作环境三项技术组织环境要素和实践共同体、学校制度体系、学校组织文化三项组织文化环境要素，共六项工作环境要素；以及宏观空间的网络空间环境、区域经济发展环境和国家的职业教育政策环境三项社会环境要素。

研究发现，微观空间的个体动机要素是影响职教教师教学能力发展的决定性要素，是职教教师是否采纳新的课程变革并愿意采取具体行动发展和提升教学能力的动力来源。而中观空间的工作场所要素则为教学能力发展提供了物质保障和组织媒介，是课程变革下职教教师教学能力发展的保障性要素。微观空间的教师个体与中观空间的工作场所共同构成了课程变革下职教教师教学实践的具体情境，是主管部门和院校开展教师培训、促进教师个体专业发展关注的重点。相对微观空间和中观空间，宏观空间的要素对职教教师教学发展的影响相对较弱，它往往通过中观空间对教师的教学行为产生间接的影响，对重塑教师的教育信念具有潜移默化的作用。

五、不同类型教师的教学能力发展过程呈现出不同的发展模式

本研究通过不同的教师个案关注了"大学生"教师、"企业"教师和

新入职"大学生"教师三种类型的职教教师教学能力发展过程，呈现了工学一体化课程变革下职教教师教学能力发展过程的多样性，为不同类型教师教学发展提供了可资借鉴的案例，并得到以下研究发现：

第一，不同类型教师在面对工学一体化课程时集中表现为能力上的不足。在基础能力层面，"大学生"教师主要表现为工作胜任能力不足，"企业"教师则表现为在教学基本功上存在短板，而新入职"大学生"教师则表现为在工作胜任能力和教学基本功"双基础"上的欠缺。在核心教学能力层面，三类教师均缺乏工学一体化课程下的学习任务分析能力、教学设计能力和课堂教学实施能力，即不具备工学一体化课程教学的胜任能力。

第二，由于不同类型教师的工作和受教育经历不同并形成了不同的教学思维方式，需要采取不同的策略促进教师从传统教学模式向一体化教学模式转变。对"大学生"教师宜采取"附加+整合"的策略，即通过加强专业工作的实践训练，在其现有能力基础上附加工作胜任能力，使其具备胜任工学一体化教学的能力基础，然后通过工学一体化课程教学实践和课程开发实践等综合性教学实践项目中的整合学习，实现教学能力图式的结构性重组，生成新的适应工学一体化课程教学的能力体系。对"企业"教师宜采取"嫁接+整合"的策略，即通过嫁接的方式培养其对工作任务进行教学化处理的能力，之后进入整合学习阶段，经历与"大学生"教师相似的教学能力重构过程。而新入职"大学生"教师的教学能力培养是一个"从无到有"的建构过程，需要在累积学习的基础上实现各单项能力的整合，因而需要采取"累积+整合"的促进策略。

第三，职教教师三种不同模式的教学能力发展过程均可划分为两个不同的发展阶段，即整合前与整合两个阶段。整合前的差异化策略为促进教师教学能力发生改变夯实基础、创造条件，整合学习则是实现教师教学能力重构的媒介，二者相互联系、相互衔接，共同构成了不同类型教师教学能力发展的完整过程。

工学一体化课程变革对职业院校的教师提出了新的挑战，也为其教学能力发展提供了新的重要契机。案例学校的教师教学能力发展情况表明职教教师对工学一体化课程从不适应到适应、从不胜任到胜任的过程，是工学一体化课程变革下职教教师教学理念重塑和教学行为模式重构的过程。在"开发取向"的课程改革模式下，职教教师不仅是工学一体化课程的实施者，更是工学一体化课程建设的参与者，教师参与课程开发的过程既是课堂教学情境创设的过程，也是教师提取和建构关于工作过程的隐性知识的过程，即教师新的教学能力动态建构和生成的过程，从而确保了教学过程的结构与定向符合行动体系的学习方式，改进了课堂的组织形式，提高了学生的学习兴趣，促进了有效学习的发生。工学一体化课程内容的编排不仅符合学习者由浅入深、由易到难、由表及里的认知心理顺序，也同样符合职教教师新的教学能力生成和发展的顺序，从某种意义上讲，工学一体化课程变革的过程就是职教教师教学能力梯级建构和发展的过程。本研究中的案例学校以课程改革为抓手构建与工学一体化课程相适应的梯级教师队伍的经验和做法，值得同类院校参考和借鉴。

第二节　政策性建议

由于本研究的问题来自职业院校课程变革实践中的困惑，因此，研究的结果也应该回到实践并为解决实践中的问题提供帮助和借鉴，即我们应该采取什么样的行动去促进课程变革中职教教师的专业成长、提升职教教师的教学能力，为经济社会发展培养更多优秀的技术技能型人才。为此，本研究在已经取得的研究成果基础上提出以下五点政策性建议，为课程变革中的院校促进教师的教学发展提供参考。

一、形成推进课程变革的合力

从本研究中的案例可以看出，有效、稳定的课程变革环境是职教教师教学能力发展赖以依存的客观条件。实践表明，一种新的课程模式的确立和实施，不是采纳新的课程标准、变更课程实施计划、更换一批教材、组织几次教师培训就能实现的，它需要学院层面强有力的持续推进和上下联动形成的合力推动方能取得好的效果。"课改是一把手工程"是职业院校推进课程变革过程中形成的一项共识。诚然，校长作为最权威的力量在课程变革中发挥的作用毋庸置疑，本研究的案例中的"老校长"就对学校初期课程变革的推进实施起到了关键作用。但课程变革是一项长期工程，过分强调"一把手"的权威作用，不仅不利于调动其他层面推进和参与变革的积极性，还容易出现因校长的频繁更迭而导致课程变革停滞、走形甚至倒退的情况。因此，职业院校在课程变革中应当采取"自上而下"和"自下而上"相结合的变革策略，在全校形成推进课程变革的合力，在持续推进课程变革的过程中促进教师的教学发展。一方面，校长作为课程变革的掌舵人应该具有坚定的信念和"咬定青山不放松"的决心，带动高层形成改革共识，采取有效措施，调动全校的资源，动员全校的力量参与和推进课程变革。另一方面，变革的促进者要善于发挥教师自身积极求变的愿望对课程变革的促进作用，遴选一批有发展潜力、善于改革创新的干将，选择合适的实践载体，通过小范围的试点，让教师们尽快看到课程变革带来的成果，提升参与变革教师的获得感和成就感，带动更多教师参与到变革中来。

无论是在"自上而下"的层层推动和压力传递中，还是在"自下而上"的实践、反思、总结中，学校都不应该忽略对二级教学院系负责人这支中坚力量的培育。在本研究的案例中，我们可以看到，中层队伍不仅是学校政策的执行者和推动者，还是教师参与变革的主心骨和领头羊，富有创新意识和改革精神，具有专业背景、熟悉专业教学、认同新课程理念的中层队伍是课程变革持续向前推进的稳定力量，特别是在课程变革进入例行阶段之后，无论高层发生怎样的变动，稳定的中层队伍将成为保持课程变革稳定持续向前推进的中坚力量。这也是部分课程教学改革试点成果一般的院校，仍然会在局部（即某个系或专业）保持着良好课改状态的原因。

二、保护和激发教师自主发展的内生动力

从前面的分析可以看出，无论是教师出于对自身职业发展的需要，还是对学生的责任心，抑或是迫于外界的压力，教师本身所具有的积极求变的愿望对课程变革下教学能力发展产生了正向的驱动力，即教师本身具有愿意采纳变革的一面。但研究也发现，教师固有的传统教育信念却成为教师接受并采纳变革的阻力，即教师本身又具有抗拒变革的一面。因此，如何保护教师拥抱变革的热情，并激发教师参与变革的新的内生动力，是变革促进者的一门工作艺术。从本研究中教师个案 JS1 的教学发展过程来看，来自权威力量的外力强迫在变革初期对教师参与变革产生了重要影响，但它同时也激发了教师内心的激烈对抗。这说明，单方面加大变革的推动力反而会使反向的阻力迅速加大，不利于变革的稳步推进。而研究中更多的案例表明，教师采纳并积极参与课程变革的过程，是教师走出传统教育信念的束缚、逐步接受新的课程理念并生成新的教育信念的过程。因此，减少由传统教育信念产生的变革阻力，才能更好地激发教师自主发展的内生动力。

已有的研究表明，当教师进入一个新的学习或改变的过程中时，将产生新的"学习焦虑"（learning anxiety），如因挫败而产生的失去自我效能感、自尊，甚至对自己的身份产生怀疑[1]，从而使教师缺乏继续采纳和推进变革的动力。为此，变革促进者应当通过艺术性策略为教师创设"心理安全感"（psychological safety）以克服这种"学习焦虑"，从而真正引起改变。这些措施包括为教师提供团队协作以建立新的实践共同体、让教师体验成功的实践机会，与课程变革相适应的职业成长规划、完善的制度保障

---

① SCHEIN E H. Kurt Lewin's change theory in the field and in the classroom: Notes toward a model of managed learning [J]. Systems Practice, 1996 (9): 27-47.

体系和激励措施以及通过专业培训为教师提供帮助等。

三、建立与课程变革相联系的教师职业发展通道

教师始终保持持续采纳变革的动机，既是职业院校课程变革取得成功的关键，也是职教教师不断强化和设立新的变革目标，促进自身教学发展的强大动力。笔者在观察中发现，在不少已经实施工学一体化课程教学改革多年的学校里，教师的课堂教学往往在经历一段时间之后会重回传统课堂教学的模式，教师们只有在上级检查或有被观摩的需要时才会"表演性"地展示他们新的"教学技巧"。即使在 G 学院这样被公认取得课程变革成功的院校中，仍然可以看到教师主导课堂的现象。对于这种不能长久保持教师变革发展兴趣的问题，有研究认为，只有教师自己对他们的学习抱有兴趣和激情，变革才能持续进行下去。①

为此，变革的促进者应当主动寻找课程变革与教师个人专业发展的结合点，使课程变革契合教师专业发展的需要，引导教师在自我发展目标的实现中，始终保持"拥抱"课程变革的热情，才能在课程变革实践中获得更多关于新的课程教学模式的实践性知识。部分院校的实践和本研究证明，实施与课程变革相联系的教师职业发展规划，如坚持以课程变革为抓手、开展一体化教师或双师型教师资格认证、搭建与课程变革相适应的教师梯级发展通道是促进课程变革下职教教师教学能力发展的有效措施。

四、为课程变革中的教师成长营造良好的政策氛围

本研究表明，完善的制度体系是中观空间对教师教学能力发展产生重要影响的组织文化环境要素，是为教师教学发展创设"心理安全感"的保障性措施。建立长期稳定的关于促进教师专业发展的制度措施，不仅对教师的专业发展具有导向作用，更为教师的专业发展创造了安全的发展环境。教师的专业成长是一个相对漫长的过程，是教师在长期的教学实践中

---

① 吴筱萌.理解教育变革中的教师［M］.重庆：重庆大学出版社，2010：186.

通过不断的专业学习、反思性实践不懈追求的结果。因此，当一种新的课程模式确立之后，要确保建立在这一课程模式下的教师发展制度保持长期的相对稳定，才能使教师新的教学理念得以培育，与课程相适应的行动自觉才会形成，从而实现课程变革的效果，达到提高人才培养质量的目标。

在本研究的样本学校 G 学院，与工学一体化课程相匹配的教师梯级发展制度成为学校长期坚持的一项根本性制度，并围绕这一促进教师专业发展的核心制度建立起完善的配套激励办法，为教师的教学成长营造了良好的政策氛围，使大批专业教师在工学一体化课程这一特定的教学情境中快速成长起来，教师队伍的提升又进一步促进了课程变革的发展。课程发展与教师成长在相互影响的迭代升级中彼此成就，共同向前推进。

五、建立以实践为中心的教师培训体系

伴随着职业院校轰轰烈烈的课程变革，围绕新课程模式对教师开展的各种培训活动成为每年"国培""省培"的保留项目，各试点院校也通过"送出去"和"引进来"的方式对自己的教师开展各种培训，以期提高教师适应新课程模式的教学能力。尽管培训计划中也包括了问题研讨、教学环节设计、现场观摩等实践模块，但现有培训仍以专家讲座为主，针对性不强，多受到参训教师的诟病和吐槽。教师的专业发展不是依赖外在的技术性知识的灌输而"被塑造"的，而是一种"自我理解"的过程，即通过"反思性实践"变革自我、自主发展的过程。[①] 特别是在工学一体化课程模式下，职教教师的教学能力内容呈现跨界的集合性特征，教师的教学工作模式发生了重大改变，因此，提升教师教学能力的关键方法是设计各种各样旨在帮助教师构建新的教学工作模式的活动。

在教师培训体系的构建中，应当以校本培训为主，充分利用校内和校外两种资源，统筹学校和企业两个工作场域，坚持以实践为中心，针对不同类型教师设计和开发具体的教学培训项目。G 学院结合工学一体化课程

---

① 钟启泉. 我国教师教育制度创新的课题 [J]. 北京大学教育评论，2008（3）：46-59.

下的梯级教师队伍建设总结开发出一套"三步一体"教师培训方案，以具体的教学项目为载体，将教师企业实践、校内技能提升、课程资源开发、课堂教学实践相结合，让教师在真实的专业工作实践和教学项目实践中，通过不断的"行动中反思"提升自身的教学能力，取得了良好的培训效果，值得同类院校借鉴。

第三节　主要贡献、不足及研究展望

本研究采用质性研究方法，围绕职业院校课程变革视域下的教师成长，从一个较大的时间跨度，结合具体的案例呈现了工学一体化课程下职教教师教学能力发展过程的动态性、复杂性和多样性，为进一步开展关于职教教师教学能力发展的实证研究提供了一种不同的思路和借鉴。但由于受研究者学识水平、科研能力等因素的影响，研究还有很多不足之处，而且由于时间精力有限，对某些问题的探讨还停留在表面，有待在今后的研究中进一步深化。

一、研究的主要贡献

本研究的贡献主要体现在以下三方面。

第一，本研究在实证的基础上探讨了工学一体化课程下职教教师教学能力的内容类型及特征、课程变革下教学能力发展的过程和影响因素，建立了职教教师教学能力发展的过程框架，透视和分析了课程变革下职教教师教学能力发展的机制，识别了不同类型教师教学能力发展的过程模式和促进策略，为职教教师个体的教学发展和相关院校改进教师培养模式提供了一定的参考和借鉴。

第二，本研究综合运用工作场所学习的相关理论和生态系统理论中的空间结构模型，建立了一个整体的、系统的分析框架，把职教教师教学能力的发展过程置于特定的情境空间中进行分析，从教师个体与环境的互动影响中探讨了职教教师教学能力发展过程的动态性和复杂性，在一定程度上丰富了研究的理论视角。

第三，本研究使用质性研究方法，以典型学校为案例，以不同类型教师中的典型个案为研究对象，较好地结合了同一类型教师的发展共性和不同类型教师间的差异，详细描画了典型教师在工学一体化课程变革中的"所思""所想""所为"，从而将研究的重点落在具体的"怎么做"上，避免了逻辑推论式的理论探讨，为具有相同或相似工作经历和发展背景的教师树立了更加具象的学习和参考范例。

二、研究的不足

本研究的不足主要表现在以下三方面。

第一，本研究从设想到选题，到研究问题进一步聚焦，再到一步步开展研究形成最终的研究成果，经历了较为曲折的研究过程，因受研究者的学识水平、科研能力、时间精力等因素的影响，在对研究资料的分析、研究结论的概括提炼、研究结果的呈现方式等方面均有欠缺。而且，由于受到个人思维定式的影响，在对研究问题做出解释性阐释时，难免带有一定的主观色彩，从而使研究得出的结论可能与真实的情况有一定的偏离。

第二，本研究只关注了"开发取向"课改模式下的教师教学能力发展情况，选择了一所案例学校，全部访谈对象均来自同一所学校，没有对其他职业院校的情况进行调查，也没有与采取"使用取向"改革模式的学校形成对比，因此，研究的成果具有一定的局限性，研究得出的结论可能不适合具有不同校情的教师，从而使最终提出的政策性建议失去了"普遍"的指导意义。

第三，由于研究者是一个使用质性研究方法的新手，在研究方法的使用方面还略显稚嫩，研究中经常面对"工程浩大"的资料分析工作显得束手无策，因此在资料的分类、抽样、登录的过程中难免对一些有研究价值的资料视而不见，从而使研究结果的支撑缺少了一些力证。

三、未来研究的方向

随着新修订的《中华人民共和国职业教育法》颁布实施，"三教改革"的话题再次成为职教领域研究的热点和焦点，未来围绕职教教师发展的研究会有更宽广的领域。结合本研究，对未来的研究方向提出以下三点思考。

第一，开展课程变革下职教教师教学能力发展的行动研究。正如在研究缘起中提到的那样，本研究的选题就来自笔者对教学管理实践中的困惑，将对一所学校的研究成果拿到另一所学校去实践的过程中，肯定会产生很多新的问题。进一步的行动研究，不仅可以验证已有研究的实用性和可行性，更是对现研究工作的继续，新的研究将进一步扩大研究的范围，丰富研究的案例，形成更符合实际的研究结论，生成新的可以指导其他职业院校教师教学能力发展的本土化知识。

第二，开展职教教师的课程参与研究。职业院校的课程建设不仅是提高技术技能型人才培养的基础，也是促进职教教师教学成长的重要载体。职教教师是课程资源建设的主体，教师在未来课程建设中的参与形式、参与模式、参与机制、发挥的作用、制约的因素等都可以成为研究的内容。

第三，开展校企合作、产教融合的教师参与研究。"校企合作、产教融合、工学结合、知行合一"是职业院校办学的一条基本原则，职业院校的专业与课程建设、教师发展、学生培养均离不开校企双方的深度合作和深度融合。作为合作中重要一极的职业院校，教师是合作项目执行的主体，教师在其中的参与程度，不仅影响着合作的深度和力度，更关系着学生培养的质量和教师的自身发展。当前，职教教师参与校企合作产教融合还停留在比较浅层的位置，参与过程中尚面临诸多困境。因此，开展相关研究具有重要现实意义。

参考文献

中文文献

著作

[1] 包英华. 技工院校"四梯级"一体化师资队伍规划与构建 [M]. 北京：中国劳动社会保障出版社，2018.

[2] 陈向明，等. 搭建实践与理论之桥：教师实践性知识研究 [M]. 北京：教育科学出版社，2011.

[3] 陈向明. 旅居者和"外国人"：留美中国学生跨文化人际交往研究 [M]. 北京：教育科学出版社，2004.

[4] 陈向明. 质的研究方法与社会科学研究 [M]. 北京：教育科学出版社，2000.

[5] 董静. 课程变革视域下的教师专业发展 [M]. 北京：中央编译出版社，2013.

[6] 姜大源，吴全全. 当代德国职业教育主流教学思想研究 [M]. 北京：清华大学出版社，2007.

[7] 姜大源. 职业教育学研究新论 [M]. 北京：教育科学出版社，2007.

[8] 李春生. 中国小学教学百科全书·教育卷 [M]. 沈阳：沈阳出版社，1993.

[9] 罗树华，李洪珍. 教师能力学 [M]. 济南：山东教育出版社，1997.

［10］马克思·范梅南．教学机智：教育智慧的意蕴［M］．北京：教育科学出版社，2001．

［11］马斯洛，等．人的潜能和价值［M］．北京：华夏出版社，1987．

［12］人力资源和社会保障部职业能力建设司．一体化课程规范开发技术规程（试行）［M］//中国就业培训技术指导中心．一体化课程开发指导手册．北京：中国劳动社会保障出版社，2020．

［13］吴全全．职业教育"双师型"教师基本问题研究：基于跨界视阈的诠释［M］．北京：清华大学出版社，2011．

［14］吴筱萌．理解教育变革中的教师［M］．重庆：重庆大学出版社，2010．

［15］徐国庆．职业教育课程、教学与教师［M］．上海：上海教育出版社，2016．

［16］徐涵．工作过程为导向的职业教育理论与实证研究［M］．北京：商务印书馆，2013．

［17］叶浩生．西方心理学的历史与体系［M］．北京：人民教育出版社，2014．

［18］叶澜．教师角色与教师发展新探［M］．北京：教育科学出版社，2001．

［19］赵志群．职业教育工学结合一体化课程开发指南［M］．北京：清华大学出版社，2009．

译著

［1］菲利克斯·劳耐尔，鲁伯特·麦克林．国际职业教育科学研究手册：上册［M］．赵志群，等译．北京：北京师范大学出版社，2014．

［2］菲利普·葛洛曼，菲利克斯·劳耐尔．国际视野下的职业教育师资培养［M］．石伟平，译．北京：外语教学与研究出版社，2011．

［3］海伦·瑞恩博德，艾莉森·富勒，安妮·蒙罗．情境中的工作场

所学习［M］. 匡瑛, 译. 北京: 外语教学与研究出版社, 2011.

［4］吉纳尔·E. 霍尔, 雪莱·M. 霍德, 等. 实施变革: 模式、原则与困境［M］. 吴晓玲, 译. 杭州: 浙江教育出版社, 2004.

［5］凯西·卡麦兹. 建构扎根理论: 质性研究实践指南［M］. 边国英, 译. 重庆: 重庆大学出版社, 2009.

［6］克努兹·伊列雷斯. 我们如何学习: 全视角学习理论［M］. 孙玫璐, 译. 北京: 教育科学出版社, 2014.

［7］马尔科姆·派思. 现代社会工作理论［M］. 冯亚丽, 叶鹏飞, 译. 北京: 中国人民大学出版社, 2008.

［8］迈克尔·富兰. 教育变革的意义［M］. 武云斐, 译. 上海: 华东师范大学出版社, 2009.

［9］帕尔默. 教学勇气: 漫步教师心灵［M］. 吴国珍, 余巍, 等译. 上海: 华东师范大学出版社, 1998.

［10］琼·莱夫, 艾蒂纳·温格. 情境学习: 合法的边缘性参与［M］. 王文静, 译. 上海: 华东师范大学出版社, 2004.

［11］唐纳德·A. 舍恩. 反映的实践者［M］. 夏林清, 译. 北京: 北京师范大学出版社, 2020.

［12］唐纳德·A. 舍恩. 培养反映的实践者: 专业领域中关于教与学的一项全新设计［M］. 郝彩虹, 张玉荣, 雷月梅, 等译. 北京: 教育科学出版社, 2008.

期刊

［1］别敦荣. 大学组织文化的内涵与建设路径［J］. 现代教育管理, 2020（1）.

［2］查吉德. 国外职教教师资格制度研究述评: 制度有效性的视角［J］. 外国教育研究, 2011, 38（3）.

［3］陈智霖. 高职教师专业实践能力的现状与对策分析: 以珠海城市

职业技术学院为例 [J]. 南方职业教育学刊, 2012 (1).

[4] 董江华. "反映的实践者"如何"在行动中反映": 舍恩专业教育思想及其对我国教师教育的启示 [J]. 教育学术月刊, 2013 (8).

[5] 付雪凌, 石伟平. 美、澳、欧盟职业教育教师专业能力标准比较研究 [J]. 比较教育研究, 2010 (12).

[6] 付雪凌. 职业教育课程改革中教师参与的影响因素与促进策略研究 [J]. 职教通讯, 2018 (11).

[7] 高秀萍. 生态系统理论的创始人: 布朗芬布伦纳 [J]. 大众心理, 2005 (5).

[8] 何贵阳. 角色论视阈下谈高职院校教师教育教学能力的构成 [J]. 中国成人教育, 2014 (20).

[9] 黄刚娅. 基于工作过程的项目化课程模式改革对高职教师教学能力的要求 [J]. 当代职业教育, 2015 (9).

[10] 黄健. 工作-学习研究: 教育的新疆域: 西方工作-学习领域理论成果评述 [J]. 开放教育研究, 2011, 17 (2).

[11] 黄绍勇, 汤跃光. 高职学院教师教学能力现状调查及分析 [J]. 思想战线, 2013 (S1).

[12] 姜大源. 论行动体系及其特征: 关于职业教育课程体系的思考 [J]. 教育发展研究, 2002 (12).

[13] 姜大源. 世界职业教育课程改革的基本走势及其启示: 职业教育课程开发漫谈 [J]. 中国职业技术教育, 2008 (27).

[14] 姜大源. 学科体系的解构与行动体系的重构: 职业教育课程内容序化的教育学解读 [J]. 中国职业技术教育, 2006 (7).

[15] 蒋梦琪, 石伟平. 职业教育教师对课程改革适应的问题表征及对策探析 [J]. 中国职业技术教育, 2015 (21).

[16] 李长吉, 金丹萍. 个案研究法研究述评 [J]. 常州工学院学报 (社科版), 2011, 29 (6).

[17] 李迪. 生态系统理论视域下生命教育的价值重构 [J]. 黑龙江教育学院学报, 2019, 38 (8).

[18] 李莉春. 教师在行动中反思的层次与能力 [J]. 北京大学教育评论, 2008, 6 (1).

[19] 李琳, 梁燕. 工学结合下高职青年教师教学能力培养途径分析 [J]. 中国职工教育, 2013 (16).

[20] 李玲, 刘其晴. 芬兰职教教师能力结构评析及启示 [J]. 西南大学学报 (社会科学版), 2010, 36 (5).

[21] 李淑丽, 朱权, 柳青松, 等. 工作过程导向的教师实践能力提高途径探析 [J]. 职业技术教育, 2009, 30 (2).

[22] 李体仁, 刘正安, 岳巍. 职教师资培养专业课程模块化体系的构建 [J]. 职业教育研究, 2014 (9).

[23] 李向前. 历史学师范生教学基本功问题及对策分析 [J]. 当代教育理论与实践, 2014 (9).

[24] 李霄鹏, 吴忠魁. 德国职业教育师资专业化发展 [J]. 比较教育研究, 2011 (1).

[25] 李兴洲, 王丽. 职业教育教师实践共同体建设研究 [J]. 教师教育研究, 2016, 28 (1).

[26] 李秀春. 高职工学结合人才培养模式对教师的新要求 [J]. 时代农机, 2017, 44 (12).

[27] 李永兰. 高职教师教学能力提升探究 [J]. 当代教育理论与实践, 2012 (7).

[28] 栗丽娟, 苑春鸣, 王鸣, 等. 国内外职业教育课程模式对比研究及启示 [J]. 世界教育信息, 2008 (4).

[29] 刘冰, 闫智勇, 吴全全. 职业教育课程开发模式的源流与趋势 [J]. 中国职业技术教育, 2018 (33).

[30] 刘奉越. 转化学习理论及其对成人教师专业发展的启示 [J].

河北大学成人教育学院学报, 2012 (2).

[31] 刘徽. 教学实践的应然形态: 关注情境的智慧教学 [J]. 高等教育研究, 2009 (1).

[32] 刘家秀. 行动导向教学视阈下高职教师的角色定位与培养对策 [J]. 江苏教育, 2012 (11).

[33] 刘杰, 孟会敏. 关于布朗芬布伦纳发展心理学生态系统理论 [J]. 中国健康心理学杂志, 2009, 17 (2).

[34] 刘其晴. 欧盟职业教育教师能力结构标准及其启示 [J]. 中国职业技术教育, 2011 (15).

[35] 卢正芝, 洪松舟. 我国教师能力研究三十年历程之述评 [J]. 教育发展研究, 2007 (2).

[36] 罗丽芳. 内部动机与外部动机的关系及其对学校教育的启示 [J]. 宁波大学学报 (教育科学版), 2013, 35 (1).

[37] 马慧, 焦传俊. 高职教师教学能力提升的研究与实践: 以南京城市职业学院为例 [J]. 南京广播电视大学学报, 2016 (2).

[38] 苗刚. 欧盟职业学校教师能力结构标准的新进展 [J]. 中国职业技术教育, 2010 (1).

[39] 欧阳建友, 王钊. 高职专业教师"教、学、做一体"教学能力的培养方法和途径探索 [J]. 中国职业技术教育, 2012 (14).

[40] 欧阳叶. 高职教师参与课程教学改革的激励策略 [J]. 宁波教育学院学报, 2016, 18 (5).

[41] 钱景舫. 以人为本, 职业教育的新视角 [J]. 教育与职业, 1999 (2).

[42] 申继亮, 王凯荣. 论教师的教学能力 [J]. 北京师范大学学报 (人文社会科学版), 2000 (1).

[43] 宋玉杰. 论课程改革与教师参与课程开发 [J]. 新疆教育学院学报, 2003 (3): 48-50.

[44] 苏晓丽，吴红，祝木伟，等．高职院校青年教师教学能力构成要素及提高途径 [J]．江苏建筑职业技术学院学报，2016，16 (2)．

[45] 孙咏梅．谈项目教学法中高职教师的角色与职责 [J]．教育教学论坛，2014 (23)．

[46] 谭立新．高职高专院校建设"双师型"教师队伍方法、途径的研究与实践 [J]．中州大学学报，2010 (4)．

[47] 唐虔．CBE 及其对中国职教改革的意义 [J]．中国职业技术教育，1993 (1)．

[48] 唐玉光．教师专业发展的研究 [J]．外国教育资料，1999 (6)．

[49] 陶宇，任聪敏．高职教师教学能力发展的路径和策略研究 [J]．高等教育研究，2015 (11)．

[50] 王忠惠，林克松．职业教育教师工作场学习的新视野 [J]．职教通讯，2013 (13)．

[51] 魏新民，赵伟丽．行动导向教学下教师的角色与作用 [J]．中国职业技术教育，2011 (17)．

[52] 文雪．教师的教育信念及其养成 [J]．当代教育科学，2010 (9)．

[53] 吴康宁．个案究竟是什么：兼谈个案研究不能承受之重 [J]．教育研究，2020，41 (11)．

[54] 吴全全，METSAENEN R，DORRA R．芬兰职业教育的教师教育 [J]．中国职业技术教育，2010 (28)．

[55] 吴全全．职业教育"双师型"教师内涵及能力结构解读 [J]．中国职业技术教育，2014 (21)．

[56] 徐国庆．高职教师课程、教学能力分析与提升路径构建 [J]．中国高教研究，2015 (12)．

[57] 徐涵．从制度层面看我国职业教育教师的专业化发展 [J]．教育与职业，2007 (21)．

［58］徐涵．我国职业教育课程改革的发展历程与典型模式评价［J］．中国职业技术教育，2008（33）．

［59］徐涵．职业教育学习领域课程方案对教师的新要求［J］．教育与职业，2007（5）．

［60］许峰．高职专业教师教学能力构成研究［J］．辽宁高职学报，2013（10）．

［61］闫智勇，吴全全．经济新常态下职业教育师资建设的困境与对策［J］．中国职业技术教育，2016（21）．

［62］姚红，葛君梅．布朗芬布伦纳的社会生态系统理论对医德教育的启示［J］．管理观察，2015（25）．

［63］余承海，姚本先．论高校教师的教学能力结构及其优化［J］．高等农业教育，2005（12）．

［64］曾全胜．高职院校"双师型"教师专业技能协同培养体系研究［J］．中国职业技术教育，2016（7）．

［65］曾拓，李黎．教师教学能力研究综述［J］．绍兴文理学院学报，2003，23（1）．

［66］张鼎昆，方俐洛，凌文辁．自我效能感的理论及研究现状［J］．心理学动态，1999，7（1）．

［67］张洪春，孔新舟．高职院校教师教学能力发展模式理论研究［J］．教学研究，2014（6）．

［68］张洪春，王亮．高职院校教师教学能力发展需求与现状分析［J］．高等职业教育（天津职业大学学报），2014（6）．

［69］郑旭东，杨九民，苗浩．反思性实践的认识论：教学设计实践审视与教学设计人员成长的新视角［J］．中国电化教育，2015（5）．

［70］钟启泉．我国教师教育制度创新的课题［J］．北京大学教育评论，2008（3）．

［71］朱德全，杨磊．职业教育课程与教学研究四十年：现状与走向

[J]. 职教论坛, 2018 (3).

[72] 朱金龙, 龙艳萍. 一体化课程模式下职教教师教学能力发展的个案研究: 基于全视角学习理论的分析模型 [J]. 中国成人教育, 2020 (20).

[73] 朱铭, 林伯海. 生态系统理论视域下的辅导员职业情感影响因素分析 [J]. 思想教育研究, 2017 (3).

[74] 朱雪梅, 叶小明. 高职教师专业能力标准的制定依据探析 [J]. 职业技术教育, 2010 (7).

[75] 朱雪梅. 高职教师专业能力标准的内涵与框架 [J]. 职业技术教育, 2010 (1).

[76] 卓彩琴. 生态系统理论在社会工作领域的发展脉络及展望 [J]. 江海学刊, 2013 (3).

电子资源

[1] 陈向明. 在"北京市反思型教师质性研究室"成立仪式上的发言 [EB/OL]. http：//www. 360doc. com/, 22016-09-22.

[2] 人力资源和社会保障部. 规范培养行为指导课程开发《一体化课程开发指导手册（2020）》编制完成 [EB/OL]. 中国就业网, 2020-06-08.

其他文献

[1] 金利. 地方本科高校教师教学能力发展研究 [D]. 重庆: 西南大学, 2014.

[2] 林晓敏. 基于生态系统理论的中职专家型教师成长路径研究 [D]. 广州: 广东技术师范学院, 2016.

[3] 宋明江. 高职院校"双师型"教师教学能力发展研究: 基于行动学习理论的视角 [D]. 重庆: 西南大学课程与教学论, 2015.

［4］孙亚玲．课堂教学有效性标准研究［D］．上海：华东师范大学，2004.

［5］王宪平．课程改革视野下教师教学能力发展研究［D］．上海：华东师范大学，2006.

［6］徐彦红．大学青年教师专业发展影响因素研究［D］．北京：首都经济贸易大学，2017.

［7］吴娜．工作过程导向的高职院校教师职业技能要求分析和专业化培养策略［C］//香港教育学会会报．2014年第三届国际体育及社会管理研讨会．成都：四川建筑职业技术学院，2014.

外文文献

专著

［1］BILLETT S. Learning in the workplace：Strategies for effective practice［M］. Sydney：Allen& Unwin，2001.

［2］BOYATZIS R E. The Competent Manager：A Model for Effective Performance［M］. New York：John Wiley & Sons，1982.

［3］CORT P，HÄRKÖNEN A rk nen，VOLMARI K. PROFF-Professionalisation of VET teachers for the future［M］. Luxembourg：Office for Official Publications of the European Communities，2004.

［4］GROLLMANN P，RAUNER F. International Perspectives on Teachers and Lectures in Technical and Vocational Education［M］. Netherlands：Springer，2007.

［5］KEMP S P，WHITTAKER J K，TRACEY E M. Person-Environment Practice：The Social Ecology of Interpersonal Helping［M］. New York：Aldine De Gruyter，1997.

［6］PARDECK J T. Social work practice：an ecological approach［M］. VIRGINIA：Greenwood Publishing Group，1996.

[7] STERNBERG R J, WAGNER R K. Practical intelligence: Nature and origins of competence in the everyday world [M]. Cambridge: Cambridge University Press, 1986.

[8] VOLMARI K, HELAKORPI S, FRIMODT R. Competence framework for VET professions: Handbook for practioners [M]. Helsinki: Finnish National Board of Education, 2009.

[9] WENGER E. Communities of practice: Learning, meaning and identity [M]. Cambridge: Cambridge University Press, 1998.

[10] YIN R K. Case Study Research and Applications: Design and Methods [M]. Los Angeles: SAGE, 2018.

[11] ZASTROW C H, KIRST – ASHMAN K K. Understanding Human Behavior and the Social Environment [M]. Boston: Thomson Brooks/Cole, 2004.

期刊

[1] ATTWELL G. New roles for vocational education and training teachers and trainers in Europe: a new framework for their education [J]. Journal of European Industrial Training, 1997, 21 (6/7).

[2] BANDURA A. Self – efficacy: Toward a unifying theory of behavioral change [J]. Psychological Review, 1977, 84 (3).

[3] BILLETT S. Authenticity and a Culture of Practice [J]. Australian and New Zealand Journal of Vocational Education Research, 1993 (1).

[4] BILLETT S. Learning Throughout Working Life: Activities and Inderdependencies [J]. Studies in Continuing Education, 2001, 1 (23).

[5] BRONFENBRENNER U. Lewinian Space and Ecological Substance [J]. Journal of Social Issues, 1977, 4 (33).

[6] DECI E, RYAN R M. Facilitating Optimal Motivation and Psychologi-

cal Well – being across Life's Domains ［J］. Canadian Psychology, 2008, 1 (49).

［7］ DINEKE E H, TIGELAAR, Etal. The development and validation of a framework for teaching competencies in higher education ［J］. Higher Education, 2004, 2 (48).

［8］ FERNET C, SENCAL C, GUAY F, et al. The Work Tasks Motivation Scale for Teachers (WTMST) ［J］. Journal of Career Assessment, 2008 (2).

［9］ GRAY K C, WALTER R A. Reforming Career and Technical Education Teacher Licensure and Preparation: A Public Policy Synthesis ［J］. Academic Education, 2001.

［10］ GUSKEY T R. Staff Development and the Process of Change ［J］. Education Researcher, 1986, 5 (15).

［11］ ILLERIS K. A model for learning in working life ［J］. The Journal of Workplace Learning, 2004 (8).

［12］ KORTHAGEN F. In Search of the Essence of a Good Teacher: Towards a More Holistic Approach in Teacher Education ［J］. Teaching & Teacher Education, 2004 (20).

［13］ LAM S, CHENG R W, CHOY H C. School Support and Teacher Motivation to Implement Project-based Learning ［J］. Learning and Instruction, 2010, 6 (20).

［14］ LAVE J, WENGER E. Situated learning: Legitimate peripheral participation ［M］. Cambridge: 1991.

［15］ LEONARD J. Using Bronfenbrenner's Ecological Theory to Understand Community Partnerships: A Historical Case Study of One Urban High School ［J］. Urban Education, 2011, 46 (5).

［16］ MANSFIELD R S. Building Competency Models: Approaches for HR

Professionals [J]. Hum Resource Manage, 1996, 35 (1).

[17] MAYNARD T. The student teacher and the school community of practice: A consideration of 'learning as participation' [J]. Cambridge Journal of Education, 2001, 1 (31).

[18] PAJARES F. Teacher's Beliefs and Educational Research: Cleaning up a Messy Construct [J]. Review of Educational Research, 1992, 62 (3).

[19] ROBERT V, BULLOUGH, Etal. Long-term PDS Development in Research Universities and the Clinicalization of Teacher Education [J]. Journal of Teacher Education, 1997 (No. 2).

[20] RYAN R M, DECI E L. Self-Determination Theory and the Facilitation of Intrinsic Motivation, Social Development, and Well-Being [J]. The American Psychologist, 2000, 1 (55).

[21] SCHEIN E H. Kurt Lewin's change theory in the field and in the classroom: Notes toward a model of managed learning [J]. Systems Practice, 1996 (9).

[22] SCHELLENBACH-ZELL J, GRÄSEL C. Teacher Motivation for Participating in School Innovations—Supporting Factors [J]. Journal for Educational Research Online, 2010 (2).

[23] SCHWARTZ J, Simpson R H. Teacher Self-evaluation [J]. Art Education, 1967, 20 (5).

[24] WANG M C. Adaptive instruction: building on diversity [J]. Theory Into Practice, 1980, 2 (19).

其他文献

[1] CORBEN H, THOMSON K. What makes a great teacher? Attributes of excellence in VET: the 2nd World Federation of Associations of Colleges and Polytechnics, World Congress of Colleges and Polytechnics [C]. Melbourne: 2003.

［2］ MINISTRY of EDUCATION. VET teachers and trainers in Finland ［R］. Helsinki：Publications of the Ministry of Education，2006.

［3］ MEYER C. Clinical Social Work in the Eco－Systems Perspective ［G］. New York：Columbia University Press，1983.

［4］ NCVER. The Vocational Education and Training Workforce：New Roles and Ways of Working ［Z］. Adelaide：2004.

附录一

访谈提纲

一、教师访谈提纲

1. 您对正在开展的工学一体化课程教学改革有什么看法？

追问：

工学一体化课程模式与传统的课程模式最大的不同是什么？

您是从什么时候开始采用工学一体化课程模式教学的？效果如何？

您觉得这种课程模式适用于哪些（类）专业？不适合哪些（类）专业？为什么？

2. 从传统课程模式向工学一体化课程模式转变的过程中，您在思想和行为方面经历了哪些变化？

追问：

质疑？认可？反复？促使您转变的关键事件是什么？您是怎么做的？

3. 您如何评价自己的工学一体化课程教学能力？

追问：

您觉得自己的教学能力达到了什么水平？还有哪些不足？如何改进？

4. 在工学一体化课程教学中，您觉得自己的教学能力经历了怎样的发展过程？

追问：

可以划分为几个阶段？每个阶段的特点是什么？有哪些具体表现？

您觉得哪些方面的能力发展得好？您是怎么做到的？

学校在这方面采取了哪些措施？效果如何？

除了教学工作，您还参与了哪些与工学一体化课改有关的工作或活动？对提升教学能力有什么帮助？

5. 您认为工学一体化课程模式下教师教学能力发展的影响因素有哪些？

追问：

主观的：动机？教育信念？职业发展？其他？

客观的：环境？活动？组织文化？政策？同伴？重要他人？其他？

主要的因素是什么？（至少列举 3 个）

这些因素是如何影响您的教学能力发展的？

二、教学管理者访谈提纲

1. 贵校工学一体化课改的基本情况如何？

追问：

从哪一年开始的？最初是哪（几）个专业？现在有几个专业？从试点到现在，经历了怎样的过程？对工学一体化课改工作如何评价？个人扮演了什么角色？做了哪些工作？

2. 您觉得贵校工学一体化课改专业的教师教学能力发展的现状是怎样的？

追问：

从整体上看有什么特点吗？工学一体化课程模式对教师最大的挑战是什么？贵校在提升教师工学一体化教学能力方面采取了哪些措施？效果如何？

3. 在工学一体化课改的过程中一定会有一些表现比较突出的教师，从教学能力发展的路径来看，这些典型教师有什么样的表现？您认为他们有哪些共同的特点？

4. 您认为工学一体化课程模式下教师教学能力发展的影响因素有哪些?

主要的因素是什么?（至少列举 3 个）

这些因素是如何影响教师教学能力发展的?

5. 从教学管理的角度，您认为学校应该从哪些方面、采取什么措施来激励教师积极参与工学一体化课改?

附录二

课堂教学观察记录表

一、基本信息

授课班级：

授课地点：

授课时间：

教学内容：

教学场所的布局：

课前与教师的交流：

二、记录表

教学环节	学生活动	教师活动	研究者反思
学习准备（5分钟）	举例： 8：30，班长组织全班同学在教室门口列队，学生成两排面对面站立，相互检查整理着装，学生携带工作页、教材等进入教室，在集中教学区落座； 拿出手机通过雨课堂APP进行签到； 记录7S施工管理规范	举例： 打开多媒体设备和PPT课件，做好上课准备； 通过手机查看学生签到情况； 强调7S施工管理规范	举例： 今天的例行准备活动学生每次上课都做吗？还是今天特意做了安排？如果每次都做，这就是一种养成素养的教育方式

后　记

质的研究过程是一个研究者不断与研究问题、研究资料进行反复对话的过程，也是研究者不断进行自我审视、自我反思的过程。在研究的最后，我将对本研究的效度、推广度和研究伦理问题进行反思，并对在研究过程中给予指导和帮助以及对本书出版付出努力的领导、老师和朋友们致谢。

一、效度问题

在社会科学研究中，"效度"是一个用来衡量研究结果可靠性的概念。为了保证研究结果的真实性，研究中必须将那些可能造成研究结果与实际不符的情况排除。而在质的研究中，效度问题无法像量的研究一样，可以在研究之初就将那些可能对研究的效度造成"威胁"的变量剔除，只能在研究开始之后，对研究过程进行不断审视和全面考察才能做出判断。① 因此，效度问题是我在研究过程中必须经常思考的一个问题。我的研究中的"效度威胁"主要来自以下三方面。

（一）"被安排"的访谈和"外来人"

收集的资料是否真实地反映了研究对象的真实状况，是保证研究结果是否"为真"的关键。由于我的访谈对象全部来自合作学校，而且和我不

---

① 陈向明．质的研究方法与社会科学研究 ［M］．北京：教育科学出版社，2000：389-402.

在一个城市，我所熟悉的大都是学校中层以上的干部和几个专家型的教师，所以最初的访谈对象是由合作学校的领导根据我的要求选择和推荐的，访谈就安排在和领导办公室同层的会议室里，这在一定程度上可导致了访谈对象的某种不安，他们或许担心我会将谈话的内容"泄露"给领导。所以尽管我一再向老师们承诺，访谈的内容仅用于我的研究，对外会绝对保密，但一位教师还是不同意我对访谈进行录音，这可能会造成重要信息的遗漏。还有一位老师虽然访谈期间非常配合，而且也表现出对我的研究很感兴趣的样子，但我在事后向他催要教学笔记和教学设计时（访谈时他很爽快地答应过的），他总是以"再找找"或者"电脑坏了"等进行回应，后来干脆告诉我"这要征得领导的同意"。

上述情况使我意识到访谈对象的选择和安排可能存在问题。于是，我通过电话与一位到过我所在的学校讲课并和我比较熟悉的访谈对象进行了深入的交流。他告诉我说，老师们确实有一种顾虑，因为我和学校领导比较熟悉，他们有上级来检查时"被安排"谈话的感觉，而且对我这个"外来人"也不熟悉，因此对我产生了"防备"的心理。后来，我在这位老师的建议下调整了访谈的策略，先和与我比较熟悉或者见过面的教师进行交流，让他们更深入地了解我的研究，听取他们对研究的看法，取得他们的信任和支持后再进行访谈。后来我又利用带队到该校参加培训的机会，在这位老师的协调下组了一个比较私人的见面会，一下子拉进了我们的关系。

我发现，在和他们建立起比较融洽和亲近的关系之后，我这个"外来人"反而具有了某种身份上的优势，老师们愿意敞开心扉和我交谈，没有了当初的担心和顾虑，有时甚至会对学校中自己认为一些不合理的做法进行"吐槽"。有的老师还主动根据我的研究问题，帮我推荐新的访谈对象，使我通过"滚雪球"的方式发现了更多合适的研究样本。

为了更深入、全面地了解访谈对象在工学一体化课程变革下的教学成长过程，我邀请他们参加合作项目或课改诊断会，并趁这个机会与几个能代表某一教师类型的、"有故事"的老师进行了二次或三次访谈，最终在他们的帮助下完成了6次课堂观察。

同时，我还尽可能收集老师们的教学设计方案、教研或培训记录、企业调研报告等实物资料，并将通过不同方式收集的资料进行三角验证，力求获得信息的准确性和真实性。

（二）基于"应然"思维的困扰

"效度威胁"的第二个原因来自我长期在管理岗位工作而形成的惯性思维方式。作为教学管理者，我更多从"应然"的角度去衡量教师教学能力发展的状况、达到的水平、存在的差异，自觉不自觉去对照职教教师的能力标准，期望看到教师的教学能力水平契合标准的程度。这一思维定式使我对教师的行为表现做出解释时带有更多的主观色彩，从而影响我的判断，甚至可能存在某种程度的"误解"。幸好我的导师陈向明教授及时发现了我的问题，提醒我要保持研究者的中立，关注教师实际在做什么，现实的状况是什么样的。在后期的访谈中，我时刻提醒自己，悬置自己的"倾见"，做一个忠实的倾听者。在分析资料的时候，更多从教师的本土概念入手，逐步形成概念类属，而不轻易做出判断。我甚至"忍痛割爱"地舍弃了我研究初期完成的近两万字关于职教教师教学能力发展的"政策文本"的分析。有时，我还会邀请我所在学校的一线教师和我一起讨论资料，倾听他们的意见，从而做出更加中立的判断和解释。

（三）新手上路

由于第一次使用质性研究方法开展研究，方法的不熟练也会使研究的结果受到影响。在初期的访谈中，由于过分依赖访谈提纲，致使访谈看起来非常机械，以至于很多应该追问的问题没有追问，或者因为没有抓住时机而失去了追问的机会。尽管后期通过微信或电话进行了补充，但返回的信息因为过分斟酌和编辑而失去了谈话交流的原汁原味。在资料分析方面，面对庞大的资料信息，我最初感觉无从下手，完全不知所措，对研究方法课上获得的皮毛知识完全不会运用。但新手上路的新鲜感又促使我在研究的征程上不断迎难而上。

为了克服上述研究过程中的难题，我一遍遍研读陈向明教授的《质性研究方法与社会科学研究》，然后找我身边的老师进行模拟访谈，并一遍遍修改和完善访谈的提纲。在提高资料分析能力方面，也颇费了些周折，通过对几份材料的反复阅读，一遍遍与资料进行对话，并对照研究的问题进行初步的编码、比较、概括、归纳，才逐步掌握了资料分析的要领，在尝试寻找"本土概念"的过程中，逐步建立了资料和研究问题之间的联系。这一过程同时又促使我进一步修订和明确了研究的问题，使后面的访谈更有针对性。尽管在磕磕绊绊中完成了这次艰苦的研究旅程，但因为方法的不熟练还是留下了不少遗憾。这些遗憾，只能等待下次研究时去弥补了。

二、推广度问题

关于研究结果的推广度问题，是指研究的结果是否可以应用到样本范围以外的同类事物。我在确定研究的选题方向和最终确定研究的问题时，都是基于对现实实践中困惑的考虑，其目的当然是解决实践中的问题。然而，由于质的研究选择的样本比较小，且抽样遵循"目的性抽样"原则，而非"概率抽样"的方法，样本不具有代表性，因此研究无法实现找到一种可以推而广之的普遍规律的目标。研究的目的是揭示样本本身，获得对样本本身的深刻认识。[①] 但质的研究成果也并非绝无推广的可能，因为通过研究获得的认识和洞见在具有相似经历的人群中会产生共鸣的效应。我认为，本研究的成果可以通过以下方式获得不同程度的"推广"。

首先，我的研究对象是一群来自职业院校的教师，关注的是他们在工学一体化课程变革中的教学成长过程。对于不同院校的教师来讲，他们面对同一种新的课程模式，有相同的从传统课程模式向新课程模式转变的经

---

① 陈向明. 质的研究方法与社会科学研究［M］. 北京：教育科学出版社，2000：410-412.

历，因为彼此的"照见"使他们对本研究中教师的故事感同身受。因此，研究中呈现的教师教学成长的成功案例可以为他们的教学成长和专业发展提供借鉴和帮助。为了提升个人的教学能力以适应本校的课程教学改革，他们可能会效仿研究中教师的做法，去改进自己的教学，从这个意义上讲，本研究实现了推广。

其次，由于工作的需要，我会将研究的结果运用到具体工作实践中。通过开展行动研究，吸引更多的教师参与到后续的研究中来，通过"研究"和"行动"这一双重活动，将研究的发现直接运用于教学管理的实践，以促进教师教学能力的发展，进而检验研究结果的有效性和实用性。

最后，本研究提出的政策性建议既来自案例学校的经验做法，更源于我在研究过程中的思考，提出的建议面向同类院校具有共性的问题有较强的针对性。如果建议得到有关院校或管理部门的采纳，进而用于改进现有的教师培养的管理模式和方式方法，也是一种推广的形式。

总之，本研究提出的关于课程变革下职教教师教学能力发展的分析框架、研究结论和政策建议，对同类院校的课程变革和促进变革中的教师发展均具有一定的参考和借鉴意义。

三、伦理问题

在质的研究中，研究者和被研究者之间的关系是一个无法回避的问题。质的研究者相信，好的伦理与好的研究方法是同时并进、相辅相成的，遵守道德规范不仅可以使研究者本人"良心安稳"，而且可以提高研究的质量。① 为此，我在研究中始终对被研究对象保持平等、尊重的态度，尊重他们的生活习惯和作息规律。安排访谈时，尽可能选择访谈对象方便的时间进行，并严格控制访谈的时间，尽量减少我的研究给他们带来的不便。在对访谈录音之前，要先征得他们的同意，如果访谈对象不同意录音，就认真倾听做好记录，并尽可能全面地记录访谈的内容，有时需要让

---

① 陈向明. 质的研究方法与社会科学研究［M］. 北京：教育科学出版社，2000：426.

他们放慢谈话的速度，或者请他们重复刚才说的话，以免漏记。整理好的笔录，需要再发给本人核对，避免出现错误。严格履行对访谈对象的承诺，做到对通过访谈和其他方式收集的资料绝对保密，保护访谈对象的个人隐私。由于彼此的尊重，我在研究的过程中和大部分访谈对象都建立了良好的个人关系，有的成了无话不谈的朋友。

同时，为了让参与访谈的教师更好地了解我的研究，以便提供更大的支持，我还将部分访谈资料的分析备忘录发给他们，和他们一起讨论，听取他们的意见。在研究中，大部分接受访谈的老师都表现出对研究的浓厚兴趣，并主动为我提供帮助，寄送他们认为对我有价值的信息资料，为我的研究提供了更多翔实的研究资料。

他们的敬业精神和对我的无私帮助，给予我精神上莫大的支持和鼓励，成为我得以将艰难的研究之旅进行下去的、不可或缺的力量。出于保护隐私的考虑，恕我不能将他们的名字一一列出，但对他们的付出和帮助，我充满无限感激。

本书是在我的博士论文研究基础上修改完成的。为此，我由衷感谢我的导师——北京大学教育学院的陈向明教授，研究的过程和研究结果的呈现，无不倾注着她的心血，没有她的指导和帮助，我无法完成这项研究。感谢北京工业技师学院教务处李椿方处长为我开展研究提供了无私的帮助。感谢山东技师学院的领导和同事们在本书写作过程中给予的大力支持。感谢我的妻子龙艳萍在写作上给予我的坚定支持和默默奉献。此外，我还要特别感谢光明日报出版社的编辑老师校阅了书稿，提出了非常宝贵的修改建议。正是他们的辛勤付出，才得以让我以这样一种方式与各位读者相遇。

谨以此书献给所有热爱职业教育并致力于职业教育课程改革的老师们！

朱金龙

2023 年 11 月